國家社科基金重大委托項目資助

甲骨文合集

第十三冊

拓本搜聚

拓本搜聚策事組　編

文物出版社

圖書在版編目（CIP）數據

《甲骨文合集》第十三册拓本搜聚 / 拓本搜聚
策事組編. –– 北京：文物出版社, 2019.10
　　ISBN 978-7-5010-6104-4

　　Ⅰ.①甲… Ⅱ.①拓… Ⅲ.①甲骨學—研究 Ⅳ.
①K877.14
　　中國版本圖書館CIP數據核字（2019）第052612號

《甲骨文合集》第十三册拓本搜聚

編　　　者：拓本搜聚策事組
策事組組長：王宇信

責 任 編 輯：許海意
責 任 校 對：陳　婧
責 任 印 製：張道奇

出 版 發 行：文物出版社
社　　　址：北京東直門内北小街2號樓
網　　　址：http://www.wenwu.com
郵　　　箱：E–mail:web@wenwu.com
製　　　版：北京文博利奥印刷有限公司
印　　　刷：文物出版社印刷廠有限公司
經　　　銷：新華書店
開　　　本：787mm×1092mm　1/8
印　　　張：62.5
版　　　次：2019年10月第1版
印　　　次：2019年10月第1次印刷
書　　　號：ISBN 978-7-5010-6104-4
定　　　價：1080.00圓

拓本搜聚策事組的話

（代前言）

郭沫若主編、胡厚宣總編輯的《甲骨文合集》（以下簡稱《合集》）十三册巨著，共收入甲骨41956版。可以説，自1899年甲骨文發現直至1978年的80多年間，殷墟出土的15萬片甲骨精華盡薈于是，爲學術界的研究提供了較爲齊備的殷墟甲骨文資料，極大地改變了甲骨學商代史研究資料分散匱乏的局面，有力促進了甲骨學、殷商史和考古學等多種學科研究的發展。《合集》這部“建國以來古籍整理最大成就”的集大成式著作，不僅爲80多年來甲骨文的發現和著録做了總結，還爲1978年以後我國甲骨學研究的“全面深入發展”奠定了基礎。

《合集》的出版，深爲海内外學者所矚目和贊頌。他們在利用《合集》全方位、多角度、深層次地研究商代豐富社會歷史訊息、挖掘殷商深厚文明底蘊的同時，也本着對學術負責的科學精神，從關心和愛護《合集》的角度，不斷貢獻自己的真知灼見，指出并彌補《合集》一些錯誤和不足。同時，編纂者也在使用和研究《合集》的過程中，檢討并發現當年在編纂《合集》工作中出現的一些失誤和不足，并籌劃着在適當的時候，把學術界的智慧和成果搜聚起來，盡可能地在《合集》修訂時加以補救。

其中讓學界遺憾和不便的，就是《合集》第一册至第十二册爲甲骨拓本，而第十三册却全爲甲骨摹本，且不少錯摹或缺摹等。這一編纂的缺陷，總編輯胡厚宣先生一直引爲憾事，并多次談到一旦將來有拓本公佈了，就創造條件把第十三册的甲骨摹本換成拓本！我和楊升南教授受胡厚宣先生之命總審校《合集釋文》期間（1984年5月6日至1987年10月21日），先生常向我們談起此事。《合集》1978年結稿時，不少海内外收藏的甲骨還没有以拓本的形式公佈。爲了盡可能把資料收集齊全，《合集》編纂者秖得收録早年這些甲骨的著録摹本。而早年甲骨收藏家在製作甲骨摹本過程中，往往囿于時間或摹寫者水平等因素，時有文字筆畫摹誤，甚至一骨漏摹正面或缺反面或臼等。尤其是外國學者早年的甲骨摹本，更是錯（字）摹連篇！但因摹本中還是有不少重要材料，也祇好將它們收集在一起公佈，這就使第十三册編成了摹本專集，這實在是没有辦法的辦法呀！“將來，這些甲骨的拓片公佈了，一定要想方設法搜聚起來，把第十三册的摹本盡可能地换成拓本……”胡先生的諄諄囑托，時刻縈繞于耳！

郭沫若主編、胡厚宣總編輯的《甲骨文合集》出版40多年後的今天，我們策事的《〈合集〉第十三册拓本搜聚》纔呈現在讀者面前，終于實現了胡厚宣先生把摹本换成拓本的遺願（儘管還不是全部），真可謂好事多磨！願胡先生地下有知，爲此感到欣慰！

這部《〈合集〉第十三册拓本搜聚》之所以能在今天裒集編輯，既是甲骨學發展的迫切需要，也是40年來甲骨學發展成果的總結。

其一，《合集》出版40多年來，當年以摹本公佈的甲骨，不少已陸續以拓本著録。諸如《合集》第十三册收録的胡厚宣先生“戰後四書”（1946年《戰後平津新獲甲骨集》、1951年《戰後寧滬新獲甲骨集》和《戰後南北所見甲骨録》、1955年《甲骨續存（下）》）中的摹本甲骨，其拓本在《上海博物館藏甲骨文字》（2009年）、《史語所購藏甲骨集》（2009年）、《北京大學珍藏甲骨文字》（2008年）、《中國社會科學院歷史研究所藏甲骨集》（2011年）、《旅順博物館所藏甲骨》（2014年）、《甲骨文合集補編》（1999年）等書中得到著録。海外所藏甲骨拓本的著録，在《英國所藏甲骨集》（1985年）、《美國所見甲骨録》（1976年）、《懷特氏等收藏甲骨文集》（1979年）等書較爲集中。此外，在《俄羅斯國立愛米塔什博物館藏殷墟甲骨》（2013年）等書以及海外學術刊物上也零散公佈了一些甲骨拓本。這些新的著録，不僅是公佈甲骨的最新成果，也爲我們策事修訂《合集》反映著録的最新成就，即把《合集》第十三册甲骨摹本换成拓片提供了基礎和可能。這批經過整理的甲骨拓片，必將糾正原摹本不準確的部分，爲國家項目“大數據、雲平臺支持下的甲骨文字考釋研究”提供最基本、最可信的圖片資料。

其二，不少新出版的甲骨著録書，對所收甲骨進行了全方位的精細觀察與整理，其所著録甲骨的“前世今生”和重見情況，在其“來源表”或其“著録現藏表”中有所反映。我們策事的《〈甲骨文合集〉第十三册拓本搜聚》的第一步工作，就是校對和發現與十三册摹本重見的拓片。學者們各書的對重成果，爲我們的工作打下了良好的基礎。我們就是在此基礎上，有所發現和有所前進的。

其三，我們編纂《〈甲骨文合集〉第十三册拓本搜聚》時，并不是簡單地利用前人對重成果，而是在前人對重成果的基礎上，再學習，再核校，再發現，再豐富，尋尋覓覓，由此及彼，從不敢簡單"對號入座"，即按已有對重號拿來拓片一換了事！更何況，有的摹本儘管知道對重號，但也是很難找到拓本的！

現將我們的工作成果簡要羅列如下：

1. 海外藏甲骨的拓本對重

《英藏》的"材料來源表"共列有876版甲骨拓本與《合集》第十三册摹本重見。我們策事組在核校《英藏》來源表所列的《合集》號與《英藏》重見號中，發現8片《英藏》片、號有誤。我們將錯號之《英藏》正確片及號數找出，使之與《合集》摹本及片號準確相對應。同時，我們還發現所列《英藏》片、號正確，而對應之《合集》片、號有誤者共6片。我們在《合集》中亦找出與《英藏》正確對應之摹本及片號。雖然如此，還有一片《英藏》1594所列號爲《合集》40742爲重見不確，經我們反復查校，尚未能發現正確的《合集》摹本與拓本相對應。這樣，原《英藏》"材料來源表"中與《合集》第十三册重見者則爲875片。不僅如此，我們在核校《英藏》與《合集》第十三册的重片時，又新發現16片《英藏》拓片與《合集》重見。因此，《英藏》拓片與《合集》第十三册重見實爲875＋16片，即爲891片重。

《美藏》"對重表"列有63版拓本與《合集》第十三册摹本重見，但我們又新對出10版與《合集》第十三册摹本重見，因而《合集》第十三册摹本應從《美藏》書中換73版甲骨拓本。

《懷特》的拓本，我們據《合補》《骨的文化》所提供的信息，發現其拓片與《合集》第十三册摹本有10版重見。

《合集》第十三册摹本與日本新公佈的甲骨拓片重見的情況，在日本公佈最後批量存骨的《天理》中，我們發現了2版與《合集》第十三册重見。而《甲骨文與殷商史》（第七輯）上公佈之日本小林君藏骨拓本，研究者已經對出28版拓本與《合集》第十三册摹本重見。

俄羅斯藏骨第一次全部藏品以拓本形式在《愛什》中公佈，整理者發現有26版與《合集》第十三册摹本重見。

2. 國內藏甲骨的拓本對重

在《合集》出版以後，不少單位所藏甲骨文又進行了精細化的整理，并"三位一體"式地加以著錄。胡厚宣先生"戰後四書"的序和述例以及《八十五年來甲骨文材料之再統計》（1984年）、《大陸現藏之甲骨文字》等文章，仍經緯指導着我們進行第十三册摹本的對重範圍和對重方向。

《上博》共收入五批次2002版甲骨拓本，不少此前曾以摹本著錄。《上博》本書沒有統一編號和甲骨對重著錄表，我們據《合集》第十三册收入的"南上""南誠"摹本的綫索，陸續發現91版拓本相重。雖然限于時間和水平，這祇是與《上博》的初步對重整理成果，但此書已是我們《拓本搜聚》搜得拓本較多的一部新著了。

《史購》原整理者在"來源表"中列出32片與《合集》第十三册摹本相重。我們據《合集》第十三册所收《寧滬》3及《南師》1甲骨摹本的綫索，在《史購》中又發現相重拓片32版。《史購》與《合集》第十三册共重64版。

《北珍》編纂者已進行過校重整理，據其來源表統計，其拓本與《合集》第十三册摹本重見20片，我們一一核校無誤。我們又更進一步，根據《合集》所收《寧滬》3及《南師》2摹本的甲骨現藏北大的綫索，在《北珍》一書中又發現拓片21片與《合集》第十三册摹本重見。因此，《北珍》應與《合集》第十三册重見共42版。

《合補》是《合集》出版20年後的又一部甲骨文集大成式著作。本書在《合集》基礎上又增收和增補了不少新材料，爲研究者特別是專門從事綴合的學者提供了大量綴合材料。當年《合集》以摹本著錄的甲骨，有不少已發表的拓本已經收入該書。我們根據《合補》的"著錄來源表"之與《合集》第十三册摹本相重號以及先秦室網站上發表的與十三册摹本相綴合的重見號等綫索進行整理，目前共有40多版拓片與第十三册摹本重見。

《甲骨文合集》前十二册所收拓本，雖然當年編纂者對各種著錄書中的重片進行了一次總校重工作，并取得了空前的成績，但難免有"漏網之魚"，如一些拓片的摹本，又收入了第十三册摹本專册中。《合集》編輯組的學者在當年全書十三册結稿時也發現了這一問題，并在《合集》來源著錄表中有所反映。此後，一些學者還專就《合集》的收入重片發表過批評意見……總之，《合集》前十二册拓本與第十三册摹本重見共計210片左右。此外，有的拓本正、反、臼齊備，但摹本或缺正，或缺反，有的摹本正、反齊備而缺臼等。而選定拓本一骨之骨臼、正、反齊備者，皆盡可能把摹本所缺者補齊。這就使《拓本搜聚》著錄之甲骨拓片更爲齊備。特別值得一提的是，在《合集》前十二册和《合補》的拓本與《合集》第十三册所收摹本校對重片的過程中，策事組成員韓江蘇教授的國家社科基金項目成果"甲骨文圖文數據庫"起到了很大的作用。她從文字、有關文字的辭例、有關文字出現拓片等方面對目前已經著錄的甲骨，特別是《合集》《合補》等書的著錄，進行了全方位、多角度的系統整理，提供了不少綫索。《中國社會科學院歷史研究所藏甲骨》，主要收錄中國社會科學院歷史研究所藏1920版甲骨拓片，其中1728片已爲《合集》《合補》先後著錄，并分別作有二書的收錄檢索表。因是本研究所藏甲骨，重要者皆已墨拓編入二書，故與《合集》第十三册摹本相重甚少。

《旅》一書也是公佈甲骨拓片較多的著作，其公佈的2211版甲骨拓片中，與《合集》第十三册摹本重見51片，《拓本搜聚》一仍其舊。

此外，據《合集》第十三册所收《寧滬》2、《寧滬》3摹本的綫索，在《羅四》中發現2版重見拓片。據所收《續存》下摹本號綫索，在《掇三》中找到3版相重拓片。據所收《南無》摹本的綫索，在《冬飲廬》所錄王伯沆甲骨拓本中找到9版重見片。還有，我們在《港中大》文中，發現1版香港中文大學藏甲骨拓片與《合集》第十三册摹本重見。

中國社會科學院歷史研究所還藏有一批編《合集》時積累的甲骨拓本，也在《拓本搜聚》的編纂工作中發揮了作用。通過對重，我們在歷史所藏無編號"甲骨文拓"中發現2版拓本與《合集》第十三册摹本重見。歷史研究所藏拓本中還有一批《南博拓》甲骨拓片，即南京博物院藏甲骨拓片。南京博物院2300多片甲骨，乃甲骨收藏家明義士舊藏，當年《殷虚卜辭》曾以摹本著錄，雖然《合集》收入時將不少摹本換成了新拓拓本，但直至目前仍沒有學者將其全部甲骨進行精細整理并公佈拓本，因而歷史所這批"南博拓"十分珍貴難得！我們據《合集》第十三册摹本與《虛》重見號的綫索，在《南博拓》這批沒編號的拓本中"漫游"，居然發現了11版拓本（1版拓本自重，實爲10版）與《合集》第十三册摹本重見。

據《殷契詮釋》（施涌雲著，廈門大學出版社2010年）一書，其所釋文字皆用南京博物院藏甲骨拓本，但書中各版均用館藏品編號而沒有標明與《虛》重見號，因而檢索困難。祇有"詮釋"文字作爲證據時，纔偶在行文中的拓片下標明與《虛》的著錄號，其中有《虛》1395、1398

兩版重見，爲與《合集》41334號摹本重見的甲骨拓本。兩版有一版，因甲版上字口充泥硬化突起，拓出後爲"陽文"者，而與另一版正爲"白文"，但二者重合後實爲一版。如此等等。當年編《合集》時，學者們也不免"智者千慮，必有一失"，對重時也難免"走眼"，從千辛萬苦搜拓而來的甲骨拓本中，未對出其與《合集》的重見片，使之多年"束之高閣"。而我們今天又從"存貨"中找出，總算是使其發揮作用，當年的疏忽得以彌補。

此中甘苦寸心知。2017年9月，我們剛提出階段性成果《〈甲骨文合集〉第十三册拓本搜聚》時，課題組諸同仁信心滿滿，認爲在前人已有對重成果的基礎上，我們祇要把著録書的有關拓本搜出換上就是了。但在核校《英藏》的對重成果時，不斷碰到新問題，也不斷有新的發現（前文已做過叙述，此處從略）。策事組遂研究決定，趁這次難得的換片機遇，索性再前進一步，在40年來學界已有成績的基礎上再認真做一番"上窮碧落下黄泉，動手動脚找材料（即重片）"的工作。

其實，《拓本搜聚》工作的前期，就是在《合集》1982年出齊以後，再從其後在海内外陸續出版的一批公佈甲骨拓片的著作中，去查找有關與《合集》第十三册摹本相重見的拓本的。這一工作與我們承擔的國家社科基金重大委托項目"大數據、雲平臺支持下的甲骨文字考釋研究"的子課題之一——"《甲骨文合集》精印版的整理與研究"穿插進行，即在重新摹製第十三册一些摹本以備《合集》精印版使用時，順便發現新公佈與摹本相重的甲骨拓本……後來，我們就集中力量對重并不斷有新的發現，真是欲罷不能。本擬在2018年初完成《拓本搜聚》這一階段性成果，但直至2018年3月27日對重工作纔暫告一段落。在我們沉醉于搜求甲骨重片和享受發現的快樂中，《拓本搜聚》共得拓本1622號。原《合集》第十三册共2474片摹本中，現仍有852版摹本沒有對出拓本。之所以如此，主要是因爲目前海内外尚有一些零散的甲骨沒有用拓本公佈，或者已有甲骨拓本，却還在"被遺忘的角落"，我們無法"搜"到，使之與其他已知拓本共"聚"一堂。而且，由于時間窘迫和限于我們的水平與眼力，《合集》第十三册摹本尚有三分之一未能對出拓本來，這是非常遺憾的。有關我們對重的具體收獲，我們將在本書"材料來源表"中一一注明。總之，我們是盡了"洪荒之力"了！

習近平新時代中國特色社會主義思想和實現中華民族偉大復興的中國夢，爲我們《〈甲骨文合集〉第十三册拓本搜聚》這一階段性成果的提出和完成提供了契機。爲了貫徹要重視和發展

"事關文化傳承問題"的絕學、冷門學科甲骨文等古文字研究，以增强民族文化自信和夯實社會主義核心價值觀，把"要重視這些學科，確保有人做，有傳承"的指示精神落到實處，全國哲學社會科學規劃辦公室組織了重大課題"大數據、雲平臺支持下的甲骨文字考釋工程"。與此同時，教育部會同文化部、科技部等提出了"甲骨文研究與應用"的一系列課題。而以《光明日報》2016年10月28日發表的重獎甲骨文釋讀優秀成果的"徵稿啓事"爲標志，中國的甲骨文研究進入了"政府推動下的全面深入發展與弘揚新階段"。而我們這一階段性成果《〈甲骨文合集〉第十三册拓本搜聚》的完成，既是躬逢甲骨文新階段到來的大好機遇纔有可能提出和完成的課題，也是我們感恩和慶祝甲骨文研究新階段到來并不斷取得新成就的獻禮！而更有意義的是，此書出版的時候，適逢甲骨文發現120周年。能以此書爲甲骨文發現120年紀念活動增光添彩，也是我們學術生涯的一大幸事！

學如積薪。我們感謝胡厚宣師等一代又一代的學者，他們的心細如髮和堅持，爲甲骨文對重整理和研究做出了巨大貢獻。而胡先生等前輩學者的對重理論和實踐，將永遠指導着"没有止境"的對重工作繼續下去。學術是天下的公器，我們感謝卜憲群、王震中、徐義華、劉源、王澤文、孫亞冰、宫長爲等同仁，特別是孫亞冰研究員，自始至終對我們的工作都提供了各方面的幫助，我們在這裏對她致以特別的感謝！我們還應感謝劉釗、陳年福、齊航福、章秀霞、魏文萃等學者對我們的支持和幫助！劉釗教授從廈門大學出版社檔案室中"發掘"出存檔的《殷契詮釋》，供我們在對重時參考。陳年福教授則把他充滿心力的《合集》第十三册對重表毫無保留地提供我們參考。齊航福、章秀霞兩位教授論著中關于《合集》第十三册與其後出版的《合補》的重見情況，爲我們提供了極大參考的便利。我們還應感謝歷史研究所的領導，在辦公室極爲緊張的情況下，爲我們這些退休多年的老同志安排了寬敞的工作處所，并與藏書豐富的先秦研究室"門户相對"，從而使我們這些耄耋之人在搬動沉重的大部頭資料用書時，節省了不少力氣。文物出版社社長張自成，大力支持我們的工作，不僅要求文物出版社印刷廠全力做好《合集》製版和印刷工作，還在我們《搜聚》一書出版經費尚未落實的情況下，就毅然決定接受這部書稿；編輯許海意，印刷廠的谷春華、袁心得等同志精心工作，編校書稿、修訂圖版，爲此書增色不少。如此等等。如果《〈甲骨文合集〉第十三册拓本搜聚》能爲現階段的"政府推動下的甲骨文研究全面深入發展與弘揚"做出貢獻，首先應歸功上述諸位師友對我們的關愛、指導和支持！

2019年6月29日，在煙臺福山召开的"紀念王懿榮發現甲骨文120周年國際研討會"上，《拓本搜聚》策事組負責人王宇信在大會的開幕式上，向海内外學者通報了這部新著完成并即將出版的消息，引起了海内外學者的極大興趣和關注，都希望這部期待了多年的《拓本搜聚》早日面世并先睹爲快。我們"策事組"重要成員馬季凡教授，精益求精，爲解決編輯提出的問題，放棄出席甲骨學紀念盛會，留在研究所繼續打磨書稿。我們曾經说過，對重工作是没有止境的，永遠在不斷發現的前行路上。馬季凡先生以多年積累和深厚功底，以胡厚宣先生指示的《南坊》4摹本著録的甲骨爲綫索，在本所所藏《北圖》《善斋》拓本的范圍中搜求。真是由此及彼，欲罷不能，竟然奇跡般地一股腦對出了與《合集》第十三册摹本重見的拓本49片，可謂是拓本搜聚工作開展以來的最大收獲！我和常玉芝教授從煙臺開會回來，一面與馬季凡先生分享發現的快樂，一面下載拓本、做出釋文，再行補充收入《拓本搜聚》。

　　雖然如此，《合集》第十三册2480號摹本對出1622號拓本以後，仍有852號摹本没有對出。我們相信，假以時日，隨著甲骨文著録的不斷出版和大數據、雲平臺技術的發展，不久的將來，一定能在15萬片甲骨文的汪洋大海中，撈出這852號摹本的甲骨文金針的！

　　讓我們共同爲甲骨文的傳承和弘揚努力奮斗吧！

策事組組長　王宇信

2019年6月20日初稿

2019年7月18日改定

凡　例

1. 本書共收入甲骨拓本1622版，統編爲1~1622號。其每號拓本排序，均以其對應之《合集》第十三册摹本編號（39477~41956）先後爲序，摹本無對應拓本者，其號略去順延。本書所收拓本統編號後皆注明《合集》第十三册該版摹本編號。

2. 本書對所收甲骨拓本分期分類整理時，一仍《合集》第十三册分期（共分五期）分類（四大類、廿三小類）之舊。

3. 卜辭文字釋定時，凡確知缺一字者，以"□"號表示。缺字不詳者，用"……"號表示。殘辭補齊確知文字者，字外加"[ ]"號表示。

4. 本《拓本搜聚》爲《合集》的補充與延續，故《拓本搜聚釋文》與《合集釋文》盡可能保持風格統一，其甲骨文字的釋定和疑難字的隸定，基本保持與《合集釋文》一致。

5. 凡一版上文字真僞相參者，保留拓本原狀，但在釋文時，祇將我們認爲甲骨上是真正殷商文字者釋出，并寫明"他辭爲僞刻"以表明我們的判斷。

6. 凡屬某辭之兆序、兆記等，在辭後空一格標出。兆序間、兆記間或兆序與兆記間皆空一格；而無所屬之兆序、兆記另起段落。每組間皆空三格，組内兆序、兆記間空一格。

7. 《合集》第十三册甲骨摹本如有缺反（或臼者）而本書所收甲骨拓本正、反（或臼）齊備，則共編一號。

8. 本書祇收密接綴合之甲骨拓本，凡遥綴者不在圖版上表示。但本書綴合表上，按原綴合號標明其爲某人遥綴。

9. 凡《合集》第十三册摹本自重時，本書拓本皆與其前一著録號對應，而後一重見號在材料來源表中注明與前某某號重見。

10. 本書所著録甲骨拓本來源有：徑用前人的對重成果、我們進一步在新出版著録中查出、歷史研究所藏各種甲骨拓本中查出、先秦史研究室網上發表的新成果等等。以上種種，皆在本書材料來源表中加以反映。

11. 《合集》第十三册摹本爲兩版，但《英藏》誤將上述兩版重見摹本綴合爲一版時，本書仍按兩版（號）分別著録，并在釋文中説明《英藏》綴合有誤。

12. 《合集》第十三册摹本爲兩版，但《英藏》將上述兩重見拓本綴合爲一版時，本書收入《英藏》綴合拓本，并在釋文及材料來源表中注明兩版（號）互有綴合。

13. 《合集》第一至十二册中已綴合的拓本，凡部分與《合集》第十三册摹本有重者，本書祇收入前（第一至第十二册）綴合版之局部拓本，并在材料來源表中説明。

14. 《合集》第十三册摹本爲其他著録書重見拓本綴合之局部者，本書僅選用其所綴之局部拓本，其全版綴合情況將在本書綴合表中加以反映。

15. 第十三册摹本爲其他著録書重見拓本之綴合，經我們校核，對部分可疑遥綴者、對多片綴合不合理者、對字迹不清的綴合等，其具體情況將在綴合表中注明。

目　録

拓片圖版

拓片釋文 ……………………………………………………………………………… 309

附　録

第一期

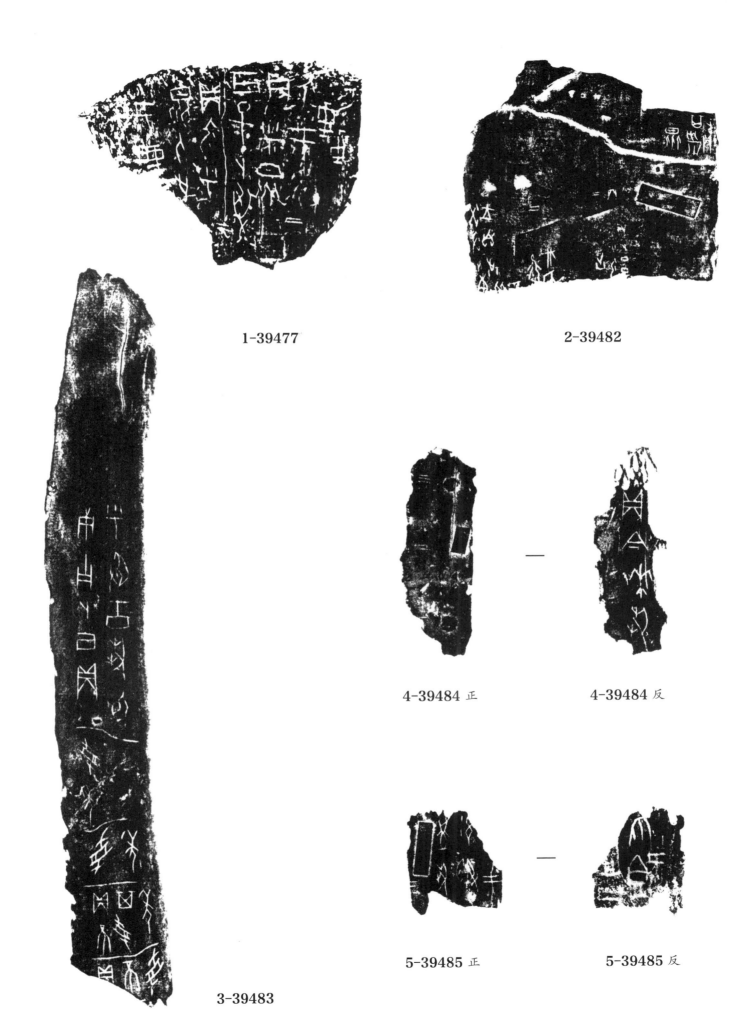

1-39477

2-39482

4-39484 正

4-39484 反

5-39485 正

5-39485 反

3-39483

3

6-39486   7-39487 正   7-39487 反

8-39489 正   8-39489 反   9-39490

4

10-39491 正

10-39491 反

5

 —

11-39492 正　　　　　11-39492 反

 —

12-39493 正　　　　　12-39493 反

6

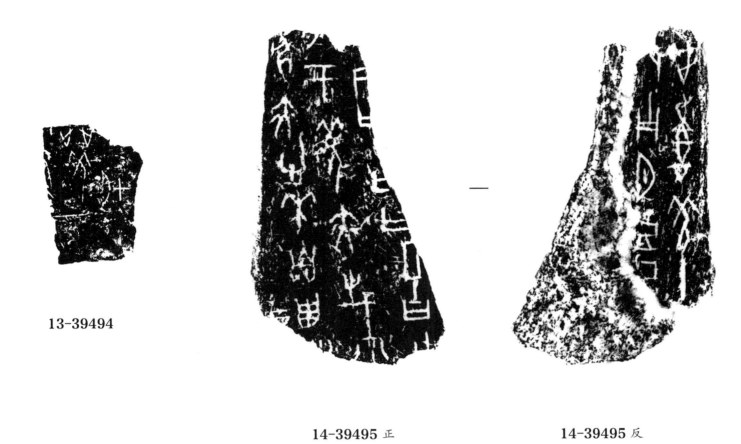

13-39494

14-39495 正　　　　14-39495 反

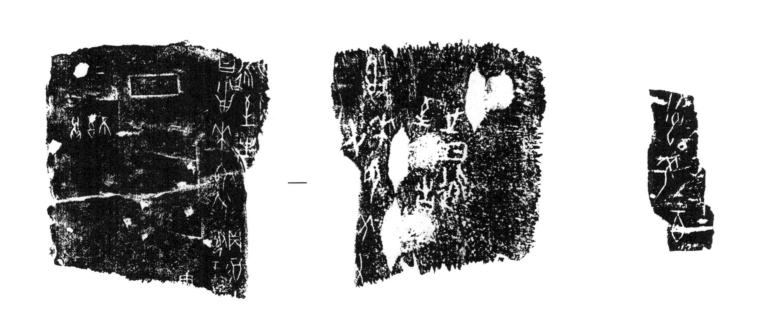

15-39496 正　　　　15-39496 反　　　　16-39497

7

17-39498 正

8

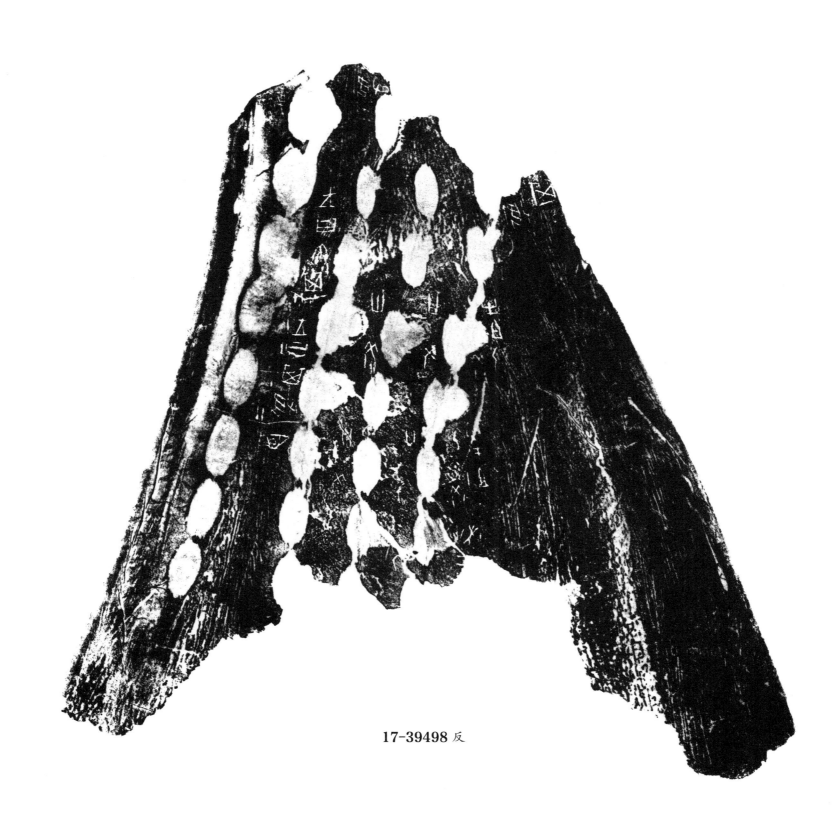

17-39498 反

18-39500

19-39501

20-39502

 —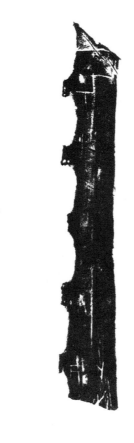

22-39504

21-39503 正　　　　21-39503 反

23-39506　　　　　24-39508　　　　　25-39509　　　　　26-39510

 —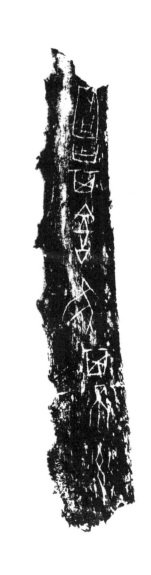

27-39513 正　　　　　　　　　　　　27-39513 反

28-39514 臼

28-39514 正

29–39515

30–39516

31–39519

32–39520

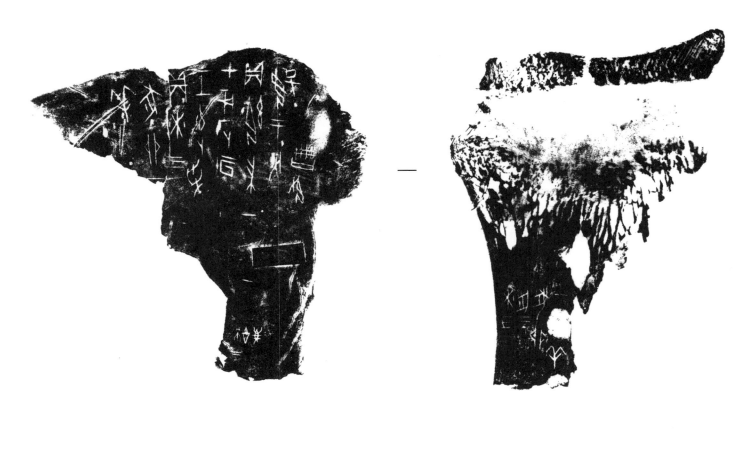

33-39521 正   33-39521 反

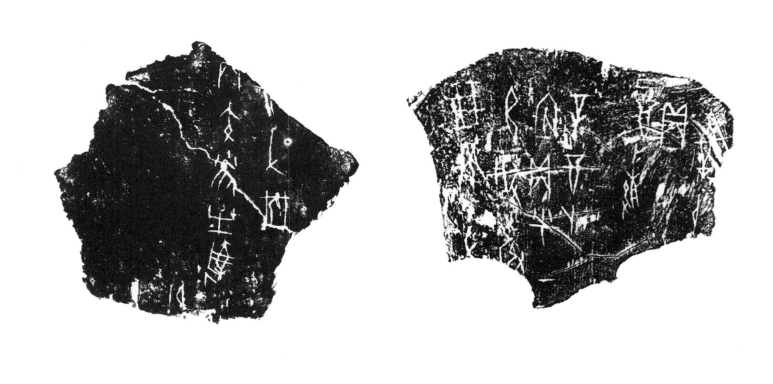

34-39524   35-39525

14

36-39526 正　　　　　　　　　　　　36-39526 反

15

37-39527

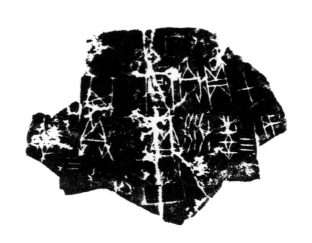

38-39528+39529

 —

39-39530 正　　　39-39530 反

40-39531

41-39532

42-39533

43-39535   44-39536   45-39537

46-39538

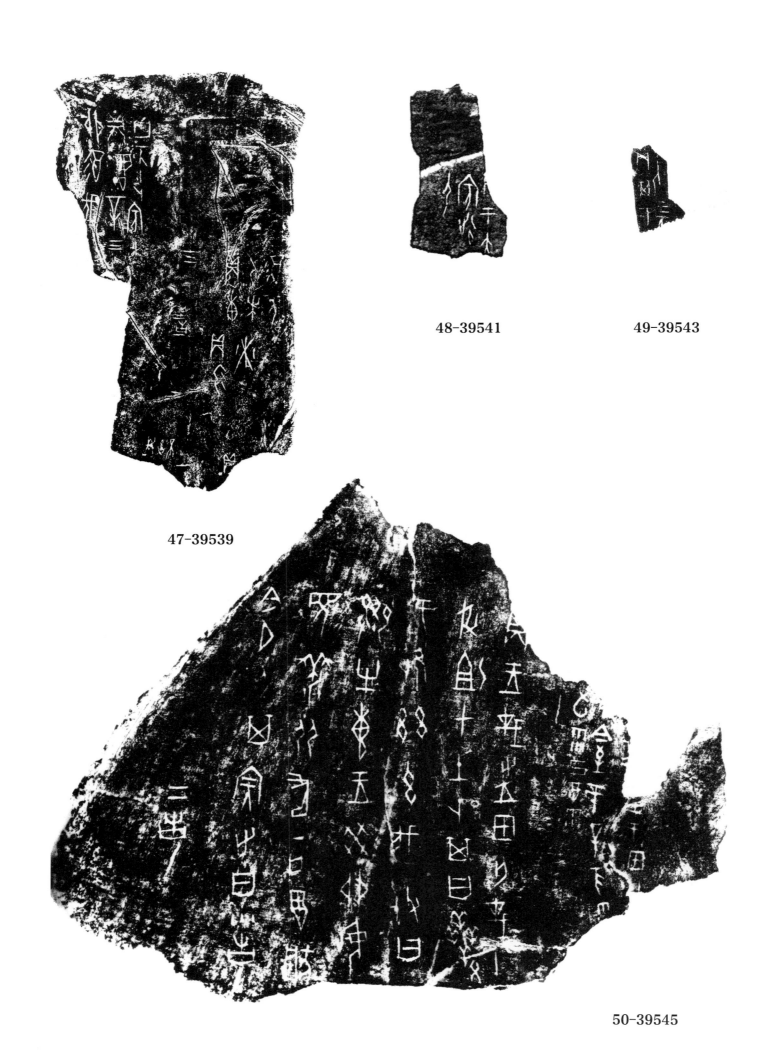

47-39539

48-39541

49-39543

50-39545

18

51-39548 正   51-39548 反

52-39550 正   53-39551   54-39553

55-39554   56-39557

57-39558   58-39560 正   58-39560 反

59-39561   60-39562   61-39563

62-39564   63-39565

64-39566

 —

65-39567 正　　　　　　　　65-39567 反

66-39568

67-39569

 — 　　

68-39570 正　　68-39570 反　　　　69-39571

70-39572 正

70-39572 反

72-39575

73-39577

71-39574

74-39578

75-39579

76-39580

77-39581

78-39582

80-39585

79-39584

82-39587

81-39586

85-39590

83-39588

84-39589

86-39591

87-39592 正　　　87-39592 反

88-39593 反

89-39594

90-39595

91-39596

92-39597

93-39598

94-39601

95-39602 正   95-39602 反

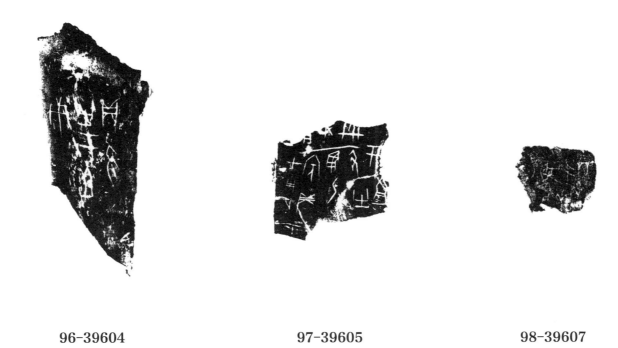

96-39604   97-39605   98-39607

99-39608

100-39609 正   100-39609 反

101-39610

102-39611

103-39612

104-39613 正   104-39613 反

105-39616 白 105-39616 正

27

106-39617

107-39618

108-39619

109-39620

110-39621

111-39623

112-39626

113-39627

114-39629

115-39630

116-39632 正

116-39632 反

117-39633

118-39637

119-39639

120-39640

121-39641

 —

122-39643 正　　　　122-39643 反

123-39644

124-39646

126-39650

125-39648

 —

127-39652 正　　　　127-39652 反

128-39653

129-39655　正

129-39655 反

130-39656

131-39657

133-39664

132-39663

134-39665

135-39667

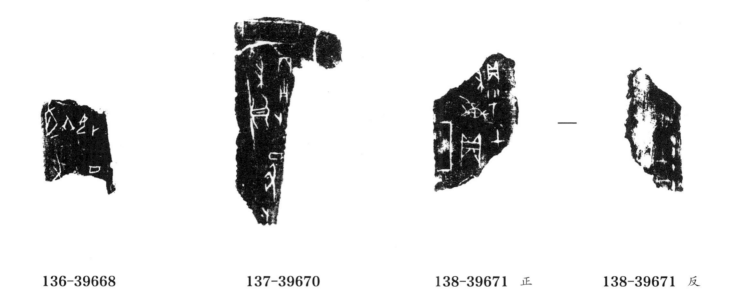

136-39668   137-39670   138-39671 正   138-39671 反

139-39672   140-39673   141-39674

142-39675

143-39676

144-39677

145-39678 正　　　145-39678 反

146-39679

147-39680

148-39681

149-39683

150-39686   151-39687

152-39688   153-39689

154-39690   155-39691   156-39692

157-39694 正　　　　　　　　　　　　　157-39694 反

158-39697　　　　　　　　　　　　　159-39698

40

160-39699

161-39700

163-39702

164-39703

162-39701

 —

165-39705 正　　　　165-39705 反

166-39706

167-39707

168-39708

169-39710

42

170-39711

171-39712

172-39713 正　　　　　　　　172-39713 反

173-39714

174-39716

175-39717

179-39718

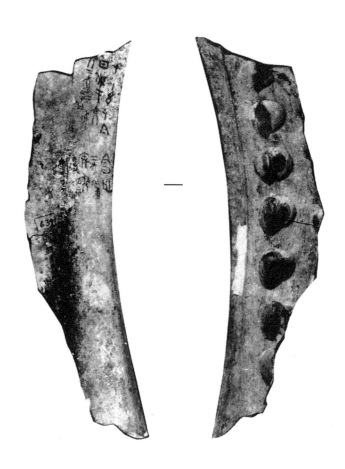

177-39719 正　　　　177-39719 反

178-39720

179-39721

180-39723

181-39724

182-39725 正

182-39725 反

183-39727

184-39728

185-39729 正

185-39729 反

186-39730 正

186-39730 反

187-39731

188-39734

189-39737

190-39738 白

191-39741 正　　　191-39741 反

190-39738 正

192-39743　　　　　　193-39744

194-39745　　　　　195-39748　　　　　196-39749　　　　　197-39750

198-39751　　　　　　　　　199-39753　　　　　　　　　200-39755

201-39756　　　　　　　　202-39760　　　　　　　　　203-39761

204-39762   205-39764

                                              207-39769

206-39768

208-39770   209-39771   210-39772

211-39773 正   211-39773 反

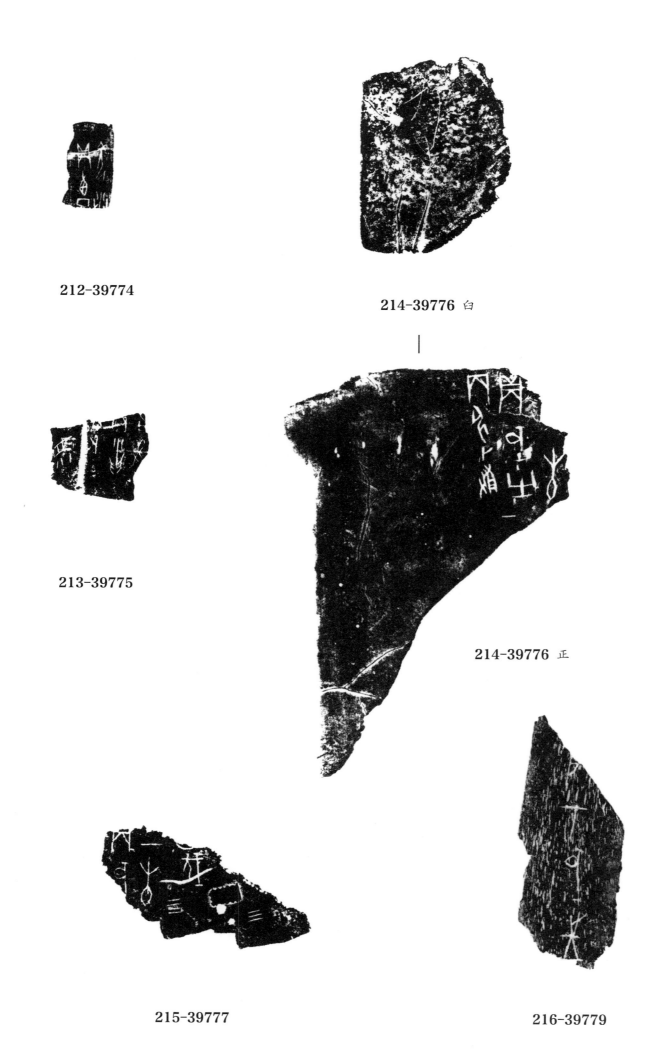

212-39774

214-39776 白

213-39775

214-39776 正

215-39777

216-39779

217-39781

218-39782

219-39783

220-39786

221-39787

222-39788

223-39789

224-39790

225-39792

226-39793

227-39796

228-39797

229-39801

230-39802

231-39804

232-39805

233-39807

234-39808

235-39811

236-39812

237-39814

238-39815

239-39816

240-39817

241-39818

242-39820

243-39821

244-39823

245-39824

246-39825

247-39826

248-39828

249-39830

250-39833

251-39834

252-39835

253-39836

254-39837

255-39838

256-39840

257-39842

258-39843

259-39844

260-39845

261-39846

262-39848

263-39849

264-39851

265-39853 正

265-39853 反

266-39854   267-39856

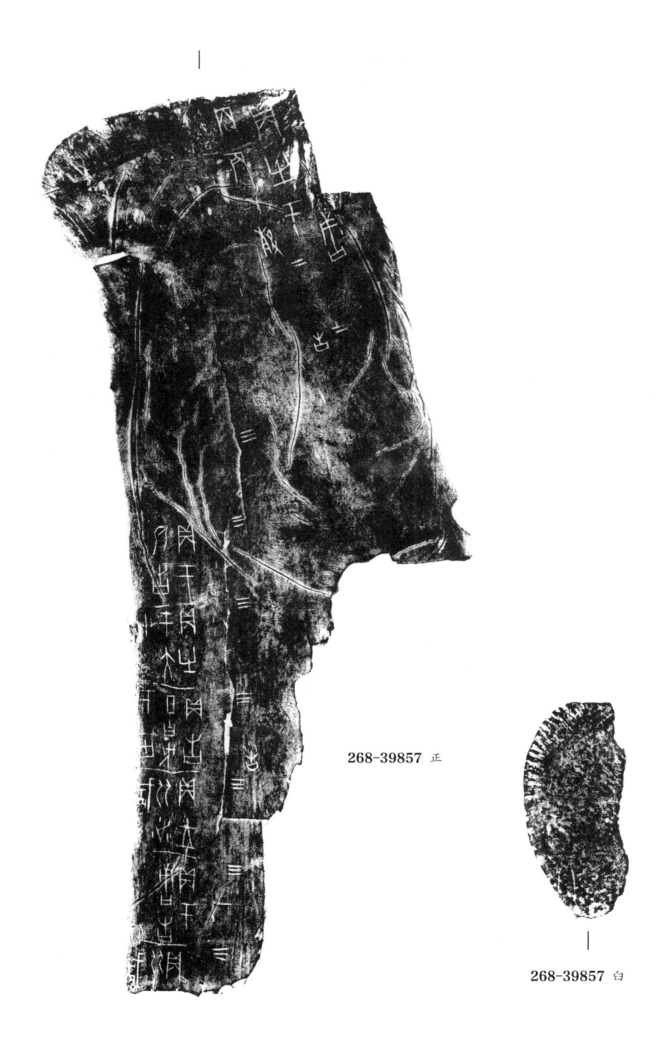

268-39857 正

268-39857 白

 —

269-39858 正   269-39858 反   270-39860   271-39861

272-39862

273-39864

274-39865

275-39866

276-39867

277-39868 白

277-39868 正

278-39869

279-39870 臼

279-39870 正

280-39871

281-39872

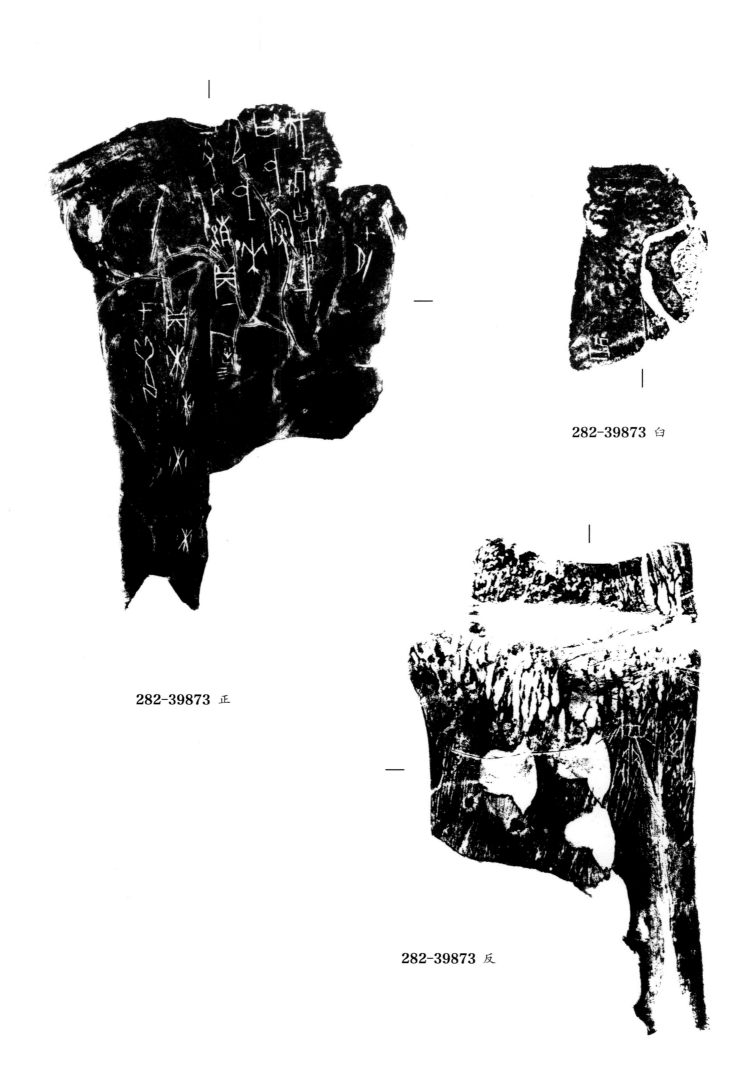

282-39873 白

282-39873 正

282-39873 反

68

283-39874

284-39877

285-39878   286-39879   287-39880

69

288-39881

289-39882

290-39883

291-39886

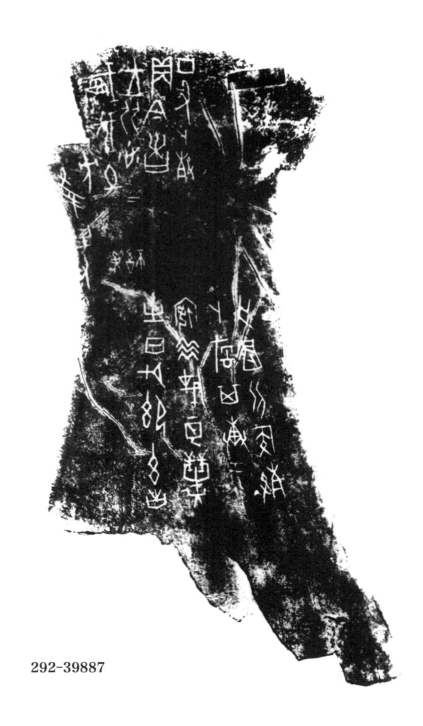

292-39887

293-39889

294-39891   295-39893 正   295-39893 反

296-39895 正   296-39895 反

297-39896+39897

74

298-39898   299-39899

 —

300-39900 正   300-39900 反

301-39901

 —

302-39902 正   302-39902 反

303-39903

304-39904

305-39906

306-39908 正　　　306-39908 反

307-39909

308-39910

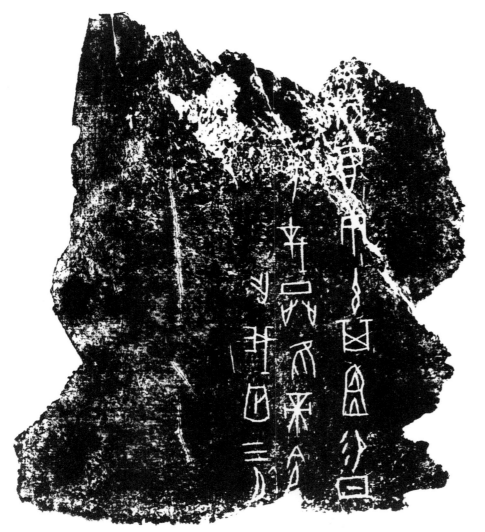

—

309-39912 正

—

309-39912 反

78

310-39913 臼

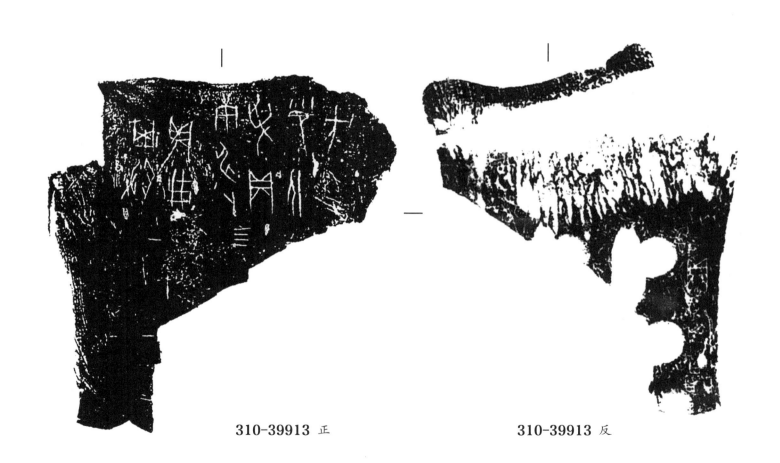

310-39913 正　　　　　　　　310-39913 反

311-39914

312-39915

313-39916

314-39917

315-39918

316-39919

317-39920

318-39921

319-39922

320-39923

321-39925

322-39926

323-39927

324-39929

325-39930

326-39931

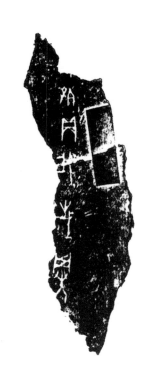

327-39934   328-39937   329-39940   330-39941

331-39943 正　　　　　　　332-39944 正　　　　　　332-39944 反

333-39945　　　　　334-39946　　　　　335-39947 正　　　　335-39947 反

336-39948　　　　　　　　337-39949 正　　　　337-39949 反

 —

338-39950 正　　　　338-39950 反

339-39952

340-39953

341-39954

342-39955

343-39958

 —

344-39959 正　　　　344-39959 反

345-39960

346-39961

 —

347-39962 正　　　　347-39962 反

348-39963

349-39964

350-39966

351-39967 正   351-39967 臼

353-39969   354-39971   355-39972

352-39968

356-39974   357-39975

358-39976 上

358-39976 下

359-39978 反

360-39979

361-39980

362-39981

363-39982

 —

364-39985   365-39987 正   365-39987 反

366-39990   367-39992   368-39993

 —

369-39994   370-39995   371-39996 正   371-39996 反

372-39998   373-40000   374-40001   375-40003

 一

376-40006 正   376-40006 反

377-40007

378-40012 正　　　　　378-40012 反

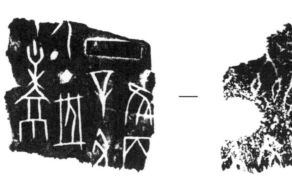　　　

379-40013 正　　　　379-40013 反　　　　380-40014

381-40016

382-40017

383-40019

384-40020

385-40021

386-40025

387-40026

 —

388-40027 正   388-40027 反

389-40028

390-40029

391-40032

392-40034

393-40035

394-40036

395-40037

396-40039

397-40042

398-40043

399-40044

400-40046

401-40047

402-40049

403-40050

 —

404-40052 正　　404-40052 反

 —

405-40053 正　　405-40053 反

407-40056

406-40054

 —

408-40057 正　　408-40057 反

409-40059 白

409-40059 正

409-40059 反

410-40060 411-40061 412-40063

413-40065 414-40067 415-40070 正 415-40070 反

416-40071 正 416-40071 反

417-40074 418-40075

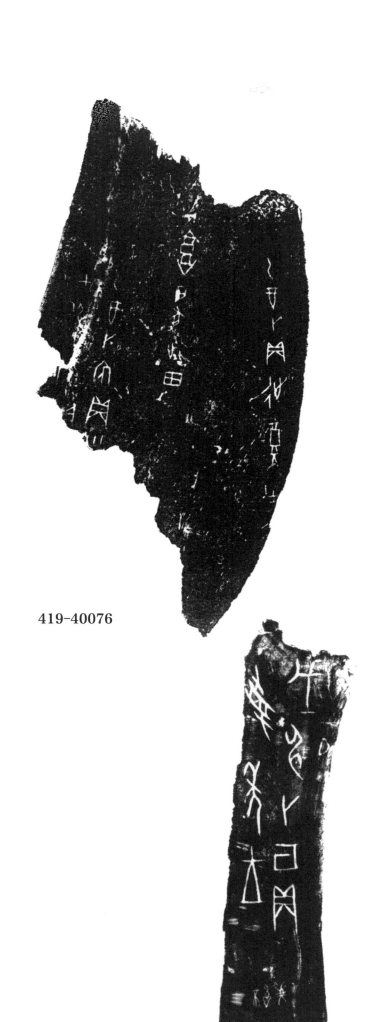

419-40076

420-40077

 —

421-40078 正　　421-40078 反

422-40079 正　　422-40079 反

423-40081   424-40082   425-40083   426-40084

—

427-40086 正   427-40086 反

428-40087

429-40089

430-40090

431-40091

432-40092

433-40093

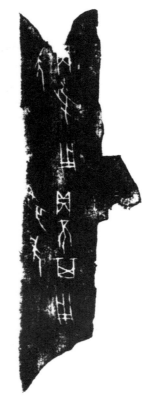

434-40094

435-40095

436-40096

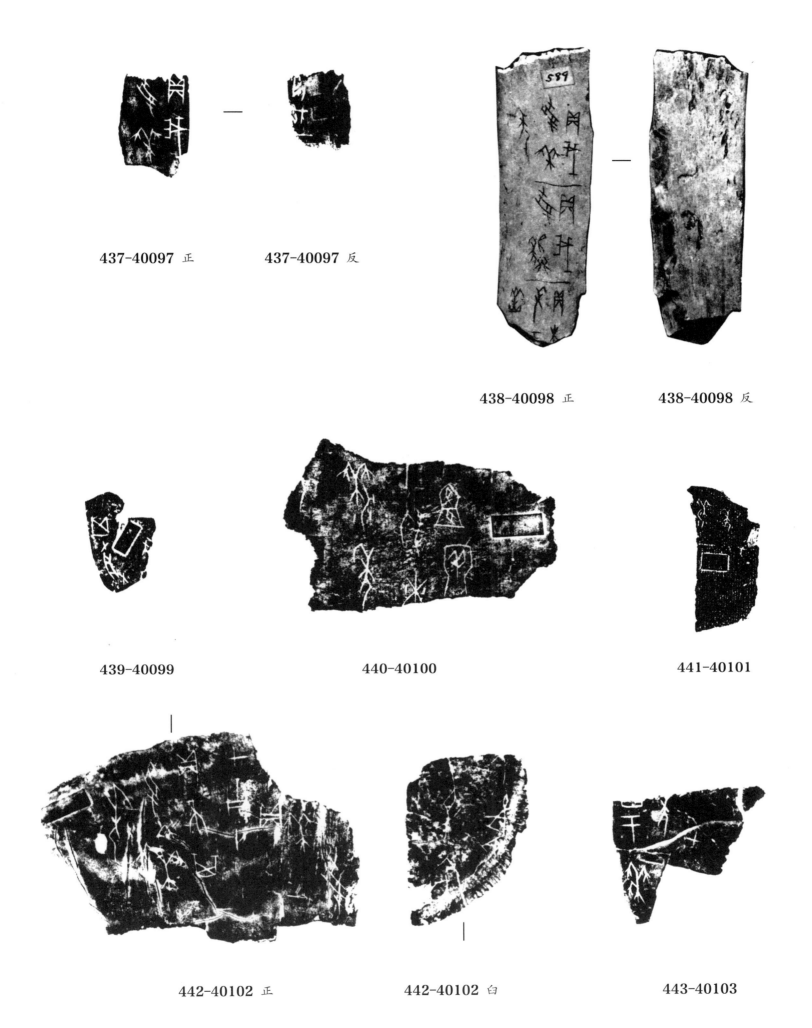

437-40097 正   437-40097 反

438-40098 正   438-40098 反

439-40099   440-40100   441-40101

442-40102 正   442-40102 臼   443-40103

444-40104 正

104

444-40104 反

445-40105

446-40106

447-40107

448-40108

 —

449-40109 正　　　　　449-40109 反

450-40110

451-40111

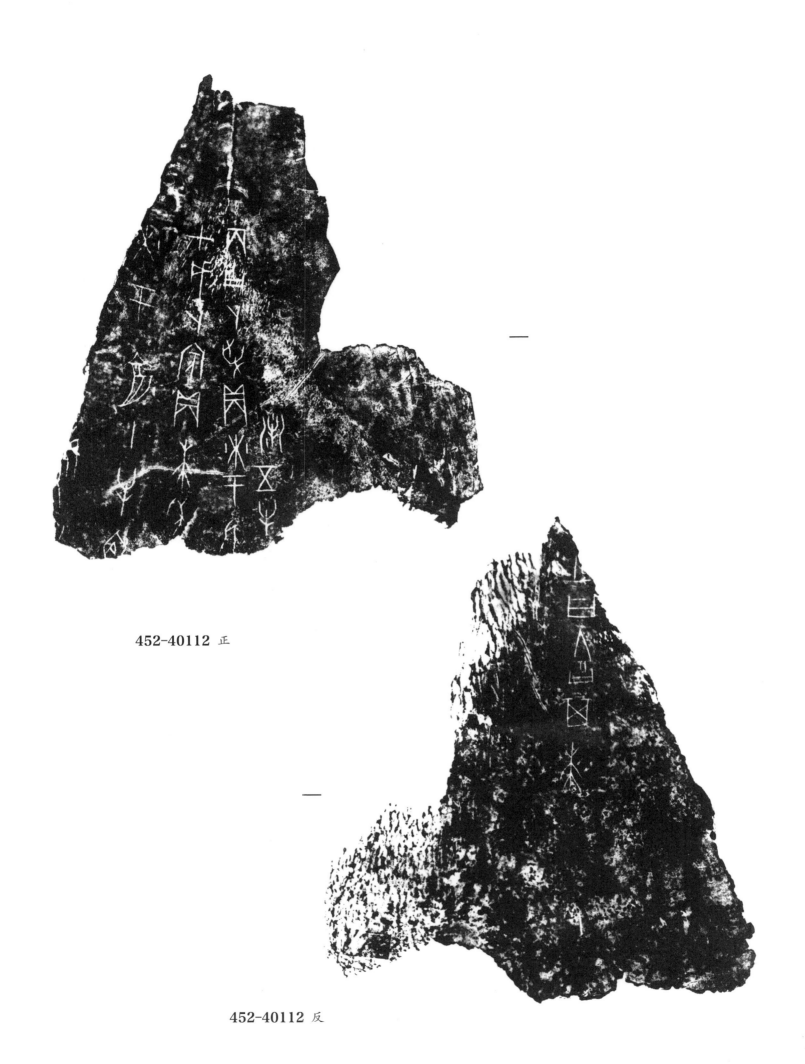

452-40112 正

452-40112 反

453-40113　　　　　454-40114

455-40115

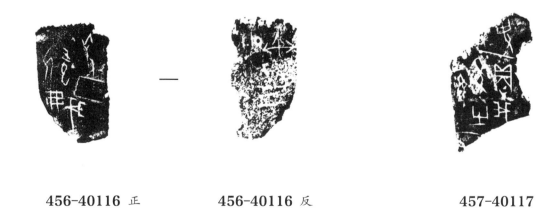

456-40116 正　　　456-40116 反　　　　457-40117

458-40118

459-40119

 —

460-40121 正　　　　460-40121 反

461-40122

462-40123

463-40125

464-40126

465-40127

466-40131

467-40133 正   467-40133 反

468-40134

469-40135

470-40137

471-40138   472-40139   473-40141

474-40142   475-40143

476-40144

477-40145   478-40152   479-40156

480-40157 481-40158 482-40159

 —

483-40161 正 483-40161 反

485-40163
486-40164

484-40162

487-40165

488-40166

489-40168

490-40170

491-40171

492-40173

493-40174

494-40175

495-40176

496-40178

497-40179

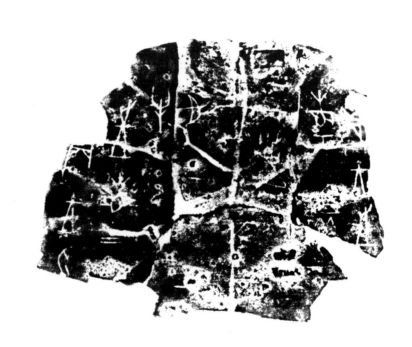

498-40181

 —

499-40182 正

499-40182 反

500-40183

501-40185

502-40186

503-40187

504-40189

505-40192

506-40199

507-40202

508-40203

 —

509-40204 正 509-40204 反

 —

510-40205 正 510-40205 反

511-40206   512-40207   513-40210

514-40211   515-40212   516-40215

517-40217   518-40220   519-40221

520-40222

521-40223

522-40226

523-40227

524-40228

525-40229

526-40230 527-40231 528-40233

529-40235 530-40238 531-40239 532-40240

533-40243 534-40244 535-40246

537-40251

538-40253

536-40250

539-40256

 —

540-40257 正   540-40257 反

541-40259   542-40260   543-40263

544-40264

545-40266

546-40272

547-40275

548-40276

549-40277

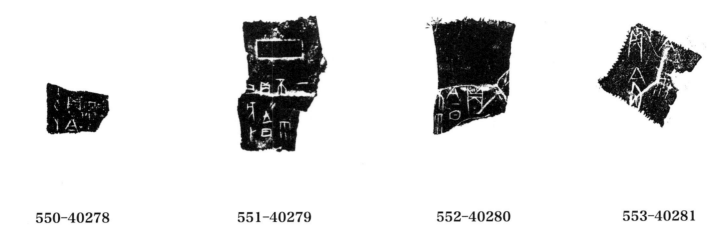

550-40278   551-40279   552-40280   553-40281

554-40282   555-40283   556-40284

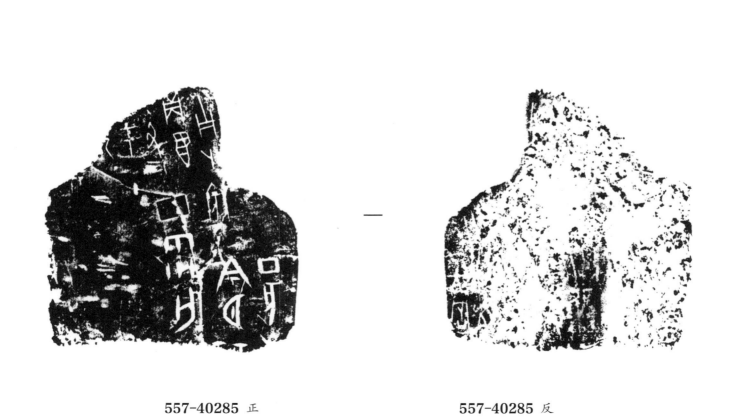

557-40285 正   557-40285 反

558-40286

559-40287

560-40288

561-40291

562-40292

563-40293

564-40294

565-40295

566-40296

567-40297

568-40298

569-40299

570-40300

571-40302 正   571-40302 反

127

572-40303 正   572-40303 反

573-40304   574-40306

575-40307   576-40308   577-40311   578-40316

580-40319   581-40321

579-40317

582-40322   583-40323   584-40324   585-40325

586-40326 正   586-40326 反

587-40327   588-40328   589-40329

590-40331 591-40332 正 591-40332 反

592-40334 正 592-40334 反 593-40335

594-40337

595-40338

596-40339

 —

597-40340 正 597-40340 反

598-40341

599-40342

600-40343

601-40344

602-40345

603-40346

604-40347

605-40348

606-40349

607-40350

608-40351

609-40352

610-40353 正　　　　　　　　　　610-40353 反

611-40354

612-40355

613-40356

614-40357

615-40358

616-40359

617-40360

618-40361

619-40363

620-40364　　　　　　　　621-40366　　　　　　　　622-40368

 —

623-40369 正　　　623-40369 反

 — 　　　　

624-40372 正　　　　　624-40372 反　　　　　　625-40373

626-40374   627-40376   628-40378   629-40380

630-40382

631-40383

140

632-40384 正　　　　　　　632-40384 反

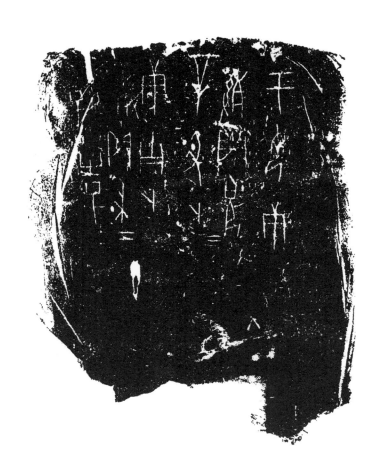

634-40389

633-40386 正　　　　　　　635-40391

636-40392 白

637-40393

638-40394

636-40392 正

639-40395

640-40396

641-40397

142

642-40398

643-40399

644-40402 正 644-40402 反

645-40403 646-40404 647-40407 648-40408

649-40409

650-40410

651-40411 反

652-40415

653-40416

654-40417

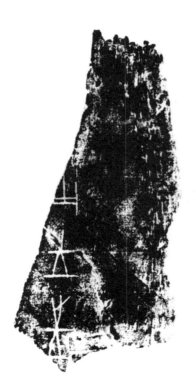

655-40418 上

656-40418 下

146

 —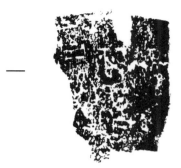

657-40419 正   657-40419 反   658-40420

  —

659-40421   660-40422 正   660-40422 反   661-40425

662-40427 正

662-40427 反

663-40428

664-40429

665-40430

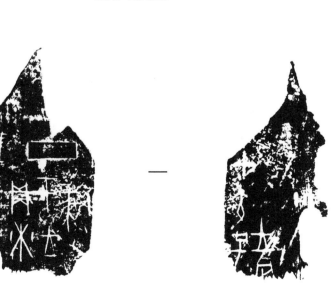

666-40432 正　　　　666-40432 反

667-40433 正   667-40433 反

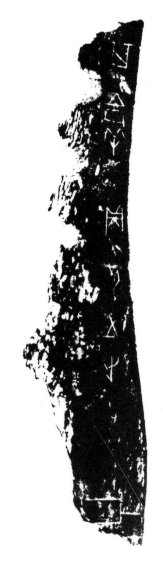

668-40435 正   668-40435 反

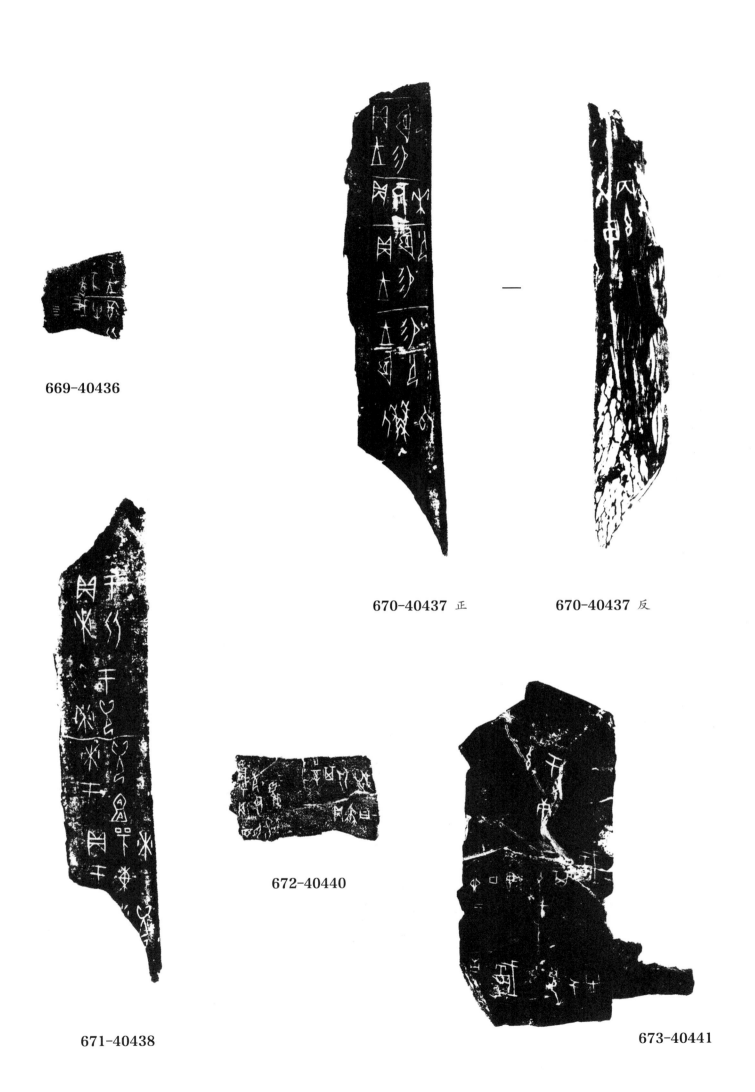

669-40436

670-40437 正　　　　　　670-40437 反

672-40440

671-40438

673-40441

674-40442　　　　　　675-40444 正　　　　　　675-40444 反

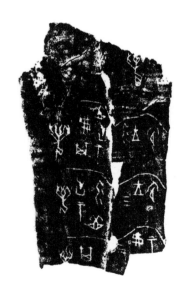

677-40448　　　　　678-40449

676-40447

679-40450　　　　　　　　　680-40451

681-40452

682-40453

683-40459

684-40460

685-40461

686-40464

687-40467

688-40469 正

688-40480 反

689-40470

690-40471 正　　690-40471 反

691-40475

692-40476

693-40479

694-40481 正

695-40482

696-40483

697-40484

154

698-40486

699-40487

700-40488

701-40489 正　　　　　701-40489 反

155

702-40491

703-40493

704-40495

705-40496

706-40498

707-40499

 —

708-40503 正　　　　　　708-40503 反

709-40504

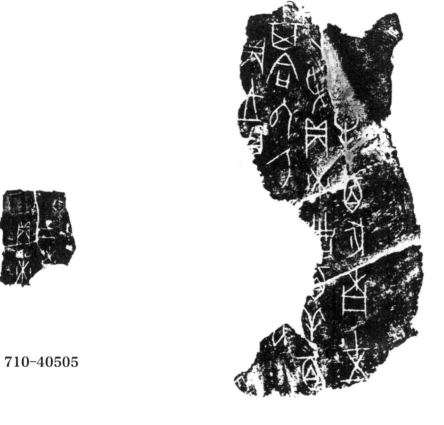

710-40505

712-40509 正

711-40507

713-40510

714-40512

715-40513

716-40514 正

158

716-40514 反

717-40515 正　　　717-40515 反　　　　718-40516　　　　719-40517

720-40518　　　　721-40520

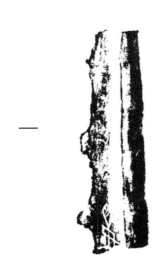   

722-40521 正　　　722-40521 反

723-40522 正　　　723-40522 反

724-40524

725-40525

726-40527 正　　　726-40527 反

727-40528 正

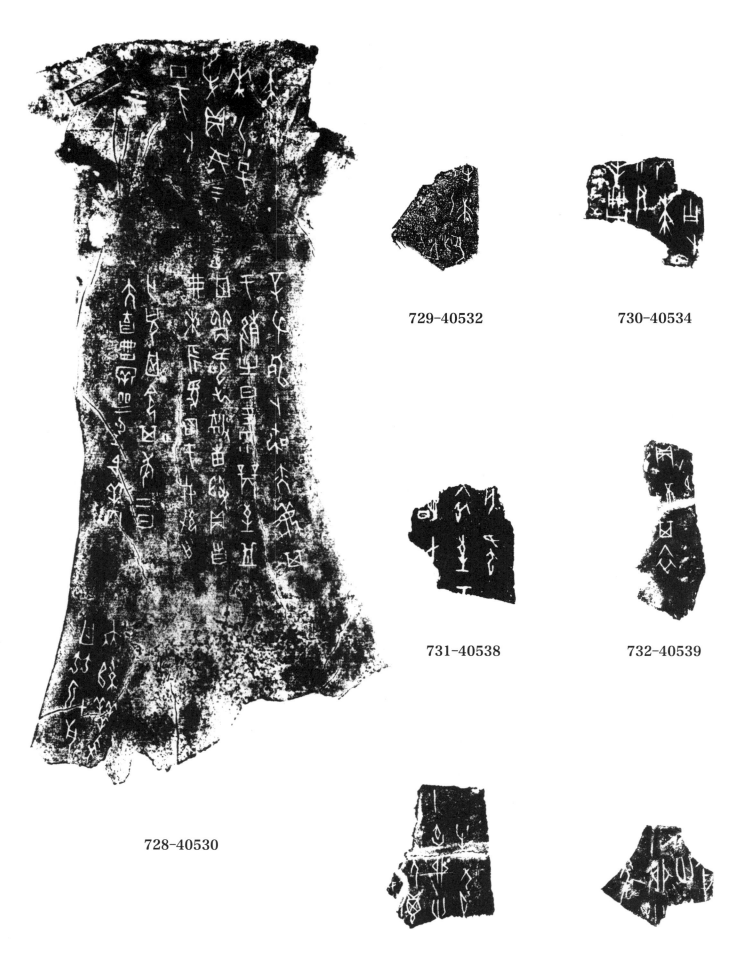

729-40532

730-40534

731-40538

732-40539

728-40530

733-40541

734-40542

735-40545

736-40546

737-40547

739-40551

740-40554

741-40556 正

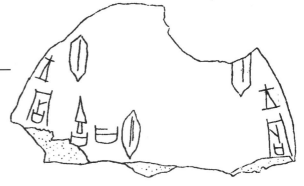

741-40556 反（摹本）

738-40550

163

742-40557

743-40558

744-40559

745-40562

746-40563

747-40564 正

747-40564 反

748-40565

749-40566

750-40567

751-40568

753-40573 正　　　753-40573 反

752-40571

754-40574 正　　　754-40574 反

755-40575

756-40576   757-40577

759-40587

758-40583

760-40588   761-40590   762-40595

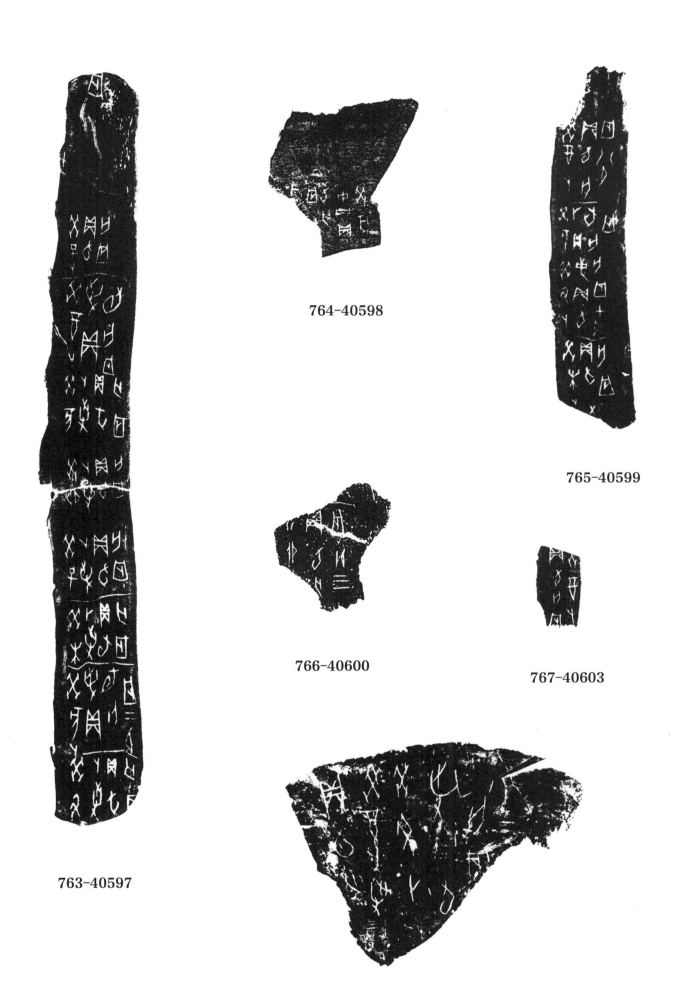

764-40598

765-40599

766-40600

767-40603

763-40597

768-40604

769-40605

770-40606 正　　　**770-40606 反**

771-40607

772-40608 正　　　**772-40608 反**

773-40609

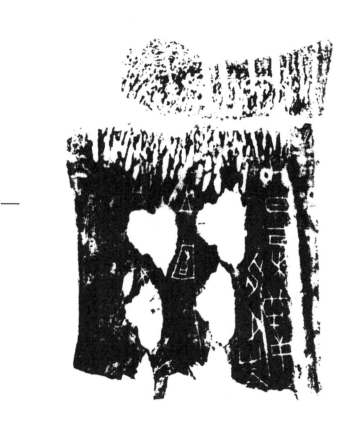

774-40610 正   774-40610 反

775-40611   776-40612   777-40613   778-40614

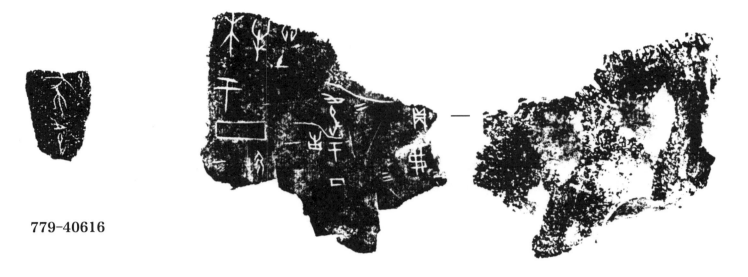

779-40616

780-40617 正   780-40617 反

781-40618   782-40620   783-40621

784-40622   785-40623   786-40624

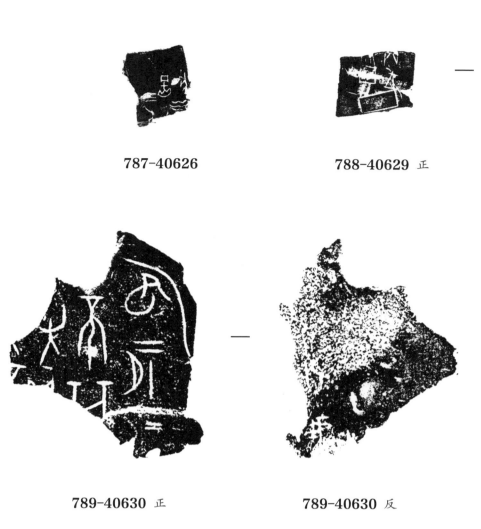

787-40626   788-40629 正   788-40629 反

789-40630 正   789-40630 反

790-40631

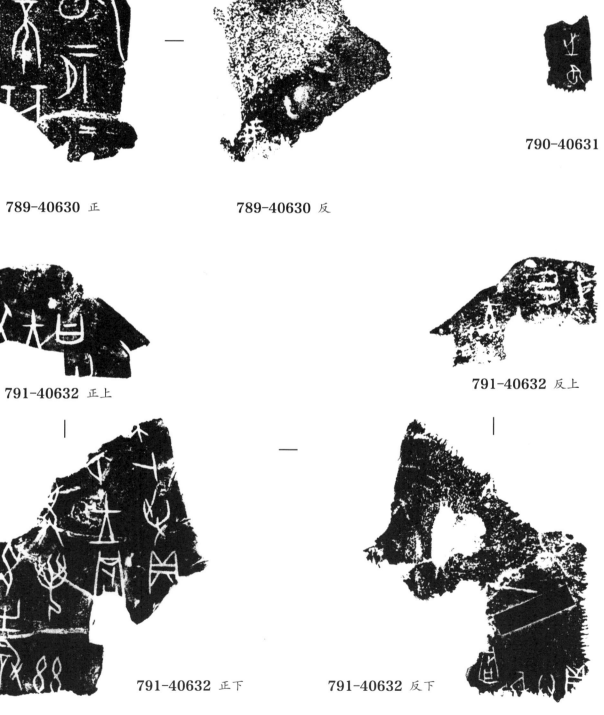

791-40632 正上   791-40632 反上

791-40632 正下   791-40632 反下

792-40633

793-40638 正

793-40638 反

794-40639

795-40641

796-40643

797-40644 正+41066 正

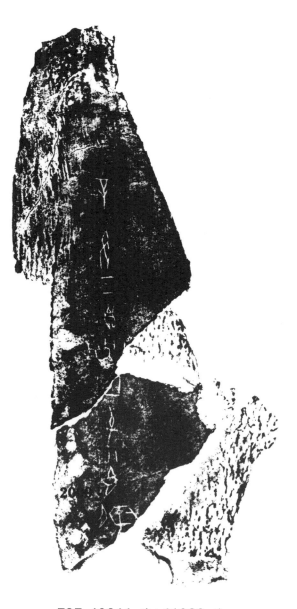

797-40644 反+41066 反

798-40646

799-40648 正

173

800-40654

801-40655

802-40656 正　　　　　　　802-40656 反

174

804-40664

803-40662 正　　　　803-40662 反

805-40666 正　　　　805-40666 反

806-40667　　　　807-40668　　　　808-40669 正　　　808-40669 反

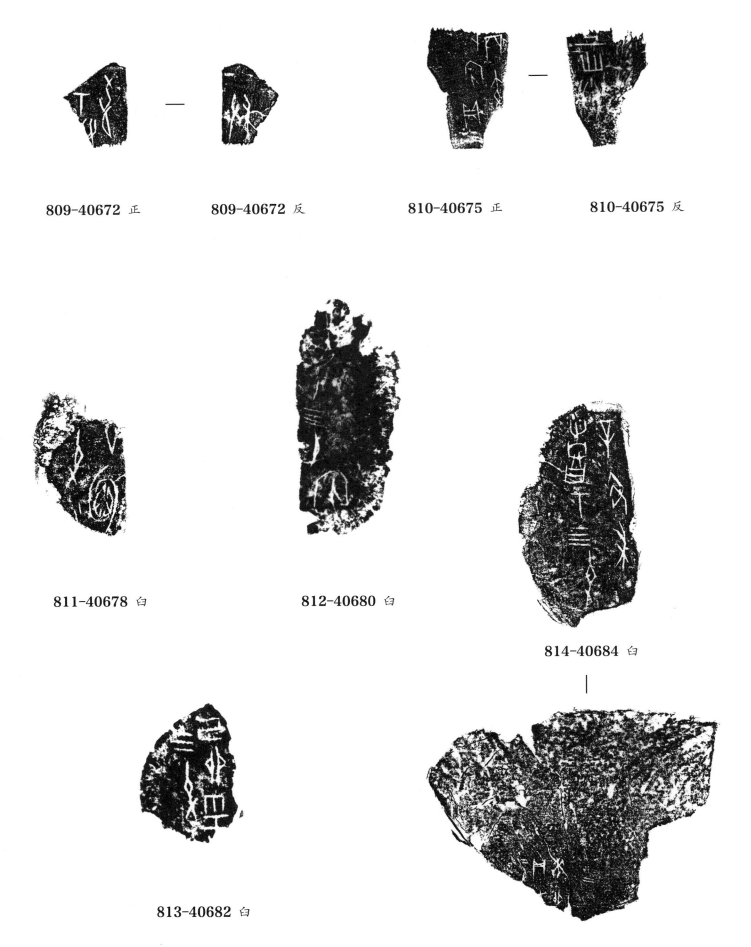

809-40672 正　　　　809-40672 反　　　　810-40675 正　　　　810-40675 反

811-40678 臼　　　　　812-40680 臼

814-40684 臼

813-40682 臼

814-40684 正

815-40687 白   816-40688 白   817-40689

818-40690   819-40692 白

 —

820-40693 正   820-40693 反   821-40694 白

822-40697

823-40698

824-40699 反

825-40700

826-40703

827-40708

828-40711

829-40712

830-40717 正

830-40717 反

831-40724

832-40728

833-40730

834-40732

835-40733

836-40734

837-40736

 —

838-40737 正   838-40737 反

839-40738

840-40741

841-40744

842-40748

843-40749   844-40750

 —

845-40751 正   845-40751 反   846-40752

847-40755   848-40757

849-40758

850-40759

851-40760

852-40762

853-40763

854-40764

855-40765

856-40766

857-40767

858-40768

859-40769   860-40770

861-40773   862-40775   863-40776

864-40779   865-40780

866-40783

867-40784

868-40786

 —

869-40790 正　　　869-40790 反

870-40791

871-40793

872-40794 正　　　　872-40794 反　　　　　873-40795

875-40799　　　　876-40803　　　　877-40809

874-40797

878-40810　　　　879-40813　　　　880-40814 正　　　880-40814 反

184

附一期

881-40815

882-40816

883-40817

884-40818

885-40820

886-40821

887-40823

888-40824

889-40825

890-40827

891-40828

892-40829

893-40830

894-40831

895-40832

896-40835

898-40838

897-40836

899-40839

900-40840

901-40841

902-40842

903-40844

904-40846

905-40847

906-40849

907-40850

908-40852

909-40853

 —

910-40854 正　　　910-40854 反

911-40856

912-40857

913-40858

914-40859

915-40860

916-40861

917-40864

918-40865

919-40866

192

920-40867

921-40873

922-40874

923-40876

924-40877

925-40879

926-40881

927-40882

928-40883

929-40885

930-40886

931-40887

932-40888

933-40890

934-40891

935-40892

936-40893

937-40894

938-40896

939-40897

940-40902

941-40903

942-40905

943-40906

944-40908

945-40909

第二期

947-40913

946-40912

948-40914

949-40916

950-40917

951-40918

952-40919

953-40920

954-40921

955-40924

956-40926

957-40927

958-40928

959-40929

960-40930

962-40933

961-40931+40932

963-40935

964-40936

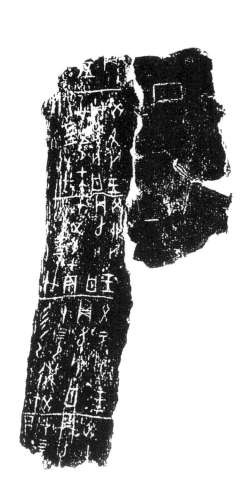

965-40937

967-40940

968-40941

966-40939

969-40942

970-40943

971-40946

972-40948

973-40949

974-40950

975-40951

976-40952

977-40953

978-40954

979-40955

980-40957

981-40959

982-40960

983-40961   984-40963   985-40964   986-40969

988-40971

987-40970

989-40973

990-40975

991-40977

992-40978

993-40979

994-40981

995-40982

996-40983

997-40984

998-40986

999-40988

1000-40990

1001-40993

1002-40994

1003-40995

 —

1004-40997 正　　　　　1004-40997 反

1005-40998

1006-40999

1007-41000

1008-41001

1009-41004

1010-41005

1011-41007

1012-41008

1013-41009

1014-41010

1015-41011

1016–41017

1017–41018

1018–41019

1019–41020

1020–41021

1021–41023

1022-41024   1023-41025   1024-41026

1025-41027

1026-41028   1027-41029   1028-41031

1029-41032   1030-41034   1031-41035

209

1032-41036 正   1032-41036 反   1033-41037

1034-41041   1035-41043   1036-41045

1037-41048

1038-41053

 —

1039-41059 正　　　　　　　　　　　　1039-41059 反

1040–41060

1041–41061

1042–41068

1043–41070

1044–41071

1045–41072

1046-41074

1048-41077

1047-41075

1049-41078

1050-41079

1051-41080

1054-41087

1052-41083

1053-41086

1055-41088

1056-41089

1057-41091

1058-41092

1059-41095

1060-41097

1061-41099

1062-41101

1063-41102

1064-41103

1065-41104

1066-41106

1067-41107

1068-41109

1069-41110

1070-41112

1071-41113

1072-41116

1073-41118

1074-41119   1075-41120   1076-41124

1077-41125   1078-41126   1079-41127

1080-41128   1081-41130   1082-41131

1083-41133

1084-41134

1085-41135

1086-41136

1087-41137

1088-41140

1089-41142

1090-41145

1091-41146

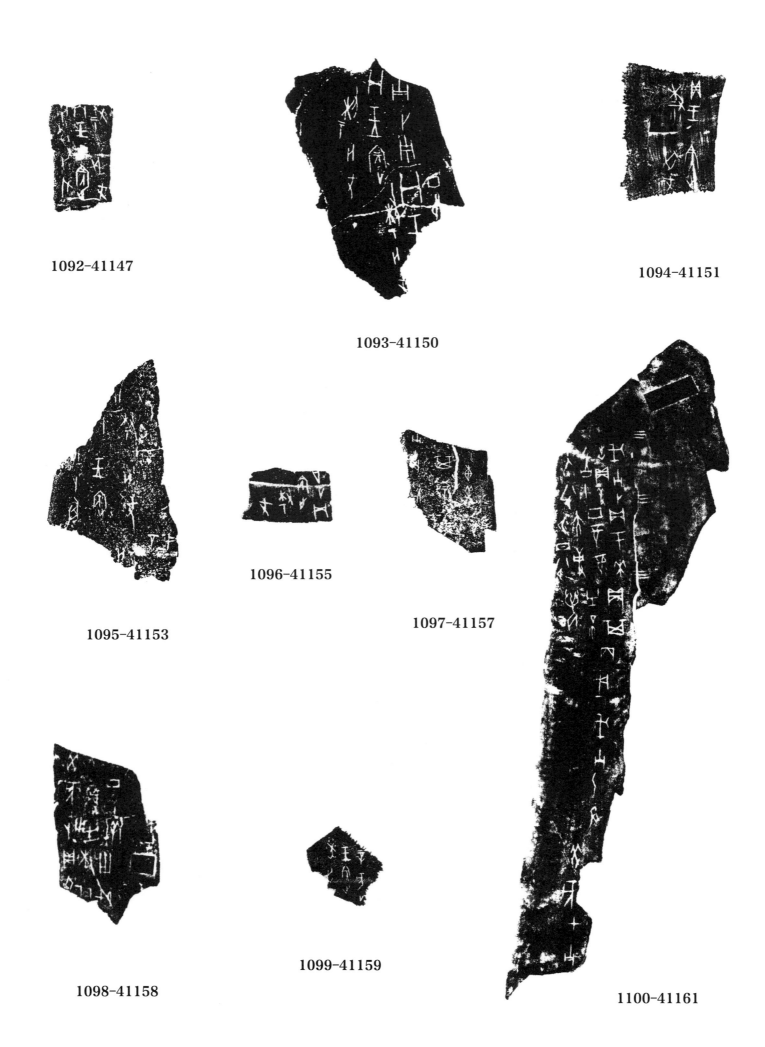

1092-41147

1093-41150

1094-41151

1095-41153

1096-41155

1097-41157

1098-41158

1099-41159

1100-41161

1101-41162

1102-41163

1103-41164

1104-41165

1106-41167

1105-41166

1107-41169

1109-41172

1110-41173

1108-41170

1111-41175

1112-41176

1113-41182

1114-41183

1115-41184

1116-41187　　　　　　1117-41188　　　　　　1118-41189

1119-41191　　　　　　1120-41192

1121-41193

1122-41194　　　　　　1123-41195　　　　　　1124-41196

1125-41197

1126-41198

1127-41199

1128-41203

1129-41204

1130-41205

1131-41207

1132-41208

1133-41209

1134-41210

1135-41211

1136-41213

1137-41214

1138-41215

1139-41217

1140-41220

1141-41221

1142-41224

1143-41225

1144-41227

1145-41228

1146-41231

1147-41233

1148-41238

1149-41239

1150-41240

1152-41246

1151-41243

1153-41247

1154-41249

1155-41250

1156-41251

1157-41252

1158-41253

1159-41254

1160-41255

1161-41256

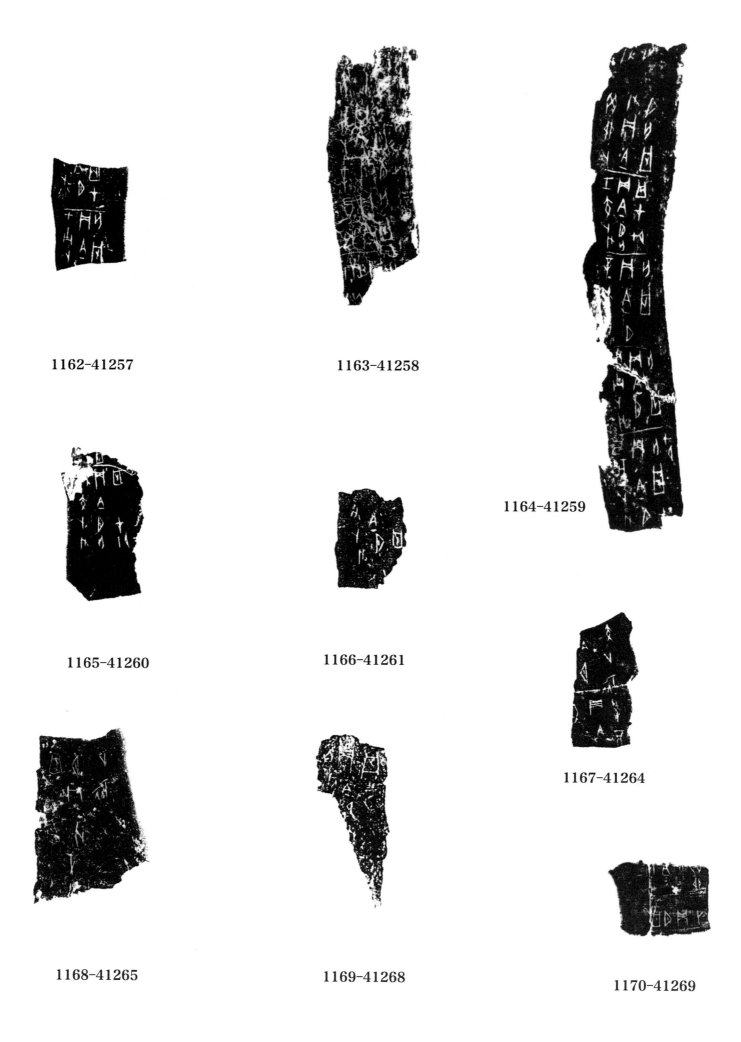

1162-41257

1163-41258

1164-41259

1165-41260

1166-41261

1167-41264

1168-41265

1169-41268

1170-41269

1171-41270

1172-41271

1173-41272

1174-41275

1175-41277

1176-41278

1177-41280

1178-41281

1179-41282

229

1180-41284

1181-41286

1182-41287

1183-41288

1184-41289

1185-41290

1186-41293

1187-41294

1188-41295

第三期

1190-41304

1191-41306

1189-41303

1194-41313

1193-41312

1192-41308

1195-41315

1196-41316

1197-41317

1198-41319

1199-41320

1200-41322

1201-41323

1202-41324

1203-41325

1205-41329

1204-41326

1206-41330

1208-41334

1207-41331

1209-41336

1210-41339

1211-41340

1214-41343

1213-41342

1215-41344   1216-41345

1212-41341

1217-41346   1218-41347   1219-41348

1220-41349

1221-41350

1222-41351

1223-41352

1224-41353

1225-41361

1226-41363

1227-41364

1228-41366

1229-41367

1230-41368

1231-41369

1232-41370

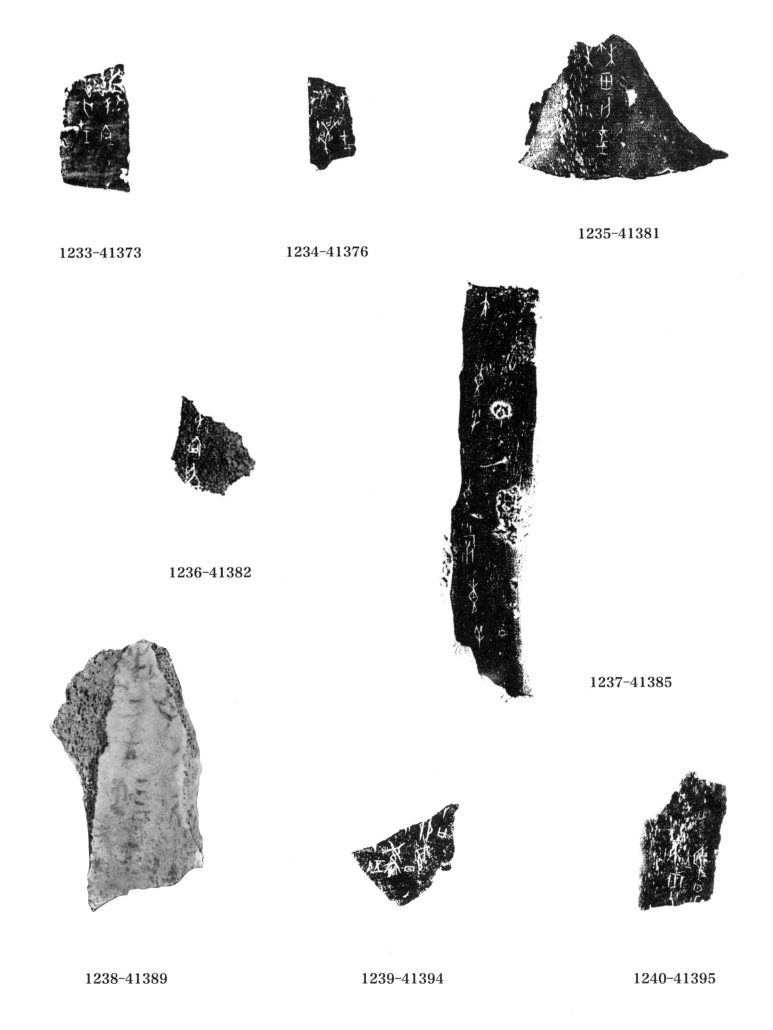

1233-41373   1234-41376   1235-41381

1236-41382   1237-41385

1238-41389   1239-41394   1240-41395

240

1241-41397

1242-41398

1243-41399

1244-41403

1245-41404

1246-41406

1247-41408

1248-41409

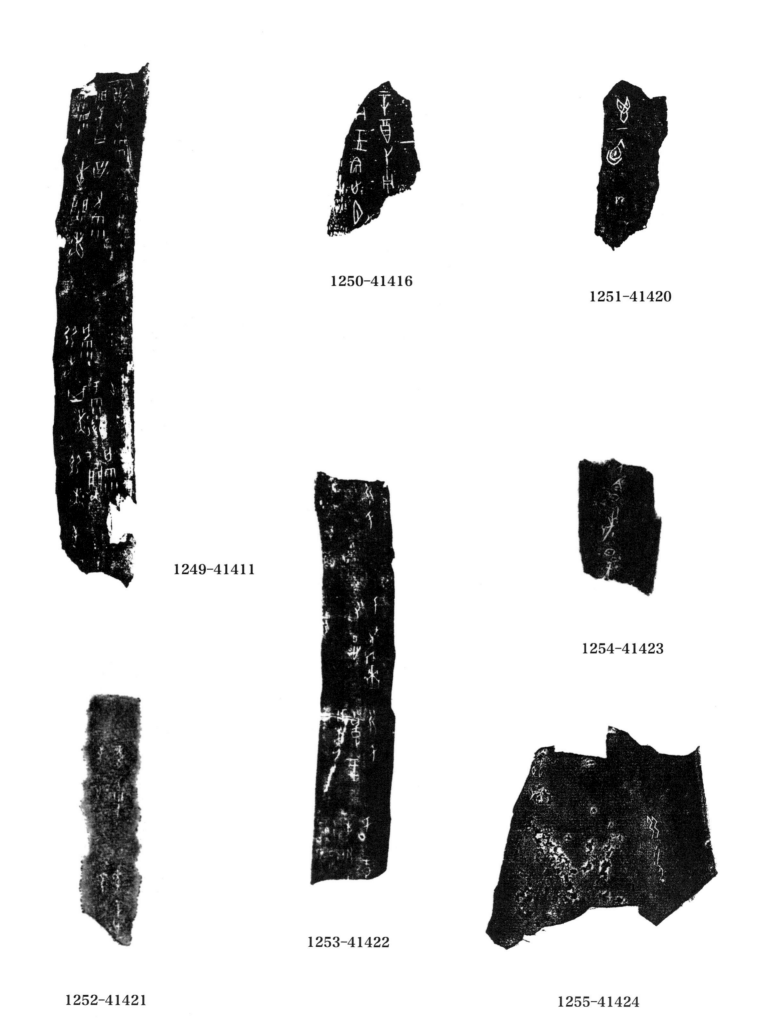

1250-41416

1251-41420

1249-41411

1254-41423

1253-41422

1252-41421

1255-41424

1256-41425

1257-41427

1258-41428

1259-41429

1260-41431

1261-41432

1262-41433

1263-41434

1264-41437

1265-41439

1266-41440

1267-41441

1268-41443

1269-41446

1270-41448

1271-41451

第四期

1272-41455

1273-41456

1274-41458

1275-41459

1276-41460

1277-41461

1278-41462

1280-41464

1279-41463

1281-41465

1282-41467

1283-41468

1284-41469

1285-41470

1286-41471

1287-41472

1288-41473

1289-41474

1290-41475 正   1290-41475 反

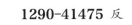

1292-41478 上

1292-41478 下

1293-41479

1291-41476

1294-41480

1295-41481

1296-41482

1297-41483

1298-41484

1299-41485

1300-41486

1301-41487

1302-41488

1303-41490

1304-41491

1305-41492

1306-41493

1307-41497

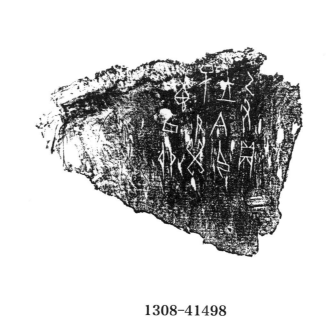

1308-41498

1309-41500

1310-41502

1311-41503

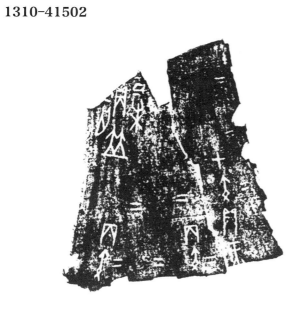

1313-41506

1314-41507

1312-41504

1315-41509

1316-41511

1317-41513

1318-41514

1319-41516

1320-41518

1322-41521

1323-41523

1321-41520

1324-41524

1326-41527

1327-41528

1325-41526

1328-41529

1329-41530

1330-41533

1331-41534

1332-41535

1333-41537

1334-41540

1335-41541

1337-41543

1338-41544

1336-41542

1339-41545

1340-41546

1341-41547

1342-41548

1343-41552

1344-41553

1345-41554

1346-41555

1347-41557

1348-41558

1349-41559

1350-41560

1351-41561

1352-41562

1353-41563

1354-41564

1355-41565

1356-41566

1357-41567

1358-41568

1359-41569

1360-41570

1361-41571

1362-41572

1363-41573

1364-41574

1365-41575

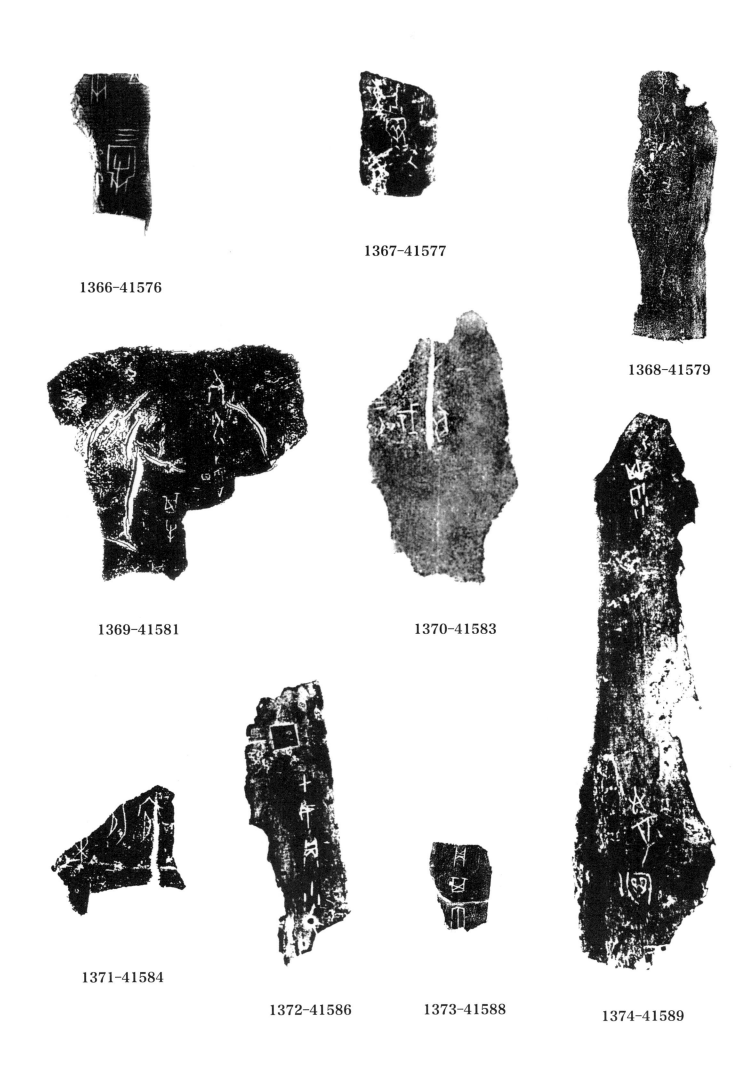

1366-41576

1367-41577

1368-41579

1369-41581

1370-41583

1371-41584

1372-41586

1373-41588

1374-41589

1375-41590

1376-41591

1378-41593

1379-41594

1377-41592

1380-41595

1381-41596

1382-41598

1383-41599

1384-41600

1385-41601

1386-41603

263

1387-41604   1388-41605   1389-41607

1391-41609

1390-41608

1392-41610

1394-41613

1395-41614

1393-41612

1396-41616

1397-41617 正   1397-41617 反

1400-41621

1398-41618

1399-41620

1401-41622

1402-41624

1403-41626

1404-41627

1405-41628

1406-41631

1407-41632

1408-41634

1409-41635

1410-41637

1411-41638

1412-41639

1413-41640

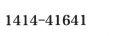

1414-41641

1415-41642

1416-41644

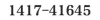

1417-41645

1418-41647

1419-41649

1420-41650

1421-41651

1422-41652　　　　1423-41653

1424-41654　　　　1425-41655

1427-41658

1426-41656

1428-41659   1429-41660   1430-41661

1431-41663

1432-41664

1433-41666

1434-41667

1435-41668

1436-41669

1437-41673

1438-41677

1439-41678

1440-41685

1442-41692

1443-41693

1441-41691

第五期

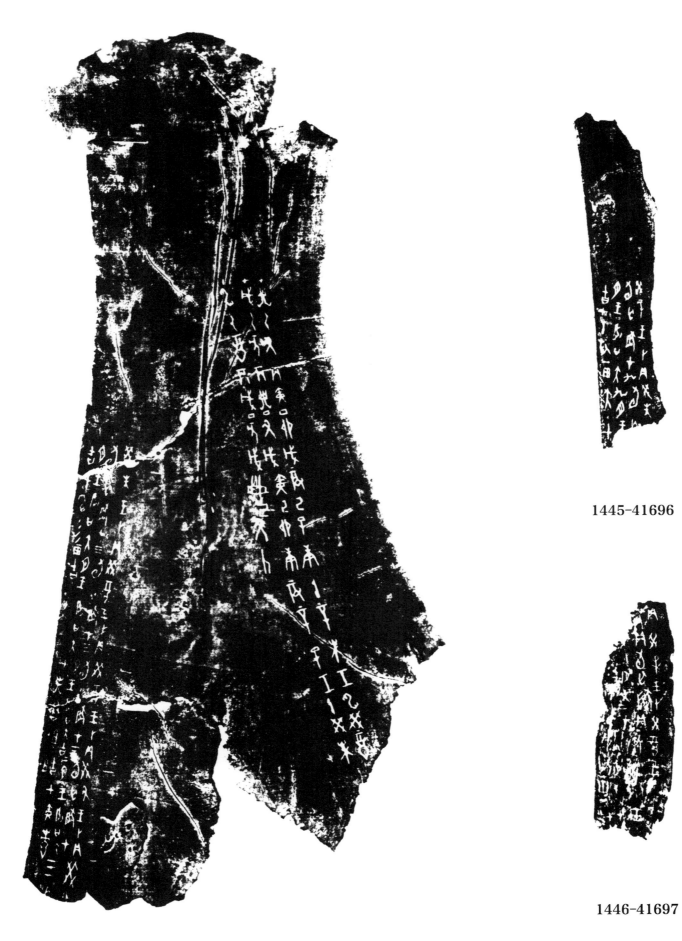

1445-41696

1446-41697

1444-41695

1447-41698

1448-41703

1450-41705

1451-41706

1449-41704+41723

1452-41707

1453-41708

1455-41710

1456-41711

1457-41714

1454-41709

1458-41715

1459-41716

1460-41717

1461-41719

1462-41720

1463-41722

1464-41724 正

1464-41724 反

1465-41726

1466-41727

1467-41728

1468-41729

1469-41736

1470-41738

1471-41739

1472-41740

1473-41741

1474-41742

1475-41745

1476-41746

1477-41747

1478-41748

1479-41750

1480-41751

1481-41752

1482-41753

1483-41754

1484-41756

1485-41757

1486-41758

1487-41759

1488-41760+41765

1489—41761

284

1490-41762

1491-41763

1492-41764

1493-41766

1494-41767

1495-41768 正　　　　　　　　　　　1495-41768 反

286

1496–41769

1497–41770

1499-41772

1500-41773

1498-41771

1502-41775

1501-41774

1503-41776

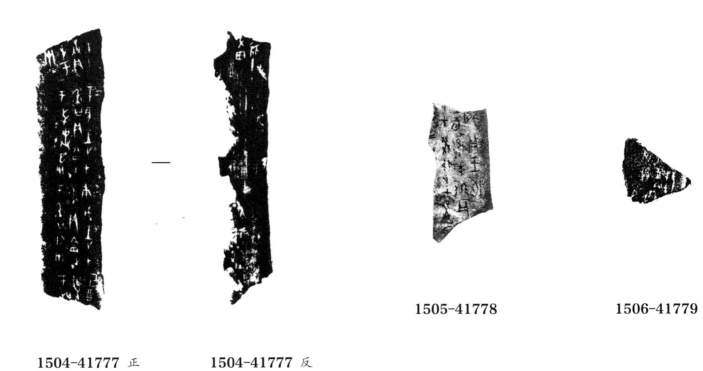

1504-41777 正　　　　1504-41777 反　　　　1505-41778　　　　1506-41779

1508-41782　　　　1509-41785

1507-41781

1510-41786

1511-41790

1512-41791

1513-41792

1514-41794

1515-41797

1516-41799

1518-41802

1519-41803

1517-41801

1520-41804

1521-41805

1522-41806

1523-41807

1524-41809

1525-41810

1526-41811

1527-41813

1528-41814

1529-41815

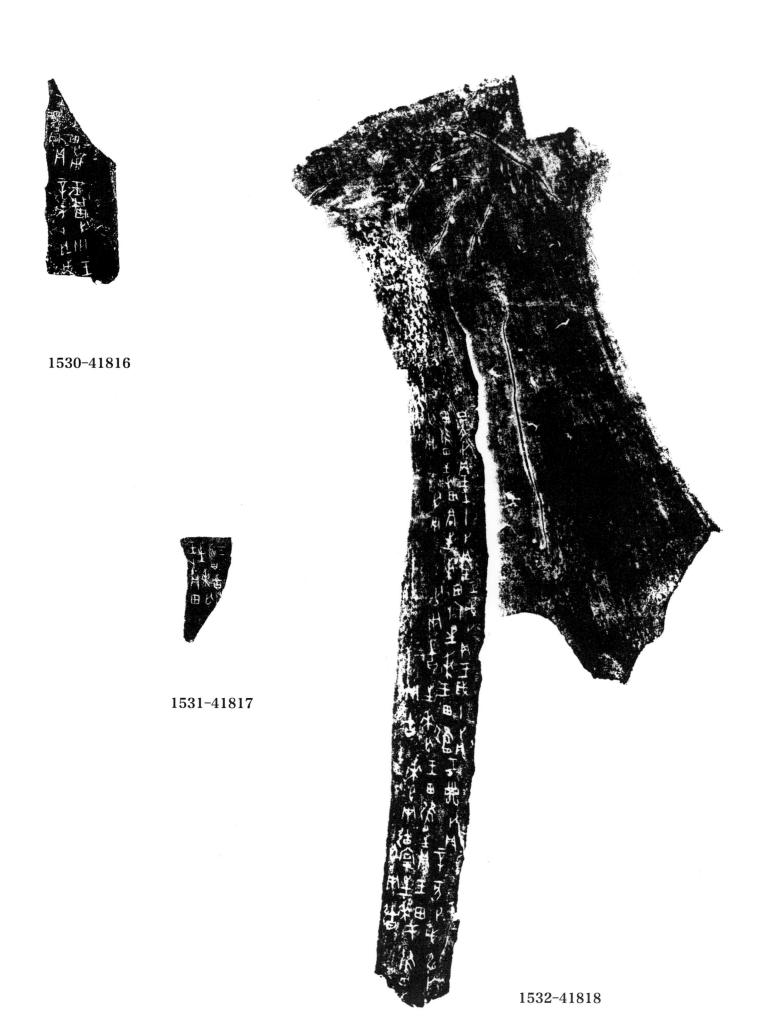

1530-41816

1531-41817

1532-41818

292

1534-41820

1535-41822

1536-41823

1533-41819

1537-41824

1538-41826

1539-41827

1540-41828

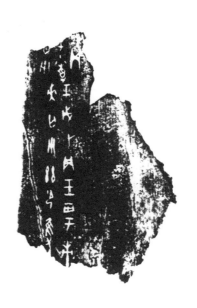

1541-41829

1542-41830

1543-41831

1544-41832

1546-41834

1547-41835

1545-41833

1548-41838

1550-41840

1549-41839

1553-41844

1551-41842

1552-41843

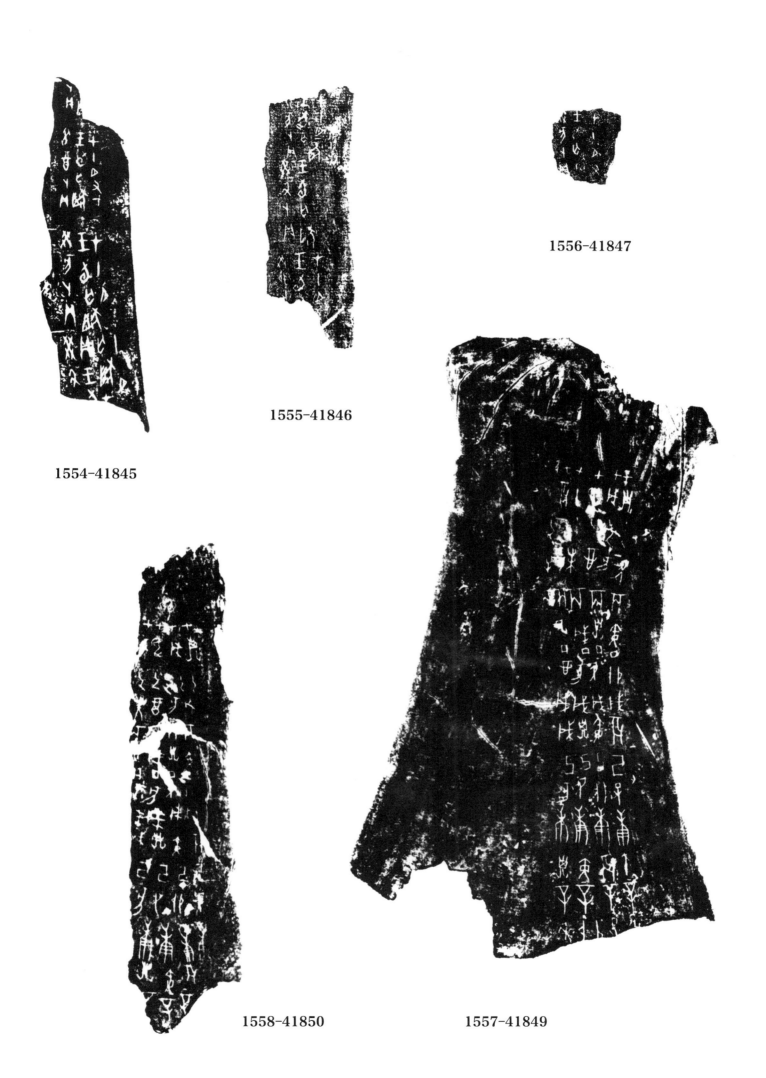

1556-41847

1555-41846

1554-41845

1558-41850   1557-41849

1559-41852

1560-41853

298

1561-41855

1562-41857 正　　　1562-41857 反

1563-41860　　　　　　　　　　　　　　1564-41861

299

1565-41863

1566-41864

1567-41865

1568-41866

1569-41867

1570-41868

1571-41869

1572-41870

1573-41871

1574-41872

1575-41873

1576-41874

1577-41876

1578-41877

1579-41878

1580-41879

1581-41881

1582-41885

1583-41886

1584-41888

1585-41889

1586-41890

1587-41891

1588-41896

1589-41897

1591-41901

1590-41898

1592-41903

1593-41906

1594-41907

1595-41908

1596-41909

1597-41910

1598-41921

1600-41924

1601-41925

1599-41923

1602-41927

1603-41928

1604-41929

1605-41933

1606-41934

1607-41936

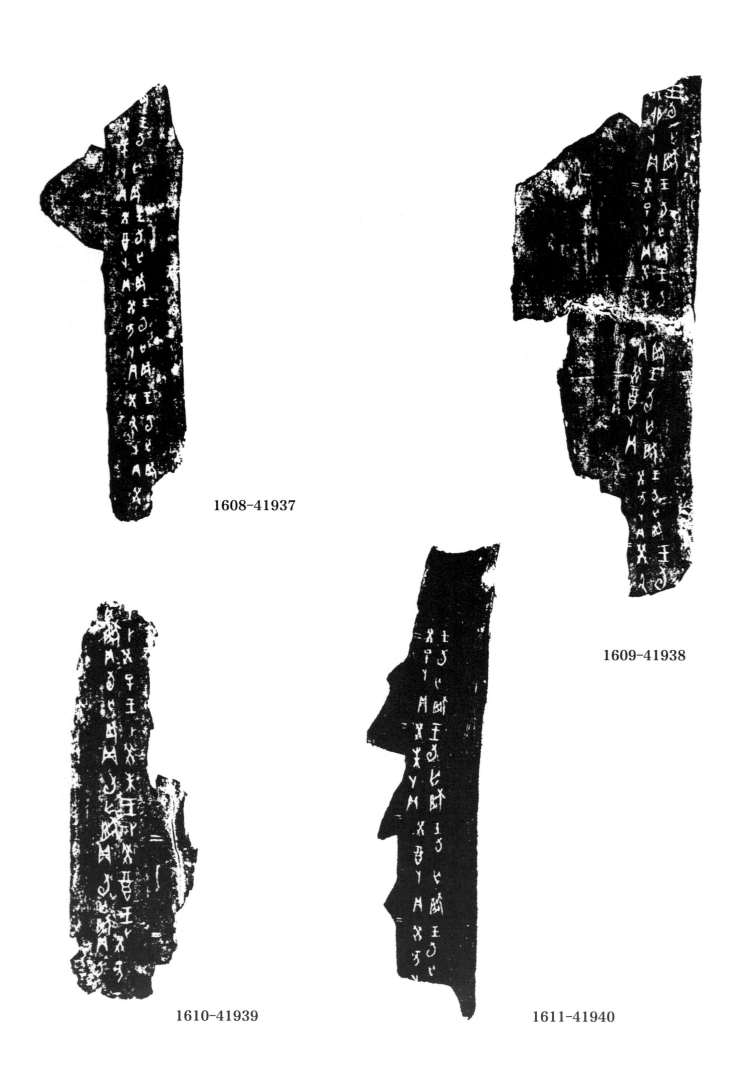

1608-41937

1609-41938

1610-41939

1611-41940

1612-41941

1613-41943

1614-41944

1615-41946

1616-41947

1617-41949

1618-41950

1619-41951

1620-41952

1621-41953

1622-41954

拓片釋文

1　（《合集》39477、《英藏》607）
　　(1) 己巳卜，爭，貞乎众人先于𢽟。　二
　　(2) 貞勿乎众人［先］于［𢽟］。　二

2　（《合集》39482、《英藏》191）
　　(1) 癸丑卜，貞王自出从□。　二
　　(2) 丙辰卜，丁巳𠬝勿出。　二
　　(3) □□卜，貞□其米众。
　　(4) 伐［侯］𠃬。

3　（《合集》39483、《英藏》757）
　　(1) 貞□不□受［年］。
　　(2) 貞不其受年。
　　(3) 受年。
　　(4) 受年。
　　(5) 庚子卜，亘，貞乎取工𡥀氏。

4 正（《合集》39484 正、《英藏》772 正）
　　一　二　三

4 反（《合集》39484 反、《英藏》772 反）
　　貞今來𡥀。

5 正（《合集》39485 正、《英藏》776 正）
　　［貞］羌率𡎦坴𡥀。　二

5 反（《合集》39485 反、《英藏》776 反）
　　［王］固曰……隹既。

6　（《合集》39486、《英藏》844）
　　……多羌［逐］鹿。　一

7 正（《合集》39487、《英藏》843 正）
　　貞乎［多］羌［逐鹿］。

7 反（《英藏》843 反）
　　……［示］四……
　　＊《合集》39487 缺反。

8 正（《合集》39489、《英藏》補 1 正）
　　(1) 己丑卜，永，貞戉其□。
　　(2) 丁巳卜，殼，貞自隻羌。
　　(3) 乙酉卜，方，貞王往出。

8 反（《英藏》補 1 反）
　　＊《合集》39489 缺反，《英藏》補 1 反無字。

9　（《合集》39490、《英藏》598）
　　牧隻羌。

10 正（《合集》39491 正、《英藏》624 正）
　　貞旬亡囚。
　　＊他辭爲僞刻。

10 反（《合集》39491 反、《英藏》624 反）
　　……舌𡎦方，我隻羌。
　　＊《合集》39491 不全。

11 正（《合集》39492、《英藏》594 正）

(1) 貞出于祖乙告戈。

(2) 貞奉戈于祖乙。

(3) 貞告戈于上甲、成。

(4) 貞旨隻羌。

11 反（《英藏》594 反）

戊辰卜，殼。

＊《合集》39492 缺反。

12 正（《合集》39493、《英藏》597 正）

(1) 庚午卜，殼，[貞] 其出隻 [羌]。

(2) ……帚奴。

12 反（《英藏》597 反）

戊辰 [帚]（甲橋刻辭）

＊《合集》39493 缺反。

13　（《合集》39494、《英藏》595）

……[征] 羌。七月。　二

14 正（《合集》39495 正、《旅》534 正）

……[長友] 唐告曰:吾 [方聖我奠入] 于莧，
亦弐 [舌] ……[戊] 申亦出來自西……

14 反（《合集》39495 反、《旅》534 反）

[丙] 子夕总丁 [丑] ……[正] 奉羌十
……

15 正（《合集》39496 正、《英藏》756 正）

(1) 貞酒□辰于□庚。

(2) □□ [卜]，[爭]，[貞] 彘至，告曰:
　　舌來氏羌。　二
　　　二　不玄冥

15 反（《合集》39496 反、《英藏》756 反）

之日彘至，告 [曰]: 舌來氏羌 [芻] 又
……

16　（《合集》39497、《英藏》1296）

……伇羌百……

17 正（《合集》39498 正、《英藏》1117 正）

(1) 壬戌卜，方，貞王固卜曰: 子昌其隹丁

娩，其隹……不其妨。　一

(2) ……妨。　一　二告　二　　　一
　　　　一　二　三　二告　　二　二
　告　　二告　一　三　　　二
　一　二告　二　二告　二告　　二
　二告　　一　　一　二告

17 反（《合集》39498 反、《英藏》1117 反）

(1) ……卯……子……妨

(2) 王曰: 不其妨。

(3) 王曰: 其妨

(4) ……其妨。

(5) 出祖乙 [十] 羌。

(6) 二十羌。

(7) 三十羌。

(8) 出于祖乙十羌

(9) 二十羌。

(10) 三十羌。

(11) 尞于河。

(12) 目。

18　（《合集》39500、《英藏》38）

(1) 癸酉……告于……

(2) 貞其出罟南庚。

(3) 吉。出彳于祖辛。

(4) □曰: 祖□三羌□三宰。

＊有綴合。

19　（《合集》39501、《英藏》1290）

(1) □ [戌卜]，韋，[貞] ……卯……　一

(2) ……于……羌……宰……　一

20　（《合集》39502、《英藏》1）

(1) 戈 [來]。

(2) 貞尞九牛。

(3) 不其隹千。

(4) 酒隹。

(5) 曰: 戈截在之。

(6) 自上甲用羌。

(7) ……[用]。

21 正 (《合集》39503、《英藏》1170 正)

(1) 今日不雨。

(2) 尞于土。

(3) 貞出羌自成。

21 反 (《英藏》1170 反)

庚□卜，〔爭〕……

＊《合集》39503 缺反。

22 (《合集》39504、《上博》2426・639)

(1) 癸亥〔卜〕，貞……出羌……　二

(2) ……八月。

23 (《合集》39506、《北圖》3499)

……伐……羌。

24 (《合集》39508、《英藏》1918)

□巳卜，于□巳羌……　一　四

25 (《合集》39509、《合集》485)

(1) 己亥……出……十……　二　二

(2) ……十宰……羌……

26 (《合集》39510、《史購》214)

貞……羌……自……　三

27 正 (《合集》39513 正、《英藏》610 正)

□寅卜，亘，〔貞〕僕卒。

27 反 (《合集》39513 反、《英藏》610 反)

〔王〕固曰：其卒，佳其不率。

＊有綴合。

28 正 (《合集》39514 正、《英藏》608 正)

(1) 〔癸〕……貞……丁……　二告

(2) 癸……

(3) 甲戌卜，㱿，貞于丁出。　一

(4) 貞勿出。七月。

(5) 甲□〔卜〕，□，貞……亥

(6) 癸丑卜，㱿，貞令邑立執僕。七月。　一

(7) 甲寅卜，㱿，貞出于祖乙。七月。　一

28 臼 (《合集》39514 臼、《英藏》608 臼)

丁亥乞自雩十屯。旬示。耳。

＊有綴合。

29 (《合集》39515、《英藏》609)

(1) ……羑令執僕。七月。

(2) 〔己〕酉卜，㱿，貞伋牛于〔丁〕……

＊有綴合。

30 (《合集》39516、《英藏》521)

(1) 〔己〕□卜，□……

(2) 王从。

(3) 貞由多臣乎从戬。

(4) 貞王勿从戬。

31 (《合集》39519、《英藏》1806)

□〔戌〕卜，□，貞余……〔希〕奠……臣乎……

32 (《合集》39520、《英藏》61)

(1) 〔貞〕钌于南庚三反。

(2) □□卜，㱿，〔貞〕钌于〔南庚〕……

33 正 (《合集》39521 正、《英藏》149 正)

(1) 甲戌卜，亘，貞钌帚好于父乙㘡反。　一

(2) 壬午卜，爭，貞尞三豕卯一羊。　一

　　　　一　不玄冥　二

33 反 (《合集》39521 反、《英藏》149 反)

尞三豕二犬卯一羊。

＊《合集》39521 反不全。

34 (《合集》39524、《英藏》533)

(1) 丙寅雀出執。十月。

(2) ……力死。

35 (《合集》39525、《港中大・文》1)

(1) 辛酉卜，㱿，貞乎自般取玨不〔左〕。　一

(2) 己酉卜，㱿，貞卒〔屯〕。

36 正（《合集》39526、《英藏》392 正）

戊辰卜，殻，貞⊙屮<s>家，乎……

不玄冥　二　二告

36 反（《英藏》392 反）

今日雨，其□……

＊《合集》39526 缺反。

37 （《合集》39527、《英藏》732）

(1) ……［尞］……

(2) 貞□<s>之。

(3) 貞不其<s>。

(4) 貞允<s>之。

(5) ［貞］<s>自⊙<s>。

38 （《合集》39528+39529、《英藏》540）

甲戌［卜］，貞夆自川圍，<s>，其<s>。　三　三

39 正（《合集》39530、《英藏》539 正）

□丑卜，爭，［貞］屮夆□見。　一

39 反（《英藏》539 反）

(1) ［王］固曰：見……

(2) ……［爭］……

＊《合集》39530 缺反。

40 （《合集》39531、《英藏》1240）

(1) 乙亥［卜］，内，<s>大□五百牛伐百。

(2) ……<s>。十月。　一

41 （《合集》39532、《英藏》2473）

……［伐］十［羌］□五。

＊有綴合。

42 （《合集》39533、《英藏》1194）

(1) 貞屮九伐卯九牛。　二

(2) 貞屮十伐卯十牛。　二

(3) 王勿往于［敦］。　不玄冥

43 （《合集》39535、《英藏》3）

□未卜，殻，［貞］屮于上甲三伐。

44 （《合集》39536、《合集》984）

勿屮伐。十月。

45 （《合集》39537、《英藏》622）

(1) 丙申卜，勿……伐。

(2) ……方不其隹……

46 （《合集》39538、《英藏》408）

(1) 戊辰屮伐于陟卯宰，庚示妾。

(2) 貞王曰：弜來。　三告

47 （《合集》39539、《英藏》1253）

(1) 貞……　一　不玄冥

(2) 貞勿尞。　一　二告

(3) 丁亥卜，方，貞翌辛卯酒伐。　三

(4) 貞由乙未酒伐。　三

48 （《合集》39541、《史購》61）

［貞］于大……方征……夷。

49 （《合集》39543、《上博》2426・1414）

貞其于……人。四［月］……

50 （《合集》39545、《英藏》13）

(1) ……屮于上甲……

(2) ……［自］今至于辛亥雨……

(3) ……旬雨。己酉雨。

＊他辭爲偽刻；《英藏》13 殘缺不全。

《英藏》比《合集》摹本殘缺更甚，現據《合集》摹本作釋文如下，供參考：

(1) 翌甲辰屮于上甲十<s>。　一　二告

(2) □□卜，爭，［自］今至于辛亥雨。丁酉……

(3) ……自今旬雨。己酉雨。

51 正（《合集》39548 正、《愛什》12 正）

(1) 貞勿屮于上甲。　三

(2) □□［卜］，殻……

51 反（《合集》39548 反、《愛什》12 反）

自［匿］。

52　（《合集》39550 正、《英藏》4）
……［于］上甲一牛。　二
二　三
＊《合集》39550 反無字，《英藏》4 拓本
缺反。

53　（《合集》39551、《合補》79）
庚［子］……冥……自上甲……

54　（《合集》39553、《英藏》1930）
□申卜，□，［貞］示壬……其征……

55　（《合集》39554、《英藏》1757）
乙丑卜，于大乙桒雨。十二月。

56　（《合集》39557、《英藏》15）
（1）甲……［钔］……［祖乙］。　一
（2）丙寅卜，屮于成五宰。一月。　二
（3）□巳卜，王……侯……□月。　二
一
＊有綴合。

57　（《合集》39558、《英藏》17）
癸卯卜，□，貞隹成。

58 正（《合集》39560 正、《英藏》86 正
□戌　　一　二告　二　三　　一
一　一　　一　二　　一　一

58 反（《合集》39560 反、《英藏》86 反）
（1）帝于西［十牛］。
（2）告于咸。
（3）貞亡囚。
（4）屮于西十牛。
（5）父乙耆王。

59　（《合集》39561、《北圖》4093）
丁酉……于咸……丁牛。　一

60　（《合集》39562、《北圖》3573）
乙丑［卜］，方，［貞］……唐……歲……
征。　三

61　（《合集》39563、《合集》1241）
□□卜……上甲、唐、大丁、大［甲］
……　一

62　（《合集》39564、《合集》1436）
（1）唐妣□……　二
（2）桒大甲三十牛。　三
（3）于……

63　（《合集》39565、《英藏》1159）
（1）貞［屮］于大甲。八［月］。
（2）貞于河尞。

64　（《合集》39566、《英藏》21）
（1）勿于……
（2）貞祐大甲于匜。　一　不玄冥

65 正（《合集》39567、《英藏》28 正）
貞翌［乙］酉屮于祖乙。　三　二告……
三

65 反（《英藏》28 反）
［翌］……其……
＊《合集》39567 缺反。

66　（《合集》39568、《史購》84）
（1）貞不……　一
（2）屮祖乙屮一牛。

67　（《合集》39569、《上博》2426・655）
□丑卜，［貞］告……于祖乙。

68 正（《合集》39570 正、《英藏》31 正）
［甲］午卜，□，貞翌乙未屮于祖乙，正。

68 反（《合集》39570 反、《英藏》31 反）
……［五］。亘。

69　（《合集》39571、《上博》2426·669）
　　貞……祖乙……告□……

70 正　（《合集》39572、《英藏》30 正）
　　貞王其𡆥，弗告于祖乙其出𡆥。一　一　一
70 反　（《英藏》30 反）
　　（1）其𡆥［𡆥］……告□祖。
　　（2）出于兄戊。
　　（3）……舌……王……
　　（4）汝示八。
　　＊《合集》39572 片缺反。

71　（《合集》39574、《英藏》1759）
　　（1）甲寅卜，又奚祖乙。　　五
　　（2）……□……侯□……

72　（《合集》39575、《英藏》29）
　　乙酉卜，內，今日剌青于祖乙。　三　三

73　（《合集》39577、《英藏》2402）
　　（1）己亥，貞其𥄯……　　三
　　（2）己亥，貞其𥄯于祖乙。　　三
　　（3）……北……其彈……大［乙］……

74　（《合集》39578、《北圖》3679）
　　……乙丑［其］……［毓］祖乙……

75　（《合集》39579、《合集》14869）
　　……王……自祖乙至于父乙。九月。

76　（《合集》39580、《英藏》34）
　　［貞］翌□□出于祖辛宰。　　一

77　（《合集》39581、《上博》2426·751）
　　……出［于］祖辛……　　一

78　（《合集》39582、《英藏》36）

□丑卜，［貞］晋祖辛十五宰。

79　（《合集》39584、《英藏》37）
　　□□卜，韋，貞酒于祖辛。　　二

80　（《合集》39585、《英藏》1280）
　　□亥卜……集……［祖辛］……

81　（《合集》39586、《英藏》40）
　　貞祖辛亡。　　二　二告

82　（《合集》39587、《英藏》42）
　　（1）勿钌娥于……
　　（2）貞于祖辛。

83　（《合集》39588、《英藏》39）
　　（1）于祖辛。　　二　不玄冥　三　二告
　　（2）……亥𡆥……水，風……夕雨。
　　　　　　　一　不玄冥　二
　　＊有綴合。

84　（《合集》39589、《英藏》660）
　　貞勿供［人］。
　　＊他辭爲偽刻。
　　　有綴合。

85　（《合集》39590、《愛什》32）
　　癸巳卜，貞羌甲［登］白豕。
　　＊《愛什》32 拓本不全。

86　（《合集》39591、《英藏》48）
　　（1）貞［出］于［羌］甲……
　　（2）……于……［十］豕出青。

87 正　（《合集》39592、《合集》1832 正）
　　（1）出于祖丁。
　　（2）……庚……
87 反　（《合集》1832 反）
　　……氏……

314

＊《合集》39592 缺反。

88 反（《合集》39593 反、《英藏》49 反）
　　〔戊〕子卜，宁，貞屮于祖丁。
　　＊《合集》39593 正是偽刻；《英藏》49
　　未拓正。

89　　（《合集》39594、《英藏》51）
　　……卻于祖丁。

90　　（《合集》39595、《史購》77）
　　（1）〔貞〕……〔于〕……
　　（2）貞于祖丁告。
　　（3）……辛……

91　　（《合集》39596、《英藏》52）
　　祖丁弗帝王。　一

92　　（《合集》39597、《上博》2426・399）
　　甲子卜，□，貞卓其〔屮〕于丁。　三

93　　（《合集》39598、《合集》15054）
　　（1）貞屮……丁宰。十二月。　一
　　（2）……用。

94　　（《合集》39601、《英藏》64）
　　……酒南庚。　二

95 正（《合集》39602、《英藏》66 正）
　　（1）于南庚。
　　（2）貞征戈，允征戈。
　　（3）貞王屮壱。
　　（4）貞征戈。
　　（5）……乎……罙……严。
95 反（《英藏》66 反）
　　（1）壱。
　　（2）……征尹。
　　＊《合集》39602 缺反。

96　　（《合集》39604、《英藏》67）
　　貞勿屮于祖庚。

97　　（《合集》39605、《合補》124）
　　（1）甲子卜，宁，貞翌乙丑屮于祖〔乙〕。
　　（2）……死。

98　　（《合集》39607、《北圖》3811）
　　丙申……于来……屮祖□。八月。

99　　（《合集》39608、《英藏》74）
　　□寅卜，王□勿用……奢甲。　三

100 正（《合集》39609 正、《英藏》75 正）
　　（1）貞于父甲屮犬。
　　（2）勿屮于父。　一
100 反（《合集》39609 反、《英藏》75 反）
　　甲寅〔帚〕……
　　＊《合集》39609 反不全。

101　　（《合集》39610、《英藏》1761）
　　癸巳卜，王，屮〔于〕父甲。　一

102　　（《合集》39611、《英藏》76）
　　（1）貞□亡□。
　　（2）貞父甲壱。

103　　（《合集》39612、《美藏》602）
　　貞父甲……

104 正（《合集》39613、《英藏》77 正）
　　不隹父庚。　一
　　　　　一　二
104 反（《英藏》77 反）
　　貞曶大……
　　＊《合集》39613 缺反。

105 正（《合集》39616、《英藏》78 正）
　　貞屮于父辛。　一　二告

＊他辭爲僞刻。不全。

105 臼（《英藏》78 臼）
　　□示三屯。
　　＊《合集》39616 缺臼。

106 （《合集》39617、《英藏》79）
　　貞㞢于父乙白麂新青。　三　不玄冥
　　一　二　三

107 （《合集》39618、《英藏》82）
　　（1）㱿。
　　（2）勿㱿。
　　（3）㱿。
　　（4）貞勿㞢于父乙。
　　＊《合集》17354 爲 39618 下部。
　　　有綴合。

108 （《合集》39619、《旅博》370）
　　貞勿㞢于［父乙］。

109 （《合集》39620、《英藏》83）
　　（1）曶父乙十宰，伐□。
　　（2）……不……　二告

110 （《合集》39621、《英藏》544）
　　（1）貞舌方不允出。
　　（2）貞父乙不耂。
　　（3）貞勿往省。
　　（4）貞父乙耂。

111 （《合集》39623、《旅》371）
　　戊辰卜，□，貞王……父乙……　三

112 （《合集》39626、《英藏》1945）
　　（1）登其罙小乙。　二
　　（2）甲［申卜］，□，貞……于……
　　＊有綴合。

113 （《合集》39627、《英藏》96）

114 （《合集》39629、《英藏》106）
　　……高妣庚。　二

115 （《合集》39630、《合集》2376）
　　㞢于高妣庚。　一　［二］　三

116 正（《合集》2361 正）
　　……［毓］其隹甲……固曰：［乞］
　　……　小告　一

116 反（《合集》39632、《合集》2361 反）
　　（1）貞卲于高妣。
　　（2）勿卲。
　　（3）……［翌］癸……
　　＊《合集》39632 缺正，《合集》2361 正
　　　爲此片之正。

117 （《合集》39633、《合補》166）
　　丙午卜……于祖丁母［妣］……

118 （《合集》39637、《英藏》98）
　　㝢㞢于妣己。

119 （《合集》39639、《史購》83）
　　㞢于妣［庚］五……

120 （《合集》39640、《英藏》102）
　　勿㞢于妣庚。　一　二

121 （《合集》39641、《英藏》104）
　　（1）貞于妣庚卲。　二
　　（2）□［酉］卜……　三月。

122 正（《合集》39643、《英藏》111 正）
　　貞㞢于母庚。

122 反（《英藏》111 反）
　　燕隹之［㞢］……
　　＊《合集》39643 缺反。

123　（《合集》39644、《史購》76）
　　　貞告于母庚宰。

124　（《合集》39646、《英藏》1265）
　　　(1) 貞□母□。　一
　　　(2) □酒母丙。

125　（《合集》39648、《英藏》350）
　　　(1) 隹［母己］。　一　不玄冥
　　　(2) 隹母丙。　一　二告
　　　(3) ［貞］𡆥不其乎來。　一　二告

126　（《合集》39650、《英藏》113）
　　　貞隹多母［𠦪］。

127 正（《合集》39652 正、《英藏》153 正）
　　　(1) □申，勿乎帚好往于［𡘀］。　一
　　　(2) 勿出于……

127 反（《合集》39652 反《英藏》153 反）
　　　……食多（⊐）子……
　　　＊《合集》39652 反不全。

128　（《合集》39653、《英藏》155）
　　　……帚好來。

129 正（《合集》39655 正、《英藏》162 正）
　　　(1) □□［卜］，𣪊，貞勿乎帚妌氏燕［先
　　　　　于𢦏］。
　　　(2) □□［卜］，［𣪊］，貞乎帚妌氏燕先
　　　　　于𢦏。
　　　(3) 壬申卜，𣪊，貞乎帚［妌］氏燕先。
　　　(4) 癸巳卜，爭，貞旬亡𡆥。
　　　　　二告

129 反（《合集》39655 反、《英藏》162 反）
　　　王占曰：出希，作于……
　　　＊《合集》39655 反不全。

130　（《合集》39656、《英藏》165）
　　　貞［勿］乎［帚］妌［先］于□。

131　（《合集》39657、《英藏》161）
　　　□□［卜］，［爭］，［貞］钔帚妌于［母庚］。

132　（《合集》39663、《英藏》163）
　　　(1) 貞乎帚井氏燕。　四
　　　(2) ……帚……［先于］𢦏。　四
　　　＊《英藏》163 不全。
　　　　　有綴合。

133　（《合集》39664、《合集》2762）
　　　□申卜，貞帚井……　小告

134　（《合集》39665、《英藏》160）
　　　［翌］庚［子］……帚井出母庚。
　　　＊有綴合。

135　（《合集》39667、《英藏》170）
　　　帚㜷［娩］。

136　（《合集》39668、《北圖》4282）
　　　(1) 丁……又……
　　　(2) □□卜……笭……𡆥。
　　　＊有綴合。

137　（《合集》39670、《英藏》172）
　　　(1) 丙子卜，帚良。
　　　(2) 丁丑卜。

138 正（《合集》39671、《英藏》173 正）
　　　(1) 甲□［卜］，□，貞……
　　　(2) 貞乎帚𡪲。

138 反（《英藏》173 反）
　　　王……
　　　＊《合集》39671 缺反。
　　　　　有綴合。

139　（《合集》39672、《英藏》177）
　　　……于司□钔帚□虫羊……

317

140　(《合集》39673、《英藏》346）
　　(1) □□［卜］,爭,［貞］……媒……
　　(2) □□［卜］,爭,［貞］……媒……

141　(《合集》39674、《合集》2860）
　　己酉卜,［貞］帚……子。　一

142　(《合集》39675、《瑞》3）
　　甲子卜,㘷,貞帚□［屮］□。

143　(《合集》39676、《英藏》181）
　　(1) 貞弗其氐。
　　(2) 帚弗其氐。

144　(《合集》39677、《英藏》116）
　　(1) 乙未卜……酒百□。
　　(2) 于兄丁。
　　(3) 屮宰力。　一
　　(4) □［亥］……［雨］。　一

145 正　(《合集》39678、《英藏》117 正）
　　于兄丁。　一
145 反　(《英藏》117 反）
　　貞……
　　＊《合集》39678 缺反。

146　(《合集》39679、《英藏》120）
　　己□［卜］……王……蕭兄丁,伐一卯一牛。

147　(《合集》39680、《英藏》126）
　　(1) 辛卯卜,永,貞今十三月沚戛［至］
　　　　十石。
　　(2) 壬辰卜,㘷,貞酒。
　　(3) 甲午卜,亘,貞翌乙未其雨。
　　(4) 甲午卜,亘,貞翌乙未不雨。
　　(5) □□卜,亘,貞子蕭子畓［不死］。
　　(6) ……畓［不］……

148　(《合集》39681、《英藏》122）
　　貞子漁臽隹母庚［壱］。

149　(《合集》39683、《東洋新》38）
　　(1) □［子］卜,王,貞乎子漁屮于屮祖。
　　(2) 壬申卜,韋,貞亡疾。
　　(3) 己丑卜,［韋］,貞在丘奠敏乎伯……
　　＊有綴合。

150　(《合集》39686、《合集》3016）
　　［貞］乎［子］央終屮于屮［祖］。

151　(《合集》39687、《英藏》140）
　　□□［卜］,□,貞［卟］子……邕于
　　……母□。

152　(《合集》39688、《英藏》133）
　　(1) 貞生子畓于雋。
　　(2) 貞。

153　(《合集》39689、《英藏》132）
　　貞子畓……

154　(《合集》39690、《美藏》594）
　　……子畓……

155　(《合集》39691、《合集》4737）
　　……令子……豕汰……栗周……

156　(《合集》39692、《英藏》1768）
　　(1) ……卟……
　　(2) 于司卟子犀。

157 正　(《合集》39694、《英藏》148 正）
　　(1) 己亥卜,殻,貞隹多子。　二
　　(2) 貞不隹多子。　二
　　(3) 貞隹多子。　二
　　(4) 貞不隹多子。　二　小告
　　(5) 貞隹……　二
157 反　(《英藏》148 反）

318

己亥帚……

＊《合集》39694 缺反。

158　（《合集》39697、**甲骨文拓** 170）

(1) 貞勿酒。

(2) 戊午卜，㞢，貞酒小子卭。

159　（《合集》39698、《英藏》184）

(1) 貞于來乙酉酒。六月。

(2) 貞㞢翌乙酉酒。六月。

(3) 見𤔲侯。六月。

＊*有綴合。*

160　（《合集》39699、《合集》3287）

……［𤔲］侯［虎］……方……㞢又。

＊*有綴合。*

161　（《合集》39700、《英藏》187）

甲午［卜］，［貞］王𠂤□垂侯□𢀛。允氏。

162　（《合集》39701、《英藏》188）

(1) 貞王勿供人。

(2) 貞不其受年。

(3) 貞舌攸侯。

(4) 貞乎□于□［受年］。

＊*有綴合。*

163　（《合集》39702、《美藏》637）

崔侯。

164　（《合集》39703、《英藏》186）

(1) □巳卜，王……唐，不［隹］侯唐。　一

(2) ……［唐］。六月。

165 正（《合集》39705 正、《英藏》193 正）

　　□□［卜］，宁，貞……［隹］侯……　四

165 反（《合集》39705 反、《英藏》193 反）

　　庚。（甲橋刻辭）

＊《合集》39705 反不全。

166　（《合集》39706、《英藏》669）

(1) 貞勿从𢦏。　四

(2) 貞勿从侯□。　三告

＊*他辭爲僞刻。*

　　有綴合。

167　（《合集》39707、**甲骨文拓** 18）

(1) 甲申卜，王，貞令侯伐北示十㞢六示。

(2) 丙……

168　（《合集》39708、《英藏》189）

貞侯𦙍不其复。

169　（《合集》39710、《史購》3）

丙寅卜，□，貞余勿［莘］白牛于□易。

170　（《合集》39711、《英藏》197）

(1) 己巳卜，㱿，貞王㞢易伯𡘊㫱。

(2) □□［卜］，㱿，貞侯告再册，王㫱。

(3) ……㞢侯［告］……㫱。

171　（《合集》39712、《春敬之眼》2）

(1) 貞乎伯。

(2) 貞乎伯。

(3) 貞亡疾。

(4) 貞乎伯。

＊*有綴合。*

172 正（《合集》39713 正、《英藏》199 正）

(1) 壬戌卜，爭，貞其㞢……　一

(2) 癸亥卜，永，貞𢦏克氏多伯。三月。　一

(3) 弗其窋。　一　二告

　　　　　　　　一　二告

172 反（《合集》39713 反、《英藏》199 反）

甲子卜，永。

＊《合集》39713 反不全。

173　（《合集》39714、《史購》李 31）

……白允……

174 (《合集》39716、《英藏》1187)
(1) □□ [卜],[殻],貞出于黄尹。七月。
(2) □□ [卜],[殻],貞沚戓不㞢:再册。
＊有綴合。

175 (《合集》39717、《英藏》1188)
(1) 貞勿 [出于] 黄 [尹] 一牛。　二
(2) ……九月。
＊有綴合。

176 (《合集》39718、《英藏》2451)
□戌卜,貞从寮…… [乎] 雪氏黄㸇。

177 正 (《合集》39719、《英藏》補 4 正)
(1) 今日用二犬二豕黄㸇。
(2) 甲午卜,今日寮于黄 [㸇] 二犬二豕。
　　二告
177 反 (《英藏補》4 反)
＊《英藏補》4 反無字。
《合集》39719 缺反。

178 (《合集》39720、《英藏》1186)
[丙子卜],爭,貞自其 [出田] ……昔我
舊 [臣] ……石之齒,今之出㞢…… [三]
旬㞢六日戛,[辛亥] ……

179 (《合集》39721、《英藏》462)
壬申卜,方,貞勿往从人。

180 (《合集》39723、原骨照片)
(1) 己酉卜,[殻],[貞] ……
(2) 庚戌 [卜] ……
＊有綴合。

181 (《合集》39724、《合集》3177)
(1) 己未 [卜],□,貞……妥……
(2) □□卜,殻……

182 正 (《合集》39725 正、《英藏》215 正)
□巳卜,殻,[貞翌] 癸……　二

182 反 (《合集》39725 反、《英藏》215 反)
(1) 見。
(2) 見。

183 (《合集》39727、《合補》769)
(1) 貞勿出。
(2) 勿令。
(3) 壬寅卜,殻。
(4) ……令…… [禾] ……
＊有綴合。

184 (《合集》39728、《英藏》860)
(1) 癸□ [卜],殻……隻……　一
(2) ……七……

185 正 (《合集》39729 正、《英藏》249 正)
(1) 貞……
(2) 殻。

185 反 (《合集》39729 反、《英藏》249 反)
王占 [曰]: 來 [告]。

186 正 (《合集》39730、《英藏》251 正)
殻。　一
186 反 (《英藏》251 反)
丁□卜。
＊《合集》39730 缺反。

187 (《合集》39731、《上博》2426・648)
殻。

188 (《合集》39734、《旅》979)
(1) □□卜,爭,貞翌辛酉……
(2) □□卜,爭,貞隹又……

189 (《合集》39737、《美藏》598)
(1) [辛] 巳 [卜],□,貞……
(2) 戊子 [卜],[爭],貞……

190 正（《上博》17647・764 正）
(1) 乙丑卜，亘，貞隹父辛。　一
(2) 乙丑卜，亘，貞隹父□。　一
(3) 壬子卜，爭，貞㞢羌。　二
不玄冥　一
190 臼（《合集》39738 臼、《上博》17647・764）
爭。
＊《合集》39738 缺正。

191 正（《合集》39741、《合集》3838 正）
□□［卜］，吿，貞……
191 反（《合集》3838 反）
……小甲乞……
＊《合集》39741 缺反。

192　（《合集》39743、《小林》2）
庚戌卜，𡆥，［貞］……　一　小告
一

193　（《合集》39744、《合集》4576）
(1) 辛未卜，亘，貞乎先官。　一
(2) 乙亥卜，韋，貞翌戊［寅］……　一
(3) 貞……豢……　一　不玄冥

194　（《合集》39745、《英藏》324）
□□卜，㱿，［貞隹］乎氏□先韋。

195　（《合集》39748、《小林》10）
辛酉［卜］，史，［貞］今夕亡□。

196　（《合集》39749、《英藏》2088）
□□卜，𠫑，［貞］……㚇……

197　（《合集 39750》、《北圖 3653》）
□□卜，㱿，［貞］……雀……韋……

198　（《合集》39751、《上博》2426・404）
辛巳……雀酒……

199　（《合集》39753、《英藏》859）
(1) 戊□［卜］，貞……其死。
(2) ……雀隻。四月。

200　（《合集》39755、《英藏》384）
(1) 貞雀……
(2) ……亘……𨳇……

201　（《合集》39756、《美藏》630）
……邑……

202　（《合集》39760、《美藏》607）
(1) □□卜，㱿，［貞］……雀……
(2) □□卜，㱿，［貞］……其……

203　（《合集》39761、《英藏》854）
□□卜，貞雀……𡧊于□……

204　（《合集》39762、《英藏》349）
貞𠂤不祉有［疾］。

205　（《合集》39764、《英藏》348）
(1) 貞［翌］甲□勿［往］。
(2) □亥卜，爭，［貞］令𠂤……

206　（《合集》39768、《英藏》1555）
(1) 貞今夕［其］□［雨］。　一
(2) 戊申卜，永，貞望乘㞢仔在𢼄。　一
二　三　二告　一　二　三　二告
三　二告　四　不玄冥

207　（《合集》39769、《合集》3995）
辛巳卜，宁，貞今𡆥勿望乘……　二

208　（《合集》39770、《英藏》715）
……［望］乘先歸。　一

209　（《合集》39771、《英藏》321）
(1)［貞］……［亡］……［𡆥］。

(2) 貞叀佣令〔罙〕卯。

(3) 令〔ᢖ〕沚戓。

210　(《合集》39772、《合集》3978)

(1) ……戓不其來。　二告

(2) ……囗。七月。

211 正　(《合集》39773 正、《英藏》362 正)

(1) 貞不其亦雨。　一

(2) 弗其〔正〕。　一

(3) 貞正。　一　二告

(4) 貞生四月畬不其〔至〕。　一

(5) □□〔卜〕，宁，貞……〔囗〕。　一

　　　二告

211 反　(《合集》39773 反、《英藏》362 反)

(1) 貞今三月畬至。

(2) 正。

＊有綴合。

212　(《合集》39774、《旅》224)

貞叀□令畬。

213　(《合集》39775、《英藏》363)

(1) □□卜，□，貞畬……〔𢍼〕。

(2) ……罙……

214 正　(《合集》39776、《英藏》403 正)

丙申卜，殸，貞戉出ᢘ。　一

214 臼　(《英藏》403 臼)

＊字不清。

　　《合集》39776 臼与正摹在一起。

215　(《合集》39777、《英藏》404)

貞戉……一ᢘ……伐……　三　四

216　(《合集》39779、《愛什》14)

〔貞〕乎戉〔往〕……

＊有綴合。

217　(《合集》39781、《英藏》353)

(1) 己巳卜，爭，貞戉亡〔囗〕。

(2) 癸未卜，亘，貞出來自〔雨〕。

(3) 己〔亥〕卜，殸，貞王勿于〔魯〕

　　……

(4) 〔己〕亥卜，殸，貞王入。　四

(5) 貞戉其有囗。　三

(6) 魯酒王入。

(7) 己亥卜，殸。　四

(8) 貞勿入。　二告　四

(9) 戉亡囗。　三　二告

(10) 畬不其來。　一

(11) 不其休。　一

(12) 丁□〔卜〕，殸，貞王勿〔入〕。　四

(13) □未卜，亘，〔貞〕……來……　一

＊《合集》39781 摹本上有"己亥卜，殸，

貞〔王〕"一條卜辭，《英藏》353 拓本上

無此字樣。

218　(《合集》39782、《英藏》374)

(1) 庚寅卜，殸，貞叀般乎□往。　一　二

(2) 貞隹帝〔降〕丝……〔妝〕。　一　三

(3) ……〔囗〕。　二

219　(《合集》39783、《旅》203)

〔貞〕……白〔般〕坣子〔妻〕。　二

一　二

220　(《合集》39786、《合集》19519)

(1) 燕。

(2) 令告□凡，𢼛□宁。　三

221　(《合集》39787、《合集》4372)

……伲……乎……畬……　一

222　(《合集》39788、《英藏》330)

□未卜，貞□ᢞ出剢。　五

223　(《合集》39789、南博拓 1509)

322

癸……𢆶……

224　(《合集》39790、《英藏》676)
辛未卜，㞷踵乎从🐎。

225　(《合集》39792、《合集》10860)
……豕不隻。　一

226　(《合集》39793、《上博》2426・906)
庚午[卜]，㞷，貞……竝……征……

227　(《合集》39796、《合集》3923)
(1) 貞……辰……
(2) □□[卜]，㪔，[貞]……丁巳……
　　南。　一

228　(《合集》39797、《英藏》338)
貞勿隹祱[令]。

229　(《合集》39801、《英藏》677)
戊午[卜]，方，貞乎氏從🐘。　一

230　(《合集》39802、《懷特》384)
□未卜，□𡉚从。

231　(《合集》39804、《英藏》1785)
(1) 辛卯卜，貞罚其[來]。
(2) 辛卯卜……今十二月……

232　(《合集》39805、《英藏》1557)
□卯卜，貞……㞢帚，在……于一人。　一

233　(《合集》39807、《上博》2426・527)
(1) ……王……乙……入。　一
(2) ……余……[衣]。　三

234　(《合集》39808、《英藏》1791)
……余乎省……係。八月。

235　(《合集》39811、《英藏》409)
(1) [貞]……[隹]……
(2) 貞令𢆶。
(3) 貞㞷王令隹黄。

236　(《合集》39812、《英藏》436)
(1) 貞㞷王令。
(2) 貞令𢆶。
＊有綴合。

237　(《合集》39814、《小林》5)
(1) 甲戌[卜]，史，[貞王]燕[隹]吉。
(2) ……雨。

238　(《合集》39815、《英藏》435)
隹[王]自饗。
＊有綴合。

239　(《合集》39816、《英藏》466)
□酉卜，[㱿]，貞王□歸。

240　(《合集》39817、《合集》7782)
(1) [甲]戌卜，㱿，貞王于生七月入……
(2) 乙亥卜，㱿，貞生七月[🍳]……
(3) 己卯卜，㱿，貞生七月……
(4) □□卜，㱿，貞生七月王勿卒入。
(5) □□[卜]，㱿，貞生七月王入于入。
(6) □□[卜]，□，[貞]王于生七月入。
　　　　　　五
＊有綴合。

241　(《合集》39818、《史購》136)
勿隹王自□。(《合集》摹本"自"後有"從"字，《史購》缺此字)

242　(《合集》39820、《英藏》700)
戊寅[卜]，㱿，貞翌己卯步[𡥉]。

243　(《合集》39821、《北圖》2861)

貞己〔亥〕步。

244 (《合集》39823、《英藏》746)
(1) □□卜，勿……〔自〕……
(2) ……冊……朕史。

245 (《合集》39824、《旅》114)
……戈朕史。

246 (《合集》39825、《史購》152)
貞弗其叶王〔事〕。

247 (《合集》39826、《美藏》592)
……〔弗〕其叶〔王事〕……

248 (《合集》39828、《合集》10202)
(1) 己未卜，雀隻虎。弗隻。一月。二
(2) 庚〔申卜〕，王隻……逐弗〔隻〕。二
(3) 辛酉卜，王隻。不隻。二 二告
(4) 壬戌〔卜〕，王隻……
(5) 癸〔亥卜〕，王……亡〔災〕。
(6) ……隻……隻……

249 (《合集》39830、《史購》165)
(1) ……〔再〕冊□〔共〕王臣。
(2) ……〔冊〕……

250 (《合集》39833、《史購》300)
多〔尹〕。

251 (《合集》39834、《英藏》526)
甲戌卜，王，止氏射四，允□。一 二

252 (《合集》39835、《英藏》528)
(1) 貞令鳴氏多伐旱。（伐字缺刻戈旁）
(2) 貞令射〔〕于微。

253 (《合集》39836、《英藏》530)
乎木……射……

＊有綴合。

254 (《合集》39837、《英藏》531)
……射北……

255 (《合集》39838、《英藏》316)
貞異其牵。二

256 (《合集》39840、《美藏》596)
……牵…… 二

257 (《合集》39842、《英藏》1881)
(1) 壬戌……涉余……馘。
(2) 戊……夢……〔〕〔〕……〔囚〕。

258 (《合集》39843、《英藏》611)
牵舟。

259 (《合集》39844、《合集》5859)
〔王固曰〕……既之……牵……

260 (《合集》39845、《英藏》535)
(1) 己丑〔卜〕，貞……〔〕 二
(2) □卯〔卜〕，〔貞〕勿蠡。

261 (《合集》39846、《英藏》534)
貞勿〔執〕。
三

262 (《合集》39848、《英藏》1807)
(1) ……立執……
(2) 貞隹……隻。（"貞"字缺刻）

263 (《合集》39849、《英藏》1136)
(1) 癸未卜，殼，貞或執。
(2) 癸未〔卜〕，殼，貞□執。一
(3) 壬寅卜，〔殼〕，貞〔帝〕其〔左〕王。一
二 三 四
(4) 壬寅卜，殼，貞帝弗其左王。

(5) 丙午卜，爭，貞其雨。　一　二

(6) 貞不雨。　一　二

(7) 雨。之日鼎。　一

(8) 元……陝……　二告　三　四

264　（《合集》39851、《英藏》542）

貞戠……

265 正（《合集》39853 正、《英藏》545 正）

(1) 壬子卜，㱿，貞舌方出隹我［囚］。

(2) □□［卜］，㱿，貞舌方出，不隹我［囚］。

(3) □□［卜］，爭，貞沚馘禺册王从伐
　　土［方］。

265 反（《合集》39853 反《英藏》545 反）

……［㞢］㱿，吉，受又。其隹壬不吉。

＊《合集》39853 反不全。

266　（《合集》39854、《英藏》543）

(1) □□［卜，爭］，貞曰：舌方其凡𠬝于
　　土［方］……敦𢀜，允其敦。四月。　一

(2) □□［卜］，□，貞舌方出，王自饗，
　　受［㞢］又。五月。

＊有綴合。

267　（《合集》39856、《英藏》555）

(1) 王勿逆伐。　二

(2) 舌方其來，王逆伐。　二　二告

(3) 貞舌方其來，王逆伐。

＊《合集》39856 有縮小，據《英藏》555 改。

268 正（《合集》39857、《英藏》546 正）

(1) 貞［王］从［沚］馘。　三

(2) 貞于唐告。　三

(3) 貞王从沚馘。　三　小告

(4) 貞告舌方于上甲。　三

(5) 貞㞢于大甲。（"甲"字缺刻橫畫）　三

(6) 貞于河告。　三

(7) 丙辰卜，㱿，貞㞢于唐。　二　二告
　　　　三

268 臼（《英藏》546 臼）

叡。

＊《合集》39857 缺臼。

有綴合。

269 正（《合集》39858、《英藏》547 正）

(1) 勿于𣄰。

(2) 于𣄰。

(3) 勿于𣄰奠。

(4) 貞微人于𣄰奠。

(5) 乎白般取。

(6) 告舌方于示壬。

(7) 貞敏［氏］凵。

269 反（《英藏》547 反）

王固曰：□來。

＊《合集》39858 缺反。

270　（《合集》39860、《英藏》548）

(1) 乙卯卜，方，［貞］乎白般。

(2) 貞勿曰之。

(3) 貞桒舌方于乙。

(4) 貞曰之若。

(5) 易日。　三

(6) □酉其雨。

271　（《合集》39861、《英藏》558）

(1) 貞［登人］三千［乎伐］舌［方］受［㞢
　　又］。

(2) 貞勿乎伐舌方。

(3) 貞勿登人三千。

(4) 貞登人三千。

(5) 貞于唐匄。

(6) 貞匄舌方于上甲。

272　（《合集》39862、《英藏》550）

……［匄］舌方……

273　（《合集》39864、《英藏》559）

(1) 丙午卜，㱿，貞勿登人三千乎伐舌方，

弗其受业［又］。　一

（2）丁卯卜，殻，貞翌辛未勿令。　一

274　（《合集》39865、《英藏》556）

（1）貞□雨不隹若。

（2）貞勿乎目［舌方］。

（3）［貞］乎［目］舌［方］。

275　（《合集》39866+9007、《合集》6313）

（1）貞由王［征］舌［方］。

（2）□□［卜］，争，貞……氏多冒。　一

＊有綴合。

276　（《合集》39867、《英藏》682）

……征［舌方］。

277正（《合集》39868正、《英藏》564正）

（1）己亥卜，宁，貞翌庚子步戈人，不
🐚。十三月。　二

（2）辛丑卜，宁，貞由羽令氏戈人伐舌方，
戈。十三月。　二

（3）勿哥年……［雨］。　十三月。　三

（4）亡雨。　三

277臼（《合集》39868臼、《英藏》564臼）

壬戌帚井示二屯。允。

＊有綴合。

278　（《合集》39869、《英藏》560）

（1）貞［勿乎］征。

（2）勿乎伐舌。

（3）貞乎征。

（4）貞乎伐舌受业又。

（5）貞勿乎伐舌方。

（6）……雨……簸。

＊有綴合。

279正（《合集》39870正、《懷特》955正）

貞勿乎伐舌方，弗其受业又。　四

279臼（《合集》39870臼、《懷特》955臼）

□示二屯。　耳。

280　（《合集》39871、《旅》553）

［乎］伐舌。

281　（《合集》39872、《英藏》561）

（1）癸［酉卜］，□，貞……不……

（2）貞勿［乎］伐［舌方］弗其［受业又］。

＊有綴合。

282正（《合集》39873正、《英藏》1179正）

（1）［己］丑卜，殻，貞令戉來。曰：戉
🔪伐舌方。在十月。　一　一

（2）貞尞于🦴。　四　二告

（3）尞。

（4）尞。

（5）尞。

282反（《英藏》1179反）

丁卯卜，至。

282臼（《英藏》1179臼）

小叙。🦴。

＊《合集》39873缺反。

283　（《合集》39874、《英藏》566）

（1）癸丑卜，殻，貞舌方其［出］。　一

（2）癸丑卜，殻，貞異及舌方。四月。　一

284　（《合集》39877、《英藏》571）

（1）丁巳卜，韋，貞舌方其敦戜。十月。

（2）貞翌癸卯其雨。

285　（《合集》39878、《英藏》569）

（1）貞［舌］方弗□敦。

（2）……出雨。

＊有綴合。

286　（《合集》39879、《合集》6387）

（1）貞弗其受业隼。

（2）貞告土方于唐。

(3) 出隻。

＊有綴合。

294 （《合集》39891、《英藏》590）

……［望乘］伐［下］危［弗］其［受出又］。

287 （《合集》39880、《英藏》580）

(1) ［貞］用。

(2) 勿用。

(3) 貞告。

(4) 貞王值土方。　一

(5) ［貞］王［勿］值［土］方。

＊有綴合。

295 正 （《合集》39893 正、《英藏》589 正）

□□［卜］，□，貞王勿從望［乘］伐下危［弗］其［受出又］。

295 反 （《合集》39893 反、《英藏》589 反）

……其隹……不……

288 （《合集》39881、《英藏》578）

(1) 丙寅卜，宁，貞我……

(2) □辰卜，爭，貞翌辛巳［王往］。

(3) □申卜，爭，貞王值土［方］。

296 正 （《合集》39895 正、《英藏》588 正）

(1) 翌庚子［其］雨。

(2) 貞今屮王勿祚從望乘伐下危，下上［弗若］……　一
　　一　二告　二　二告

289 （《合集》39882、《英藏》579）

(1) □□［卜］，爭，貞王值土［方］。

(2) □□［卜］，爭，貞翌辛巳王往……

296 反 （《合集》39895 反、《英藏》588 反）

(1) 庚［子］酒。

(2) 翌庚子酒，允。

＊有綴合。

290 （《合集》39883、《英藏》584）

(1) 貞［勿］立［中］。

(2) 貞立中。

(3) 今屮勿征土方。

297 （《合集》39896+39897、《英藏》587）

(1) 己未卜，亘，貞，今屮王祚從［望］乘伐下危，下上若受我［又］。

(2) 貞今屮王勿祚從望乘伐下危，下上弗若不我其［受又］。　一　二告

291 （《合集》39886、《英藏》152）

貞［今屮］王勿［令］帚好伐土方。　［一］
二告　二

298 （《合集》39898《懷特》364）

□□卜，□，貞戍戈莃方。三月。　三　四

292 （《合集》39887、《英藏》581）

丁丑卜，殼，貞今屮王從沚戜伐土方受出又。　二　不玄冥

＊他辭爲偽刻。

299 （《合集》39899、《英藏》605）

乙□［卜］，殼，貞□弗其戈基方。

293 （《合集》39889、《英藏》583）

(1) 己酉卜，殼，貞今屮王宙土……

(2) 己酉卜，殼，貞今屮王从……

(3) 貞勿從望乘……

300 正 （《合集》39900、《英藏》23 正）

□□卜……乎卯羌示戝。
一　二　二告　二告

300 反 （《英藏》23 反）

(1) 七羌。

(2) 大甲九羌。

(3) □羊三歲……出三犬。

＊《合集》39900 缺反。

301　（《合集》39901、《英藏》1808）
　　……今出羌㞢隻征。

302 正（《合集》39902、《英藏》150 正）
　　辛巳卜，［㱿］，貞登［帚］好三千，登旅
　　一萬，乎伐□［方］……
302 反（《英藏》150 反）
　　（1）岳。
　　（2）于……
　　＊《合集》39902 缺反。

303　（《合集》39903、《英藏》596）
　　……征羌……

304　（《合集》39904、《英藏》1191）
　　（1）貞弗戈羌。
　　（2）㞢黄［尹］。

305　（《合集》39906、《英藏》623）
　　方不大出。　　二告　二告　二告
　　二告　二告
　　＊有綴合。

306 正（《合集》39908 正、《英藏》626 正）
　　貞王禎方。
306 反（《合集》39908 反、《英藏》626 反）
　　丙戌卜，㫃。
　　＊《合集》39908 反不全，刻辭摹于正面
　　骨旁。

307　（《合集》39909、《合集》8683）
　　（1）□□［卜］，㱿，［貞］……戠。　一
　　（2）大告方。　　三
　　（3）□戌酒……　　五

308　（《合集》39910、《英藏》625）
　　貞方不征。

309 正（《合集》39912、《英藏》1133 正）
　　（1）□□［卜］，［韋］，貞翌庚午其圁，易日。
　　（2）方戋征，隹帝［令］乍我圄。三月。
309 反（《英藏》1133 反）
　　……［希］……
　　＊《合集》39912 缺反。
　　有綴合。

310 正（《合集》39913、《小林》1 正）
　　（1）庚申卜，爭，貞乎伐方受［又］。　　四
　　（"伐"字缺刻橫畫）
　　（2）貞弗其㝵。　　一
310 反（《小林》1 反）
　　貞□品……
310 臼（《小林》1 臼）
　　屮。
　　＊《合集》39913 缺反、臼。

311　（《合集》39914、《旅》563）
　　隹王伐□方。　　三

312　（《合集》39915、《英藏》2427）
　　□［子］，貞王令……舌［方］……

313　（《合集》39916、《美藏》600）
　　（1）……方……戋。
　　（2）［不雨］。
　　（3）［不］……

314　（《合集》39917、《英藏》621）
　　弗敦□方。

315　（《合集》39918、《英藏》620）
　　（1）余勿乎卭方。
　　（2）王……

316　（《合集》39919、《合集》28017）
　　不菁方。　　二

317　（《合集》39920、《旅》568）

……方……戋。

318　（《合集》39921、《英藏》1812）
……弜弗［牵］方。

319　（《合集》39922、《英藏》617）
戋罘。　二

320　（《合集》39923、《史購》132）
丙子卜，侯其敦罘。　三
＊有綴合。

321　（《合集》39925、《英藏》613）
乙未卜，㱿,貞大甲乎王敦衒。十月。　二　三

322　（《合集》39926、《英藏》612）
甲戌卜，㱿，貞王戋衒受又。　二

323　（《合集 39927、《英藏》614）
乙亥［卜］，□，貞王□隹今十二月敦衒。　四

324　（《合集》39929、《英藏》604）
乙亥卜，方，貞勿伐猷。　四

325　（《合集》39930、《英藏》602）
（1）□□［卜］，㱿，貞乎雀……
（2）□□［卜］，［㱿］，貞雀其牵……
（3）……［王］往盟伐［猷］。

326　（《合集》39931、《英藏》603）
（1）［隹］伐猷。
（2）……莽……至……　五

327　（《合集》39934、《英藏》616）
（1）辛未卜，由屮乎征人。
（2）壬申卜，［貞］……　六月。

328　（《合集》39937、《英藏》606）

□□［卜］，㱿，貞我戋罘。

329　（《合集》39940、《北圖》3610）
□□［卜］，□，［貞］［沚］……旷……
我。　二

330　（《合集》39941、《英藏》618）
（1）癸亥……
（2）［丁］巳卜，羴□戋罘沚。

331正　（《合集》39943正、《合集》7085）
□子卜，㱿，貞其［出來艱］自蓄，王固［曰］
……［艱］……乞至……出來［艱］……
［壬申］……
＊《合集》7085 缺反。《合集》39943 有反，
文爲"……亡囚"。

332正　（《合集》39944、《英藏》637正）
（1）……艱，㠱……
（2）……其出來艱……　二　三

332反　（《英藏》637反）
……百。爭。
＊《合集》39944 缺反。

333　（《合集》39945、《英藏》649）
（1）貞亡來艱。
（2）□□［卜］，方，［貞］……其……

334　（《合集》39946、《北圖》3663）
……［亡］来［艱］。　三

335正　（《合集》39947、《英藏》635正）
（1）貞亡來艱。四月
（2）［丁］巳，其［出］來艱。

335反　（《英藏》635反）
［王］固曰：其出［來］艱，隹丁。
＊《合集》39947 缺反。

336　（《合集》39948、《英藏》1848）

(1) ……其隹艱。五月。

(2) …… [雨] ……

337 正（《合集》39949 正、《英藏》646 正）

(1) 貞翌甲辰其里至艱。（至字缺刻下一
横畫）

(2) ……女……

337 反（《合集》39949 反、《英藏》646 反）

辛丑 [卒] ……

338 正（《合集》39950、《英藏》638 正）

……貞，旬……。三 [日] …… [來] 艱……

338 反（《英藏》638 反）

…… [自萬] ……

＊《合集》39950 缺反。

339 （《合集》39952、《英藏》657）

(1) 貞王登三千人……

(2) □□ [卜]，殻，貞……王……

＊有綴合。

340 （《合集》39953、《英藏》151）

乙酉卜，爭，貞勿乎帚好先供人于龐。　二
告

＊他辭爲偽刻。

341 （《合集》39954、《英藏》659）

貞勿登人。

342 （《合集》39955、《英藏》658）

戊戌 [卜]，亘，貞勿酋登三千 [人]。

343 （《合集》39958、《英藏》664）

(1) 貞王勿從沚馘。

(2) [王] 從沚馘。

344 正（《合集》39959 正、《英藏》670 正）

貞王 [勿] 從沚 [馘]。

344 反（《合集》39959 反、《英藏》670 反）

[王固] 曰：吉。

＊《合集》39959 反不全。

345 （《合集》39960、《上博》2426 · 318）

[貞] 王勿從 [沚] 馘。

346 （《合集》39961、《合集》7522）

(1) 貞王勿從 [沚] 馘。

(2) 勿…… 　四

347 正（《合集》39962、《英藏》668 正）

(1) 貞……

(2) 貞勿從馘伐。

347 反（《英藏》668 反）

[帚] 井示。

＊《合集》39962 缺反。

348 （《合集》39963、《英藏》665）

(1) 王 [勿] 從……

(2) 貞王勿從望乘。

(3) 令望乘先歸田。

(4) 王從望乘。

(5) 王甴沚馘從。

(6) 王勿 [從] 望 [乘]。

349 （《合集》39964、《英藏》672）

(1) 貞今屮王從望 [乘]。　二　二告

(2) 貞今屮王勿從望乘。　二　二告　二

350 （《合集》39966、《英藏》424）

(1) □□ [卜]，□，[貞] 亘其畬隹曳。

(2) ……曳。

351 正（《合集》39967 正、《英藏》593 上正）

辛卯卜，貞牅其先菁曳。五月，　三

351 臼（《合集》39967 臼、《英藏》593 臼）

乙亥乞自雪十屯。凹。

352 （《合集》39968、《英藏》593B）

(1) 貞勿卒𢀛𢦚（𢀛）。
(2) 貞在𠂤王其先冓𢦔。五月。
(3) 辛卯卜，貞在𡨦其先冓𢦔。

353 （《合集》39969、《旅》524）
貞亡及𢦔。 二

354 （《合集》39971、《美藏》640）
(1) 丙申…… 二
(2) ……示……征……

355 （《合集》39972、《合集》7643）
……征……［隻］……四十。

356 （《合集》39974、《北珍》813）
己巳卜，㱿，貞今𢀛王……［从］伐……

357 （《合集》39975、《英藏》686）
(1) 貞叀［𦎫］乎伐。 二
(2) 貞叀𠂤般乎伐。 一 二
*有綴合。

358上（《合集》39976上部、《英藏》673）
(1) 王从。
(2) ……王。
*《英藏》673是《合集》39976的上部。
358下（《合集》39976下部、《英藏》461）
(1) 貞……
(2) 貞勿隹王往。
(3) □乎□臣伐。
*《合集》39976遥綴有誤，故分爲上、下部。《英藏》461是《合集》39976的下部。

359反（《合集》39978反、《英藏》690）
……𢦔，余乎𢓊……
*《合集》39978有正，其上的字全爲僞刻。
《合集》39978反不全，用《英藏》690。

360 （《合集》39979、《英藏》1816）
(1) 辛卯［卜］……王［𢦏］……
(2) 𢦏人。
(3) □未［卜］，王……［𢦏］人。

361 （《合集》39980、《上博》2426・1478）
……亘𢦏……

362 （《合集》39981、《英藏》681）
(1) ……來甲辰立中……
(2) □□［卜］，爭，貞戉𢦏［𢀛］。
(3) 戉弗其［𢦏𢀛］。
一 二告

363 （《合集》39982、《合集》6374）
……戉㞢……𢀛其……㞢……［𡆥］。

364 （《合集》39985、《英藏》1815）
丁亥……亩［丁］……敦……𢀛……𢦏。

365正（《合集》39987正、《史購》58正）
(1) 貞乎取邑。
(2) 勿……衛……
365反（《史購》58反）
*字不清。
《合集》39987缺反。
有綴合。

366 （《合集》39990、《英藏》716）
乙卯卜，㱿，貞今夕王入［于］𩀣。 三

367 （《合集》39992、《英藏》721）
(1) ……𡆥……
(2) 癸酉卜，王𡆥𢀛［入］于𩀣。 五
*《合集》39992有“辛卯卜，其”四字，《英藏》721不全。

368 （《合集》39993、《英藏》720）
□戌卜，穷，［貞］叀今一月［王］入𩀣。 一

369　(《合集》39994、《英藏》719）
　　……复母……于囍。

370　(《合集》39995、《北圖》3703）
　　……囍……丙……　二

371 正 (《合集》39996、《英藏》710 正）
　　□□［卜］，宁，［貞］……囍［卒］……
371 反 (《英藏》710 反）
　　哉。
　　＊《合集》39996 缺反。

372　(《合集》39998、《英藏》344）
　　戊午……王邑……

373　(《合集》40000、《英藏》753）
　　西邑。　一　三

374　(《合集》40001 正、《北珍》1360 正）
　　甲申……［來］……
　　＊《北珍》1360 拓本缺反。《合集》
　　40001 有反，文爲"……邑……"。

375　(《合集》40003、《英藏》675）
　　……往从㐭……

376 正 (《合集》40006、《英藏》723 正）
　　(1) 戊寅［卜］，亘，貞［帝］其莫我。
　　(2) □未卜，宁，貞□往于敦。　一
　　　　二告
376 反 (《英藏》723 反）
　　壬［申］。（甲橋刻辭）
　　＊《合集》40006 缺反。

377　(《合集》40007、《英藏》693）
　　……敦……

378 正 (《合集》40012 正、《英藏》709 正）
　　(1) ……長……　一

(2) 弗其及。　一　二告　不玄冥
(3) ……于……長……

378 反 (《合集》40012 反、《英藏》709 反）
　　貞帘行。

379 正 (《合集》40013 正、《英藏》722 正）
　　(1) 辛丑……隹丙……
　　(2) ……裘……死。

379 反 (《合集》40013 反、《英藏》722 反）
　　(1) 王固曰：隹冬。
　　(2) ……隹……隹……

380　(《合集》40014、《合集》8053）
　　……裘……㞢毒。
　　＊有綴合。

381　(《合集》40016、《合集》8014）
　　(1) 貞……隹……在……　三
　　(2) □卯卜，□，貞……帘……　在甘。

382　(《合集》40017、《上博》2426・1180）
　　王往休。　一

383　(《合集》40019、《旅》271）
　　(1) □亥……于臂。
　　(2) 貞……
　　＊有綴合。

384　(《合集》40020、《美藏》659）
　　(1) ［己］卯王□光……划……
　　(2) ……臂。

385　(《合集》40021、《英藏》744）
　　……于田。

386　(《合集》40025、《合集》8063）
　　(1) 貞由今日往于果。
　　(2) □于□子用。

387　（《合集》40026、《英藏》735）
……在𫳪。　一

388正（《合集》40027正、《合集》8453正）
丙午卜，［亘］，貞周弗［其］……

388反（《合集》40027反、《合集》8453反）
……𢀛一□三……
＊有綴合。

389　（《合集》40028、《英藏》573）
［舌］方于……西……

390　（《合集》40029、《英藏》549）
勿告舌……

391　（《合集》40032、《英藏》551）
(1) 貞弗其受［又］。
(2) 貞弗其受舌方又。　三　不玄冥
(3) 辛酉。　三
(4) 我受舌方又。

392　（《合集》40034、《上博》2426・1217）
□卯卜，穷，［貞］壬至……其既……［方］……

393　（《合集》40035、《合集》24152）
貞其自方又……

394　（《合集》40036、《合集》15944）
(1) 甲□［卜］，穷，［貞］……巂。　三
(2) □□卜……令……方……姜。

395　（《合集》40037、《英藏》641）
貞及今二月㞢來自［西］。　一　一　二告　一　二告

396　（《合集》40039、《美藏》582）
□辰卜，□，貞東。

397　（《合集》40042、《英藏》995）
(1) 壬辰……　一
(2) ……王……南……北……

398　（《合集》40043、《安陽博》2）
貞令□□南［啚］。
＊有綴合。

399　（《合集》40044、《合集》10185）
……北土……萛。

400　（《合集》40046、《合集》7891）
……妻……人……

401　（《合集》40047、《合集》7892）
妻人。　二

402　（《合集》40049、《英藏》355）
癸未［卜］，㱿，貞□𠙵人……

403　（《合集》40050、《英藏》358）
［癸］……取𪓐，弗其氏來……

404正（《合集》40052、《英藏》774正）
(1) ……［取］勺……三十。
(2) 貞……

404反（《英藏》774反）
……入……
＊《合集》40052缺反。

405正（《合集》40053、《英藏》1264正）
……玨取……　一　三

405反（《英藏》1264反）
……隹……
＊《合集》40053缺反。

406　（《合集》40054、《英藏》775）
(1) 貞允取。　三
(2) 不隹之。　一

407　（《合集》40056、南博拓 1771）

　　　　……取……

408 正（《合集》40057 正、《英藏》783 正）

　　　　［貞］不其尋。

408 反（《合集》40057 反、《英藏》783 反）

　　　　帚井乞［自］……

　　　　＊《合集》40057 反不全。

409 正（《合集》40059 正、《英藏》414 正）

　　　　(1) 丁丑卜，方，貞帚尋。王固曰：其尋。
　　　　　　佳庚，其佳丙，其齒。四日庚辰帚允
　　　　　　尋。十三月。

　　　　(2) ……貞……羌……　一　二

409 反（《英藏》414 反）

　　　　王固曰：其［尋］。

409 臼（《英藏》414 臼）

　　　　癸巳，邑［示］三十屯。叡。

　　　　＊《合集》40059 缺反、臼。

　　　　　有綴合。

410　（《合集》40060、《英藏》759）

　　　　(1) 丁巳卜，爭，貞……

　　　　(2) 贶不其氏黿。

411　（《合集》40061、《英藏》758）

　　　　己丑卜，啇氏鹿。

412　（《合集》40063、《上博》2426・194）

　　　　我［不］……

413　（《合集》40065、《北圖》3178）

　　　　……［自］［橐］。

414　（《合集》40067、《北圖》3420）

　　　　橐。

415 正（《上博》2426・304 正）

　　　　……弗……

415 反（《合集》40070、《上博》2426・304 反）

　　　　入二十。

　　　　＊《合集》40070 缺正。

416 正（《合集》40071 正、《英藏》771 正）

　　　　貞勿陟貝，我砡。十三月。

416 反（《合集》40071 反、《英藏》771 反）

　　　　兩入十。

　　　　＊《合集》40071 反不全。

417　（《合集》40074、《英藏》787）

　　　　(1)［貞］……

　　　　(2) 貞乎帚。

　　　　(3) 貞易牛于□。

　　　　(4) 貞乎帚。

　　　　(5) 貞易牛于□。

　　　　(6) 貞乎。

418　（《合集》40075、《英藏》834）

　　　　(1) 庚寅卜，貞于噩。十月。

　　　　(2) 甲申。

　　　　(3) 乙酉。

　　　　(4) 貞于生十一月令皋。

　　　　(5) 貞勿乎征复，出行从廼。

　　　　(6) 貞勿令犬征田于京。

　　　　(7) 丙戌，貞勿令犬征。

　　　　(8) 庚寅卜，貞其莫豕。

　　　　(9) 庚寅卜，貞其土……

419　（《合集》40076、《英藏》835）

　　　　(1) 甲申卜，方，貞……

　　　　(2) 乙酉卜，方，貞［乎］……

　　　　(3) 乙酉卜，貞征复出……

　　　　(4) ……令亶曰：犬征田。

　　　　＊有綴合。

420　（《合集》40077、《英藏》819）

　　　　……［乎］黍……［不］……

421 正（《合集》40078 正、《掇三》706 正）
貞勿乎帚妌［往］歠黍。

421 反（《合集》40078 反、《掇三》706 反）
……卯……
＊有綴合。

422 正（《合集》40079 正、《英藏》810 正）
戊申卜，亘，貞受年，王……一月。 二 二
三 不玄冥 三

422 反（《合集》40079 反、《英藏》810 反）
貞乎帚妌黍，受［年］。

423 （《合集》40081、《英藏》398）
……佳瘖……
＊有綴合。

424 （《合集》40082、《英藏》補359·3）
戊午卜，王競其亦瘖。

425 （《合集》40083、《北圖》3611）
……奮弗……

426 （《合集》40084、《旅》357）
……省廩……

427 正（《合集》40086、《英藏》796 正）
（1）貞……受…… 二 三
（2）甲辰卜，𡧊，貞我受年。 一 二 不
玄冥
一 不玄冥 二

427 反（《英藏》796 反）
貞三父。
＊《合集》40086 缺反。

428 （《合集》40087、《英藏》797）
（1）□巳卜，爭，貞我受年。二［月］。
（2）……雨。

429 （《合集》40089、《合集》9517）

庚戌卜，□，貞王乎黍在妞，受屮
［年］。 二

430 （《合集》40090、《英藏》808）
（1）貞娩［受］年。 二
（2）貞妞受［年］。 二

431 （《合集》40091、《北圖》3530）
西［土］受［年］。

432 （《合集》40092、《英藏》807）
□土受［年］。

433 （《合集》40093、《英藏》60）
（1）貞……其……
（2）貞不其受年。
（3）貞屮于南庚。
（4）受年。
（5）勿屮。
（6）屮于…… 一 二告
＊有綴合。

434 （《合集》40094、《英藏》803）
（1）用。
（2）貞不其受年。 二
（3）用。
（4）貞受年。

435 （《合集》40095、《英藏》798）
（1）［貞］……
（2）貞我不其受年。
（3）宙王自饗。
（4）受年。
（5）貞王勿萑。
＊有綴合。

436 （《合集》40096、《合集》9713）
（1）貞秦□于□。
（2）貞我不其受年。

(3) ……［𥸲年］于河。

＊有缀合。

437 正（《合集》40097、《英藏》812 正）

貞我受黍［年］。

437 反（《英藏》812 反）

□□，［邑］示二〔屯〕。

＊《合集》40097 缺反。

438 正（《合集》40098、《英藏》補 2 正）

(1) 貞𥸲［于］岳。

(2) 貞我受镉。

(3) 貞我受黍年。

438 反（《英藏》補 2 反）

＊《英藏》補 2 反無字。

《合集》40098 缺反。

439 （《合集》40099、《英藏》806）

……［不］其受［年］。

440 （《合集》40100、《英藏》816）

(1) ……黍年。

(2) ……［于］河寮……圆宰。

441 （《合集》40101、《美藏》587）

黍年。

442 正（《合集》40102 正、《英藏》811 正）

(1) 甲子卜，□，貞黍，受［年］。　一

(2) 貞不其受黍年。　　一

442 臼（《合集》40102 臼、《英藏》811 臼）

□丑，𥁕［示］□屯。方。

443 （《合集》40103、《英藏》815）

(1) ……黍……

(2) ……［田］于……［年］。　七

444 正（《合集》40104 正、《英藏》823 正）

(1) ……聋年。五［月］。　二告

(2) 不其受聋年。　二告　二　不玄冥
三

＊他辭爲僞刻。

444 反（《合集》40104 反、《英藏》823 反）

(1) 王固曰：吉。

(2) ……［受］聋年。

＊《合集》40104 摹本正、反均不全。

445 （《合集》40105、《英藏》822）

(1) 我受聋年。三月。

(2) □□卜，𠧩，貞［王］往出。

446 （《合集》40106、《英藏》824）

(1) 貞……荷……

(2) 貞勿往于敦。

(3) 貞勿𥸲荷屮。

(4) 貞往于敦。

(5) 貞勿𥸲。

(6) 貞往于敦。

(7) 貞𥸲荷屮。

(8) 貞勿令伲黍。

(9) □戌……其……聋［年］。

＊有缀合。

447 （《合集》40107、《英藏》789）

(1) 貞儞氏。

(2) 貞𥸲年于河。

(3) 不氏。

448 （《合集》40108、《英藏》790）

(1) ［貞］……［旬］……

(2) 𥸲年于河。

(3) ……沉□牛。

449 正（《合集》40109 正、《英藏》791 正）

𥸲年于河。

449 反（《合集》40109 反、《英藏》791 反）

王固［曰］……

450　（《合集》40110、《英藏》2287）
　　……［秦］年于［滴］。
　　＊有綴合。

451　（《合集》40111、《英藏》793）
　　(1) 尞于河。
　　(2) 秦年于𝄇。
　　(3) 貞弗其隻。
　　＊有綴合。

452 正（《合集》40112 正、《英藏》1160 正）
　　(1) 甲戌卜，方，貞秦年……尞于𝄇十牛，
　　　　𝄇……
　　(2) 丙子卜，爭，貞尞于河……沉五牛。
　　(3) ……［隻三十］……（此條辭在骨邊，
　　　　摹本有，拓本不清）
452 反（《合集》40112 反、《英藏》1160 反）
　　［王］固曰：吉。其秦。
　　＊《合集》40112 反不全，僅在正旁摹"其
　　　　秦"二字。
　　　　　有綴合。

453　（《合集》40113、《合集》15264）
　　(1) 癸丑卜，方，貞秦年［于］□。
　　(2) □未［卜］，貞□彭……

454　（《合集》40114、《英藏》2286）
　　(1) 戊戌卜，其秦年于帝……
　　(2) ［叙𝄇］。

455　（《合集》40115、《英藏》788）
　　戊子卜，貞𝄇年于上甲。五月。

456 正（《合集》40116 正、《英藏》780 正）
　　河弗𝄇我年。
456 反（《合集》40116 反、《英藏》780 反）
　　𝄇乞……

457　（《合集》40117、《英藏》813）

(1) 貞我年出□。
(2) ……史……
＊有綴合。

458　（《合集》40118、《英藏》818）
　　□□卜，黍年出足雨。　一　二　三

459　（《合集》40119、《英藏》820）
　　𝄇黍［年］出［足］雨……［出］正。

460 正（《合集》40121、《英藏》1679 正）
　　……年。　五
460 反（《英藏》1679 反）
　　可。（記事刻辭）
　　＊《合集》40121 缺反。

461　（《合集》40122、《英藏》827）
　　(1) ……年。
　　(2) 乙……

462　（《合集》40123、《英藏》1103）
　　……我冀……

463　（《合集》40125、《續補》5.30.1）
　　(1) ……日我其狩［𝄇］……［允］卑，
　　　　隻兕十一、□［七十］出四、豕四、
　　　　𝄇七十又四。
　　(2) ……□乙勿出一牛于父［乙］。
　　(3) ……［子］漁出一牛于父［乙］。
　　＊有綴合。

464　（《合集》40126 上、《合集》10401）
　　(1) 貞翌辛巳王勿往逐兕，弗其隻。　二
　　(2) 癸卯卜，方，貞旬亡𝄇。　三
　　＊《合集》10401 是《合集》40126 的上部。

465　（《合集》40127、《英藏》862）
　　□［酉］卜……麥……兕……

466　(《合集》40131、**南博拓**757）
　　……［毘］入……

467 正（《合集》40133 正、《英藏》849 正）
　　(1) 貞……
　　(2) ［貞］王勿［狩］入，既，陷□麋，歸。
　　　　九月。　　三　　四
467 反（《合集》40133 反、《英藏》849 反）
　　(1) 王［固］曰艱……其……
　　(2) 王［固］曰……其……聑……

468　(《合集》40134、《英藏》1825）
　　……三十鹿。

469　(《合集》40135、《合集》10283）
　　貞［王］……鹿。

470　(《合集》40137、《英藏》863+998）
　　(1) 率鹿，弗率。
　　(2) 戊申今日勿奏舞，不其雨。
　　(3) ……其隻……
　　＊有綴合。

471　(《合集》40138、《史購》75）
　　(1) ……不……［逐］……鹿……
　　(2) ……［隻］……在……

472　(《合集》40139、《英藏》853）
　　允隻鹿。四月。

473　(《合集》40141、《掇三》28）
　　丙戌……隻［鹿］……允隻……隻……
　　［隻］……　　一

474　(《合集》40142、《英藏》850）
　　(1) 貞……我……
　　(2) 卑鷹。

475　(《合集》40143、《英藏》補10）

　　(1) 豕□……
　　(2) 薦二十、毘……
　　＊《英藏》補10 拓本不清，釋文據《合集》
　　摹本。

476　(《合集》40144、《史購》74）
　　(1) ［隻］鷹。五。二月。
　　(2) 弗隻。

477　(《合集》40145、《合集》10894）
　　(1) 辛巳卜，犭氏歸。
　　(2) 庚寅卜，征隻鷹。

478　(《合集》40152 正、《合集》10281）
　　□［巳］出乎……鹿。允……七、豕二
　　……

479　(《合集》40156、《英藏》836）
　　乎田龔丘。　　一
　　　　　　　　一

480　(《合集》40157、《英藏》525）
　　……子……臣田。

481　(《合集》40158、《英藏》832）
　　□寅［卜］，殼，貞［翌］乙巳王勿往田。

482　(《合集》40159、《英藏》837）
　　貞登［人］乎瀿□田。

483 正（《合集》40161 正、《英藏》840 正）
　　(1) 貞于翌戊寅令狩。
　　(2) 勿乎逐……其……
483 反（《合集》40161 反、《英藏》840 反）
　　(1) 勿钟于父乙。
　　(2) □爭……丙木……絆……

484　(《合集》40162、《英藏》842）
　　(1) 勿狩。

(2) 狩。七月。

(3) 勿狩。

(4) 狩。

(5) ［勿］狩。

485 (《合集》40163、《英藏》841)

貞王勿［往］狩从……　一

486 (《合集》40164、《英藏》838)

壬申［卜］……王□狩□啚。　一

487 (《合集》40165、《英藏》1829)

辛……狩隻……九月。余曰……

488 (《合集》40166、《旅》304)

……□邲……狩亡災。

489 (《合集》40168、《北圖》3697)

癸未卜……罝……

490 (《合集》40170、《上博》2426・1331)

［己］丑卜，□，［貞］王［往］□逐……罕。

491 (《合集》40171、《甲》1・0・0508)

……罕……

＊有綴合。

492 (《合集》40173、《英藏》852)

……其罕。八月。

493 (《合集》40174、《上博》2426・657)

癸［酉］……王勿……罕……甘……

494 (《合集》40175、《上博》2426・966)

(1) □□［卜］，貞……

(2) □□卜，貞……罕……十月。　一

495 (《合集》40176、《合集》8760)

貞从西。

＊《合集》8760 不全。

496 (《合集》40178、《合補》2748)

(1) 戊申……夕少……

(2) 貞其……馬□……

(3) ［馬］。

＊有綴合。

497 (《合集》40179、《英藏》1611)

□□［卜］，［爭］，貞我馬亡……

498 (《合集》40181、《英藏》459)

(1) 貞王往省于敦。　一　小告　一

(2) 貞王勿往省牛。三月。　一　二　一

499 正 (《合集》40182 正、《美藏》572 正)

貞……牛……

499 反 (《合集》40182 反、《美藏》573 反)

［二十］邑。

500 (《合集》40183、《合集》24541)

貞牝。

501 (《合集》40185、《合集》11115)

□辰卜，方，［貞］……一牛。

＊有綴合。

502 (《合集》40186、《合集》11119)

(1) 辛丑，㱿，貞今㞷……勿□望□。

(2) 丙午卜，爭，貞冒羊于𡴀。

503 (《合集》40187、《合集》20674)

(1) 甲戌……

(2) 己未……五十羊。　二

504 (《合集》40189、《北圖》4103)

……十牲……

505　（《合集》40192、《小林》4）
　　　□戌卜……豕……□司……

506　（《合集》40199、《英藏》873）
　　　……百宰，大……

507　（《合集》40202、《英藏》878）
　　　貞……于……小宰。

508　（《合集》40203、《上博》2426・175）
　　　……十宰。　　小告

509 正（《合集》40204 正、《英藏》885 正）
　　　（1）癸亥。
　　　（2）癸未。十三月。
　　　（3）癸巳卜，貞旬亡囚。
　　　（4）癸卯卜，貞旬亡囚。
　　　（5）……□……□。

509 反（《合集》40204 反、《英藏》885 反）
　　　己未夕□庚申月出［食］。

510 正（《合集》40205 正、《英藏》729 正）
　　　［貞］今夕其星，在亯。　　五　　六
510 反（《英藏》729 反）
　　　……五十。宁。
　　　＊《合集》40205 缺反。

511　（《合集》40206、《英藏》887）
　　　其星。　　一

512　（《合集》40207、《合集》11489）
　　　乙未……星……

513　（《合集》40210、《史購》73）
　　　（1）……雨。隻。［二月］。
　　　（2）……允隻一。三月。
　　　（3）……允隻一。三月。
　　　（4）……三［隻］……
　　　＊《合集》40210 不全。

514　（《合集》40211、《合集》12533）
　　　……［今］夕……之夕允雨。小。三月。　　一

515　（《合集》40212、冬 331）
　　　（1）……卜……　　二
　　　（2）……十……二月。

516　（《合集》40215、《美藏》627）
　　　……五月。

517　（《合集》40217、《合集》4144）
　　　己酉卜，王，□出來今九月……
　　　＊有綴合。

518　（《合集》40220、《旅》1182）
　　　……見……　　十二月。
　　　＊有綴合。

519　（《合集》40221、《羅四》411）
　　　……毋［征］。十二月。

520　（《合集》40222、《英藏》1837）
　　　……旬一日戊申至……

521　（《合集》40223、《英藏》1836）
　　　……四旬八日……子兄……　　一

522　（《合集》40226、《慶應》11）
　　　甲［申卜］，貞［今］……

523　（《合集》40227、《合集》1863）
　　　（1）庚子卜，殻，翌丁未酒十宰出三于祖丁。
　　　（2）……勿……丁……

524　（《合集》40228、《英藏》643）
　　　丙辰卜，宁，貞出來自□。

525　（《合集》40229、《英藏》970）
　　　乙卯。丙辰。丁巳。戊午。己未。庚申。

340

辛酉。壬戌。〔癸〕亥。

＊有綴合。

526 （《合集》40230、《北珍》1679）
(1) 庚辰卜。
(2) 辛巳卜。

527 （《合集》40231、《慶應》3）
庚……

528 （《合集》40233、《英藏》1003）
(1) 癸未卜，翌甲申□雨。
(2) 乙酉雨。
(3) ……庚申雨。
(4) ……馬
(5) ……其……

529 （《合集》40235、《慶應》8）
〔辛〕巳雨。
＊《慶應》8拓本不全。

530 （《合集》40238、《合補》3854）
庚雨。

531 （《合集》40239、《英藏》1024）
今日不至……庚雨。

532 （《合集》40240、《英藏》1068）
(1) 庚申……其……百……囷……
(2) □□卜，貞……雨。

533 （《合集》40243、《英藏》1067）
貞由雨。六月。

534 （《合集》40244、《英藏》1060）
(1) 〔壬〕……
(2) ……雨。五月。

535 （《合集》40246、《上博》2426・271）

536 （《合集》40250、《合補》3683）
〔丁〕卯卜，貞其雨。

537 （《合集》40251、南博拓382）
貞其雨。九月。　一

538 （《合集》40253、《英藏》1038）
貞茲〔云〕其雨。

539 （《合集》40256、《英藏》999）
壬戌卜，𬚛，〔貞〕翌乙丑不雨。

540正 （《合集》40257正、《英藏》1000正）
翌戊辰不〔雨〕。

540反 （《合集》40257反、《英藏》1000反）
丁卯〔卜〕，爭。

541 （《合集》40259、《合集》12391）
(1) 戊申卜，亙，貞翌庚〔戌〕其〔雨〕。
(2) 貞翌庚戌不雨。

542 （《合集》40260、《英藏》1008）
貞翌庚戌不雨。

543 （《合集》40263、《美藏》610）
不雨。

544 （《合集》40264、《英藏》1005）
翌庚子不雨。
＊他辭爲偏刻。
　有綴合。

545 （《合集》40266、《英藏》1052）
(1) 不其雨。
(2) 貞雨。

546 （《合集》40272、《合集》11998）

(1) □午卜，貞今日雨。

(2) 貞不其雨。

547　(《合集》40275、《合集》11977)

(1) 貞亡其雨。

(2) 乎。

548　(《合集》40276、《英藏》1055)

［貞］亡其雨。　三

549　(《合集》40277、《英藏》1023)

(1) 辛卯［卜］，今日［雨］。

(2) 壬辰卜，今日雨。

550　(《合集》40278、《美藏》634)

□午卜，□，貞今□雨。

551　(《合集》40279、《英藏》2073)

己亥卜，貞今日不雨。　一

552　(《合集》40280、《北珍》1484)

貞今日不雨。

553　(《合集》40281、《北圖》3029)

(1) 貞今夕雨。

(2) ……今……

554　(《合集》40282、《冬》468)

貞今［夕］雨。

＊有綴合。

555　(《合集》40283、《合集》24795)

□辰卜，𠂤，［貞］今夕雨。

556　(《合集》40284、《北圖》3957)

［今］夕雨。九月。

557 正　(《合集》40285、《英藏》1030 正)

(1) 丁亥卜，今夕［其］雨亡［田］。　二

(2) □子卜，方，貞翌□丑……于……

　　　　二　三

557 反　(《英藏》1030 反)

王固［曰］：吉。

＊《合集》40285 缺反。

558　(《合集》40286、《英藏》829)

(1) 丁卯……秴……［雀］……［黍］

……

(2) 丁……盅［雨］，戊寅夕雨。

559　(《合集》40287、《英藏》1036)

□［令］雨。之夕雨。五月。

560　(《合集》40288、《合集》24826)

貞今夕不雨。

561　(《合集》40291、《美藏》626)

(1) 貞［今］夕［雨］。

(2) ［貞］今［夕］不［雨］。

562　(《合集》40292、《上博》2426・777)

(1) 貞今夕雨。

(2) 不［雨］。

563　(《合集》40293、《合集》12126)

貞今夕雨。　二

564　(《合集》40294、《上博》2426・773)

貞今夕雨。

565　(《合集》40295、《輔仁》12)

貞今夕雨。

566　(《合集》40296、《北珍》1468)

今夕雨。

567　(《合集》40297、《英藏》997)

丁未卜，方，貞生十二月雨。　一　不玄

冥　二告

＊他辭爲偏刻。

568　(《合集》40298、《英藏》2064)

丁巳卜，貞今夕不雨。

569　(《合集》40299、《北珍》1464)

貞今夕不雨。

570　(《合集》40300、《上博》2426・996)

貞今夕其雨。

571 正 (《合集》40302、《英藏》1011 正)

(1) 丁□卜……

(2) 貞自今至于庚戌不其雨。

(3) 貞生十二月不其雨。

(4) 伐舌。

571 反 (《英藏》1011 反)

貞受年。

＊《合集》40302 缺反。

572 正 (《合集》40303、《英藏》725 正)

(1) ……勿……于……

(2) 貞王往于敦。

(3) 貞王勿往于敦。

(4) 王往于敦。

(5) 貞往出卭。

(6) 癸丑卜，亘，貞亦盅雨。

(7) [貞] 朝若。

572 反 (《英藏》725 反)

(1) 乙巳卜

(2) 之日允雨。

＊《合集》40303 缺反。

573　(《合集》40304、《英藏》1071)

(1) □巳亦雨。一月。

(2) ……咸……雨……

(3) ……多……

574　(《合集》40306、《英藏》418)

山屮…… 一

＊《英藏》418 不全。

575　(《合集》40307、《英藏》2445)

……岳 [屮] 从雨。 三

576　(《合集》40308、《英藏》1846)

……石屮从 [雨]。

577　(《合集》40311、《英藏》2086)

(1) ……帝今……

(2) □□ [卜]，出，[貞] ……王唯不薨雨。
　　　 不薨。

578　(《合集》40316、《歷》54)

□卯允雨。

579　(《合集》40317、《英藏》1091)

(1) 乙巳卜，不…… 二 三 四

(2) □卯卜，[貞不] 攺，夕雨。 告

580　(《合集》40319、《英藏》619)

壬寅卜，夫不其攺，小。十月。

581　(《合集》40321、《英藏》924)

……壬子攺，自□食。 三

582　(《合集》40322、《合補》3921)

不 [攺]。

583　(《合集》40323、《合補》5679)

(1) 庚□不攺。 三 二告

(2) 己亥卜…… 四 二告

584　(《合集》40324、《北珍》1585)

貞不其征攺。

585　(《合集》40325、《北圖》3673)

343

□子卜，翌□巳［啟］。

586 正（《合集》40326 正、《英藏》1079 正）

  （1）貞……　二

  （2）貞翌甲午不其易日。　二　不玄冥

586 反（《合集》40326 反、《英藏》1079 反）

  （1）……□辰允不雨，甲午雨。

  （2）……雨……

  ＊有綴合。

587 （《合集》40327、《英藏》1081）

  （1）翌甲辰不其易［日］。

  （2）貞翌甲辰不其易日

  （3）［貞］翌［甲］辰［易］日。

588 （《合集》40328、《英藏》1080）

  （1）丙午……　三告

  （2）丁未卜，殼，翌戊申易日。

  （3）庚戌卜，殼，翌辛亥易日。　一
     二告

  （4）辛亥卜，殼，翌壬子不其易日。　一

  （5）……日。

  （6）……日。

589 （《合集》40329、《英藏》1078）

  （1）翌庚申不其易日。　二　二告

  （2）翌壬戌不其易日。　二

  （3）翌甲子不其易日。　二

  （4）［翌］乙丑［不其易日］。　二

590 （《合集》40331、《合集》22954）

  （1）貞小□。

  （2）貞不其易日。

  （3）……隹……乙……

591 正（《合集》40332 正、《英藏》1082 正）

  不其易日。　一　不玄冥
     一　不玄冥　二

591 反（《合集》40332 反、《英藏》1082 反）

己未帚……

  ＊《全集》40332 反不全。

592 正（《合集》40334 正、《歷》526 正）

  （1）……［用射］……

  （2）……易［日］……

  （3）……□［易日］……

592 反（《歷》526 反）

……［允］……

  ＊《合集》40334、《合補》3940 均缺反，
  《歷》526 反字不清，似爲殘“允”字。

593 （《合集》40335、《北圖》3718）

翌丁易日。

594 （《合集》40337、《英藏》923）

  （1）……［王］我㞢……易日……

  （2）……食日……

  （3）丙……　一

595 （《合集》40338、《英藏》1554）

  （1）……不隹飱。

  （2）……［食］不若。

596 （《合集》40339、《合集》13479）

克于我，夕兊。　三

597 正（《合補》3312 正）

……［五］日丁未……

597 反（《合集》40340 反、《合補》3312 反）

……［甲寅夕］兊乙卯……

  ＊《合集》40340 缺正。

598 （《合集》40341、《英藏》1101）

  （1）丙申卜，翌丁酉酒伐，攺。丁明霍，
     大食日攺。一月。

  （2）……戠……

  ＊有綴合。

599　（《合集》40342、《英藏》1102）
　　……至……終日雈……雨。

600　（《合集》40343、《合集》13456）
　　……雈……囚。　　三

601　（《合集》40344、《英藏》1100）
　　……風……雈。十二月。　　二告

602　（《合集》40345、《英藏》680）
　（1）□□〔卜〕，□，貞翌丙子其立〔中〕。
　（2）□□〔卜〕，爭，貞翌丙子其立〔中〕。
　（3）……丙子立中，亡風，易日……

603　（《合集》40346、《英藏》1852）
　　戉……各雲〔自〕……鳳（風）……夕雷
　　……

604　（《合集》40347、《英藏》1099）
　　□戉……雨不征，風。

605　（《合集》40348、《英藏》1096）
　（1）庚申卜，貞。
　（2）……肉（Ｄ）㞢于妣。　　一
　（3）……虎……〔易〕日……夕撤風（鳳）。

606　（《合集》40349、《合集》13386）
　　庚寅，貞丝雲其雨。　　二

607　（《合集》40350、《美藏》606）
　　□辰……雲……

608　（《合集》40351、《旅》573）
　　……其雨，不……入雲怀……□若丝㞢
　　〔日〕……暈既，飲牛……印大雋……上
　　鼎剢……雲大㠱……叹。　　三
　　＊《合集》40351與《合集》13404左上角重。

609　（《合集》40352、《英藏》1106）

（1）戊申卜，亘，貞勿乍大邑于〔唐〕。　　二
　　告　二　二告　四
（2）癸亥卜，㱿，貞……
（3）壬申卜，亘，貞令犬……　三告　一
　　小告
＊他辭爲僞刻。
　　有綴合。

610正　（《合集》40353正、《英藏》1105正）
　（1）丙子〔卜〕，方，貞〔子〕汏亡〔疾〕。
　（2）丙子卜，方，貞子巷亡疾。
　（3）貞㘡大邑于唐土。
　（4）□□〔卜〕，爭，〔貞〕……

610反　（《合集》40353反、《英藏》1105反）
　（1）于妣己钔。
　（2）王固曰：其㝵。

611　（《合集》40354、《英藏》1609）
　　……弗乍……〔邑〕囚。四月。

612　（《合集》40355、《北圖》4078）
　　〔庚寅〕……邑……于……庚……
　　〔正〕。　　二

613　（《合集》40356、《英藏》1111）
　　□□〔卜〕，貞……㘡尰（作蠱）。
　　＊有綴合。

614　（《合集》40357、《英藏》1112）
　　□□〔卜〕，方，貞勿㘡尰。
　　＊有綴合。

615　（《合集》40358、《上博》2426·632）
　　貞勿寢。五月。

616　（《合集》40359、《英藏》1116）
　　貞勿于乙門。

617　（《合集》40360、《英藏》724）

(1) ……［王］往于敦。

(2) ［于］乙門令。

＊有綴合。

618　（《合集》40361、《英藏》1107）

(1) 甲申卜，我章于西，多氏人。

(2) 甲申卜，我章于西。七月。

＊《合集》40361不全。他辭爲僞刻。

619　（《合集》40363、《英藏》2119）

(1) 戊辰卜，兄，貞翌辛未其出于血室五
　　　大牢。七月。

(2) 戊辰卜，兄，貞翌辛未其出于血室十
　　　大牢。七月。

(3) 戊辰。　三

(4) 己巳卜，兄，貞其柰于血室，宙小宰。

(5) 庚午卜，兄，貞其凶曰𠦪史亡左。九月。

＊《合集》40363上部“貞人”以上全缺，
故分期有誤。

620　（《合集》40364、《合集》13534）

庚辰卜，貞于丁宗。

621　（《合集》40366、《上博》2426•1410）

(1) 貞……祖……宗。

(2) ……矢……

(3) ［𣇿］……

622　（《合集》40368、《英藏》1123）

貞子疾首。　一

623 正（《合集》40369、《英藏》1122 正）

貞疾齒告于丁。

623 反（《英藏》1122 反）

……我……

＊《合集》40369缺反。

624 正（《合集》40372、《英藏》97 正）

……疾𠂤卟于姒己𠦪姒庚。　三　小告

624 反（《英藏》97 反）

王。

＊《合集》40372缺反。

625　（《合集》40373、《英藏》1124）

(1) 癸……［年］……

(2) 貞疾趾，卟于姒己。

(3) □辰□雨。

626　（《合集》40374、《英藏》2085）

(1) 乙巳卜，貞宙疾。

(2) □子……

＊有綴合。

627　（《合集》40376、《北圖》3522）

子……□疾……［隹］𡦦。

628　（《合集》40378、《英藏》1126）

𠦪亡疾。

629　（《合集》40380、《英藏》131）

貞子婓囚凡出［疾］。　三

630　（《合集》40382、《合集》13922）

貞□王［囚］凡［出］疾。

631　（《合集》40383、《英藏》164）

(1) 帚［姅娩］㚢。

(2) 貞勿乎取般。

(3) □□［卜］，亘，貞乎……　一　二
　　　告　三　不玄冥

632 正（《合集》40384、《英藏》125 正）

□寅卜，宁，［貞］子蠶妾𠂤娩。□月。　三
　　　一　二　二告　三　　　三

632 反（《英藏》125 反）

(1) ……［夕帝］令雨。

(2) ……［允］夕娩。

＊《合集》40384缺反。

633 (《合集》40386 正、《合集》13926）
(1) 庚子卜，殻，貞帚好㞢子。　二
(2) 辛丑卜，殻，貞兄于母庚。　三
＊《合集》13926 缺反。

634 (《合集》40389、《美藏》641）
(1) □戌卜……㞢子……今日……
(2) 大丁。

635 (《合集》40391、《英藏》1139）
□□〔卜〕，殻，翌乙卯帝其令〔雨〕。

636 正 (《合集》40392、《旅》361 正）
(1) 貞牢。　一
(2) 戊申卜，貞汜酒。
(3) 貞帝不其降齡。　三（齡字缺刻）
(4) 壬戌卜……　三

636 臼 (《合集》40392 臼、《旅》361 臼）
庚申乞十屯。小𪐗。

637 (《合集》40393、《英藏》1138）
乙卯卜，〔貞〕帝隹其〔令〕雨。

638 (《合集》40394、《英藏》1142）
……帝不〔其〕降〔齡〕。

639 (《合集》40395、《英藏》1141）
(1) ……〔雨〕，帝異〔降〕丝邑囚。
(2) ……年。

640 (《合集》40396《懷特》83）
帝……丝邑。

641 (《合集》40397、《英藏》1108）
貞我乍〔邑〕，帝……

642 (《合集》40398、《英藏》1135）
貞帝不我其受又。　二告　四　不玄冥
＊他辭爲偽刻。

643 (《合集》40399、《美藏》689）
(1) 乙酉卜，巫帝犬。　一
(2) 辛……

644 正 (《合集》40402、《英藏》553 正）
(1) ……〔舌〕方，下上若受我又。五月。
(2) ……〔舌〕方，下上若受我又。

644 反 (《英藏》553 反）
……〔亡〕囚。
＊《合集》40402 缺反。

645 (《合集》40403、《英藏》1162）
……河二宰，埋三□。

646 (《合集》40404、《合集》14612）
(1) 甲申卜……
(2) ……〔埋〕于河。

647 (《合集》40407、《北圖》3770）
□未卜，〔宁〕，〔貞〕于河……龜……

648 (《合集》40408、《合集》14626）
貞令屰河。

649 (《合集》40409、《英藏》1158）
甲辰〔卜〕，内，〔貞〕尞于河……二豕。

650 (《合集》40410、《英藏》1157）
(1) 貞㞢于河。　三
(2) □□〔卜〕，韋，貞及今……

651 反 (《合集》40411 反、《英藏》1156 反）
(1) ……㞢于河三十牛，氏……
(2) 貞㞢于河。
＊《合集》40411 正爲偽刻，未選。《英藏》
未收其拓片。

652 (《合集》40415、《英藏》1165）
(1) 〔貞〕……〔其〕……

347

(2) 貞乎往見于河出來。

(3) □□〔卜〕，殼，〔貞〕……取……哉
……

653　（《合集》40416、《英藏》1152）

(1) 貞□弗〔其〕尋。

(2) 亡左。

(3) 貞岳窜。

(4) 弗其窜。

(5) 〔岳〕其〔不〕雨。

654　（《合集》40417、《英藏》1151）

(1) 壬寅卜，爭，貞翌癸卯〔令〕圃
……　三

(2) 癸卯卜，宁，貞寮于岳。　三

(3) ……〔貞〕……

655　（《合集》40418（上部）、《英藏》460）

……□子王往……

＊《合集》40418 上、下部不能綴合，此
爲《合集》40418 上部。

656　（《合集》40418（下部）、《英藏》1144）

□□〔卜〕，宁，貞寮于岳。

＊此爲《合集》40418 下部。

657 正（《合集》40419、《英藏》1146 正）

(1) 貞告于河。

(2) 寮于岳……〔豕〕，三羊，卯九牛。

657 反（《英藏》1146 反）

〔王固〕曰……其告。

＊《合集》40419 缺反。

658　（《合集》40420、《英藏》1147）

寮于岳夕羊，翌辛亥酒宰。

659　（《合集》40421、《英藏》1145）

壬寅卜，〔貞〕寮岳……

660 正（《合集》40422、《英藏》1153 正）

(1) 貞勿奏岳。

(2) 貞岜其隹凶。

660 反（《英藏》1153 反）

＊反字不清，疑为"京"字。
《合集》40422 缺反。

661　（《合集》40425、《英藏》1148）

貞勿于岳莱。

662 正（《合集》40427、《英藏》1251 正）

(1) 貞于昌寮。　二告

(2) 〔翌乙〕雨。

(3) □□〔卜〕，殼，貞勿蕾寮于二母。

(4) ……于母。

＊他辭爲僞刻。

662 反（《英藏》1251 反）

王固曰：出祟。壬其雨，不吉。

＊《合集》40427 缺反。

663　（《合集》40428、《英藏》1150）

〔貞〕取岳。

664　（《合集》40429、《英藏》996）

(1) 〔貞〕……兄……

(2) 乎舞亡雨。

(3) 乎舞出雨。

(4) 乎舞亡雨。

(5) 乎舞出雨。

(6) 勿出于季。

(7) □□〔卜〕，亘，貞……〔乎〕……

＊有綴合。

665　（《合集》40430、《英藏》1175）

(1) 貞于蕾。

(2) 貞寮于王亥五牛，新青。

(3) 〔貞〕寮〔于〕王〔亥〕……

＊有綴合。

666 正（《合集》40432 正、《英藏》1174 正）

(1) 貞尞于王亥。

(2) ……戠……

666 反（《合集》40432 反、《英藏》1174 反）

(1) 王固［曰］：子……

(2) 甲寅。

667 正（《合集》40433、《東大》1314 正）

貞勿于王亥桒。

667 反（《東大》1314 反）

＊《東大》1314 反無字。

《合集》40433 缺反。

668 正（《合集》40435 正、《英藏》1173 正）

(1) 貞尞于王亥九牛。　三　小告

(2) 貞于王亥桒。　二告　三

668 反（《合集》40435 反、《英藏》1173 反）

(1) 貞饮五牛。

(2) ……其敦。

669　（《合集》40436、《合集》660）

(1) 酒河……牛……我……　四

(2) ［出］于王亥妾。

670 正（《合集》40437 正、《英藏》1177 正）

(1) 儒氏。

(2) 王恒易邲。

(3) 貞王恒易邲。

(4) 貞戉來。

(5) 貞王恒易邲。

670 反（《合集》40437 反、《英藏》1177 反）

丙午卜，亘。

＊《合集》40437 反不全。

671　（《合集》40438、《英藏》1180）

(1) ［貞］尞［于］𠂤。

(2) 貞于𠬝東尞。

(3) 尞于𠂤圅。

(4) 勿尞于𠂤。

(5) 貞尞于河。

672　（《合集》40440、《合集》14390）

(1) 貞乎剮目……光河氏……戠洹……

(2) 貞……垂……曰……　一

(3) □辛……其……河……𤊸……　一

673　（《合集》40441、《英藏》1172）

(1) 出于戠。　一

(2) 戠。　二告

(3) 戠其允。　二

(4) 翌丁卯。　二

(5) 于庚午。

674　（《合集》40442、《英藏》2087）

(1) ……奏……

(2) ……［翌］酒甕……六月。

675 正（《合集》40444、《英藏》1185 正）

(1) 出于［娥］。　一

(2) 出于□。　一　二

675 反（《英藏》1185 反）

……王……

＊《合集》40444 缺反。

676　（《合集》40447、《英藏》1239）

(1) 隹大示。

(2) 貞帝于令。

(3) 貞帝于令。

677　（《合集》40448、《英藏》25）

……［帚］我于大示。

678　（《合集》40449、《合集》14899）

……示□宰……姫……

679　（《合集》40450、《英藏》1241）

(1) 示弗其若。　三

(2) 六月王勿畾出示，若。　三

(3) 六月王勿醬出示，弗其若。　三

(4) ……若。　三

＊有綴合。

680　（《合集》40451、《英藏》1197）

丁卯出彳歲于［大］……

681　（《合集》40452、《英藏》1209）

庚寅卜，方，貞［新］鬯出……

682　（《合集》40453、《合集》15093）

(1) 貞……王……

(2) ……出于……宙豕用。

683　（《合集》40459、《英藏》1857）

(1) 丁亥……出于……三豕。　五

(2) 三……

684　（《合集》40460、《英藏》1183）

貞出［于］……鬼壬……

685　（《合集》40461、《旅》373）

［貞］出于□□羊。十月。

686　（《合集》40464、《合集》1943）

(1) 勿出……丁……　一

(2) 庚戌卜，殼，［貞］……　一　二告

687　（《合集》40467、《合集》15022）

戊□［卜］，爭，貞來甲□出于……

688 正　（《合集》40469 正、《冬》157 正）

……其出……［告］……

688 反　（《合集》40480 反、《冬》157 反）

＊反字不清。

689　（《合集》40470、《英藏》218）

□□卜，殼，［貞］□出言……　二

690 正　（《合集》40471 正、《英藏》769 正）

(1) ……祖……不……

(2) ……出鬼……

690 反　（《合集》40471 反、《英藏》769 反）

［王固］曰：吉。

＊《合集》40471 反不全。

691　（《合集》40475、《合集》15118）

［乙］卯卜，□，貞钔子□。

692　（《合集》40476、歷拓 8227）

钔姚……

693　（《合集》40479、《北圖》3689）

钔鬼。

694　（《合集》40481 正、《史購》139）

貞勿射。

＊《史購》139 缺反。

695　（《合集》40482、《英藏》1708）

貞宙方爲。

696　（《合集》40483、《英藏》1707）

(1) 乙卯。

(2)［貞］宙方爲。

697　（《合集》40484、《英藏》2175）

丁酉［卜］，貞翌……酒報于……

698　（《合集》40486、《英藏》1224）

□卯……帝……豕。

699　（《合集》40487、《英藏》1226）

貞方帝。

700　（《合集》40488、《英藏》1227）

(1) 庚子卜，［貞］宙我帝于……

(2) 帝于東。

701 正 (《合集》40489、《英藏》12 正)
　　王占曰：吉。其帝。

701 反 (《英藏》12 反)
　　于上甲。
　　＊《合集》40489 缺反。

702 (《合集》40491、《上博》2426・923)
　　(1) □□卜，爭，［貞］……乎……入
　　　　……　二
　　(2) ……册……

703 (《合集》40493、《上博》2426・391)
　　……召……卯小宰。

704 (《合集》40495、《美藏》643)
　　……［勿］禼……兄……召……

705 (《合集》40496、《英藏》1943)
　　(1) ……［彔］甲……亡……　一
　　(2) ……枫亡……

706 (《合集》40498、《英藏》1860)
　　乙酉［卜］，［貞］……今日用。

707 (《合集》40499、《合集》15428)
　　(1) 辛亥卜，［勿］禼用百□。
　　(2) ……丁……

708 正 (《合集》40503 正、《英藏》782 正)
　　貞勿往，我圉。　一　二告

708 反 (《合集》40503 反、《英藏》782 反)
　　……衔乞……
　　＊《合集》40503 反不全。

709 (《合集》40504、《合集》17258)
　　(1) 于甲子。
　　(2) 貞于庚申尞。
　　(3) 貞屮龍。

710 (《合集》40505、《英藏》1258)
　　貞尞二［青］。

711 (《合集》40507、《英藏》1256)
　　(1) □□［卜］，□，貞［王］曰……其
　　　　合氏乃……
　　(2) □□［卜］，爭，貞尞曶百羊、百牛、
　　　　百豕，青五十……

712 (《合集》40509 正、《合集》15572)
　　貞勿尞。二月。

713 (《合集》40510、《英藏》1291)
　　……［貞］……王妭祖……玨，尞三小
　　［宰］……卯三［大牢］……

714 (《合集》40512、《英藏》1252)
　　貞囹犬，尞□三，□三……

715 (《合集》40513、《英藏》1182)
　　貞尞于昌□。

716 正 (《合集》40514 正、《英藏》1250 正)
　　庚戌卜，爭，貞尞于西，囹一犬、一青，
　　尞四豕、四羊、青二，卯十牛、青一。
　　一　二　三　　一　二　三　　　［一］
　　二　三　四　五　　［一二］三　二告
　　　　［一］二　三
　　＊兆序據摹本，拓本兆序不顯。

716 反 (《合集》40514 反、《英藏》1250 反)
　　(1) 丁卯卜，亘，貞雨。
　　(2) 不其雨。
　　(3) 貞翌辛亥勿乎往于屮敖于从。

717 正 (《合集》40515 正、《英藏》180 正)
　　(1) 貞隹坴不余奏。
　　(2) □□［卜］，殼，［貞］……

717 反 (《合集》40515 反、《英藏》180 反)
　　戊辰帚……

351

＊《合集》40515 反不全。

718　（《合集》40516、《北圖》4323）
　　乎購霰。

719　（《合集》40517、《英藏》1263）
　　勿癸亡其……　一

720　（《合集》40518、《愛什》4）
　　……歲，由今壬……中日酒……

721　（《合集》40520、《英藏》1273）
　　（1）丁［巳卜］，貞……福［牛］……鳥
　　　　……
　　（2）……［貞］……［福］……

722 正（《合集》40521、《英藏》1276 正）
　　（1）貞翌己巳勿圍。
　　（2）貞翌巳勿圍。
　　（3）出田。
　　（4）［亡］田。

722 反（《英藏》1276 反）
　　［壬］辰卜，永。
　　＊《合集》40521 缺反。
　　　有綴合。

723 正（《合集》40522 正、《英藏》1275 正）
　　（1）翌丁亥勿令圍。
　　（2）翌丁亥圍。

723 反（《英藏》1275 反）
　　［　　］……
　　＊《合集》40522 缺反。

724　（《合集》40524、《英藏》129）
　　（1）戊申卜，翌□酉舞，允。
　　（2）勿……舊。　一
　　（3）己□卜……　一　二　三
　　（4）……于……

725　（《合集》40525、《英藏》1282）
　　甲辰卜，翌乙巳我奏舞，至于丙午
　　［雨］。　二告　一

726 正（《合集》40527 正、《英藏》784 正）
　　（1）乙巳［卜］，□，貞奏……
　　（2）四牡。

726 反（《合集》40527 反、《英藏》784 反）
　　……自　龜。

727　（《合集》40528 正、《英藏》1286）
　　［貞帝］示若，今我奏祀。四月。
　　＊《英藏》1286 缺反。

728　（《合集》40530、《英藏》1231）
　　丁亥卜，爭，貞今來乙巳萊。　三
　　＊他辭皆爲僞刻。

729　（《合集》40532、《旅》283）
　　（1）　王入。
　　（2）……牛萊……乙。

730　（《合集》40534、《英藏》1189）
　　□子卜，［貞］萊［伊］尹□牛，㞢□牛。
　　＊有綴合。

731　（《合集》40538、《小林》16）
　　……翌甲……衣至［于］……亡巷。
　　＊有綴合。

732　（《合集》40539、《英藏》1294）
　　貞不其衣。［八］月。

733　（《合集》40541、《英藏》1293）
　　……□人罟十卣，卯三十牛。九月。

734　（《合集》40542、《上博》2426・452）
　　［貞］……三十……卯［三十］……［羌］
　　……

735　（《合集》40545、《合補》6089）

　　貞……卯……弜……

　　＊有綴合。

736　（《合集》40546、《北珍》332）

　　戊寅卜，貞饮十豕于……

737　（《合集》40547、《英藏》2180）

　　□子卜……酒風……箙一牛……

738　（《合集》40550、《英藏》1288）

　　（1）……屮曰千森，王𩨙于之八犬、八豕。

　　（2）……［三］羊、青四，卯于東方析，三牛、
　　　　　三羊、青三……

739　（《合集》40551、《合集》19794）

　　癸丑卜，□，貞伐……　三月。

740　（《合集》40554、《英藏》1871）

　　（1）□□卜……今日……［丁］家……戊
　　　　　……𩨙豕……龍。

　　（2）……庚……

741 正（《合集》13865）

　　（1）己未卜，貞婥囚凡屮疾。

　　（2）貞屮于□庚三十小宰。　二

741 反（《合集》40556 反、《日彙》258）

　　（1）王固［曰］：吉。

　　（2）王固……

　　＊《合集》40556 缺正。經比對，《合集》
　　　13865 應爲 40556 之正。

742　（《合集》40557、《英藏》754）

　　……南單……不吉。

743　（《合集》40558、《小林》33）

　　（1）［重］丁吉。

　　（2）……吉。［雀］……

　　（3）……𩨙□……

744　（《合集》40559、《英藏》2033）

　　甲申卜［卜］，貞多尹言曰：允隹又心吉。

745　（《合集》40562、《上博》2426・922）

　　貞矢……于丁……［弗］若。八月。

746　（《合集》40563、《英藏》1617）

　　（1）□□卜，殼，［貞］王夢……［不］
　　　　　隹屮不若。

　　（2）乙［卯］卜，殼，貞勿出……子……

747 正（《合集》40564、《續補》5・95・1 正）

　　（1）貞［亡］若。

　　（2）……囚。

　　＊有綴合。

747 反（《續補》5・95・1 反）

　　……入百。

　　＊《合集》40564 缺反。

　　　有綴合。

748　（《合集》40565、《英藏》1549）

　　（1）……其如若。　一

　　（2）……［囚］。

749　（《合集》40566、《合集》16407）

　　……凡若。　不玄冥

750　（《合集》40567、《英藏》70）

　　貞［祖］□若王……

751　（《合集》40568、《美藏》604）

　　（1）□在若。

　　（2）［貞］……［王］……

　　　　　小告

752　（《合集》40571、《英藏》339）

　　（1）貞尞于西，弗仔。

　　（2）貞令行，若。

　　（3）尞于□父。

(4) ……自……

753 正（《合集》40573、《冬》470 正）
……其凷囚。

753 反（《冬》470 反）
……五……
＊《合集》40573 缺反。

754 正（《合集》40574 正、《英藏》1610 正）
貞［正］玉其凷囚。一月。

754 反（《合集》40574 反、《英藏》1610 反）
……曰：其凷囚，自……

755 （《合集》40575、《史購》92）
(1) 乙酉……
(2) 今夕凷囚。 四

756 （《合集》40576、《合集》16521）
(1) 乙卯卜，貞今夕亡囚。 一 二
(2) 乙卯卜，貞今夕其凷囚。 一 二 玄
(3) 壬囗［卜］,貞今［夕］亡［囚］。 一 二
(4) 壬……夕…… 二
(5) 癸…… 二

757 （《合集》40577、《冬》323）
貞亡囚。

758 （《合集》40583、《英藏》2238）
(1) 貞亡囚。十二月。
(2) 貞……［饗］……

759 （《合集》40587、《合集》16602）
乙丑卜，貞今夕亡囚。

760 （《合集》40588、《合集》16603）
乙丑卜，貞今夕亡囚。

761 （《合集》40590、《合集》26436）
癸未卜，貞今夕亡囚。八月。

762 （《合集》40595、《英藏》1074）
貞丝［雨］不［隹囚］。

763 （《合集》40597、《英藏》1588）
(1) 癸丑卜，爭，貞旬亡［囚］。
(2) 癸亥卜，爭，貞旬亡囚。二月。
(3) 癸未卜，爭，貞旬亡囚。
(4) 癸巳卜，爭，貞旬亡囚。
(5) 癸卯卜，爭，貞旬亡囚。
(6) 癸亥卜，爭，貞旬亡囚。
(7) 癸酉卜，爭，貞旬亡囚。
(8) 癸巳卜，貞旬亡囚。
(9) ……［亡］囚。

764 （《合集》40598、《史購》56）
癸亥［卜］，㰝，貞旬亡囚。七［月］。

765 （《合集》40599、《英藏》1595）
(1) ……［旬］……
(2) 癸未卜，貞［旬］亡囚。
(3) 癸丑卜，史，貞旬亡囚。七月。
(4) 癸亥卜，貞旬亡囚。
(5) 癸酉卜，貞旬亡囚。八月。

766 （《合集》40600、《合集》26717）
［癸］卯［卜］，貞旬亡囚。十三月

767 （《合集》40603、《上博》2426・1469）
癸酉卜，貞旬亡囚。

768 （《合集》40604、《英藏》1586）
(1) 癸酉卜，爭，貞旬亡［囚］。 三
(2) 癸丑卜，爭，貞旬亡囚。 一

769 （《合集》40605、《英藏》634）
(1) 癸未卜，宁，貞旬亡囚。三日乙酉凷
來［艱］，妻乎［告］旁［戈］。 二
(2) 癸囗卜……旬［亡囚］。 二

770 正 (《合集》40606 正、《合集》16810 正)

　　(1) □□卜，[殼]，貞[旬]亡囚。

　　(2) 癸未卜，殼，貞旬[亡]囚。　　三

770 反 (《合集》40606 反、《合集》16820 反)

　　王固曰：其㞢……

771 　　(《合集》40607、《合集》16853)

　　癸巳卜，貞旬亡囚。

772 正 (《合集》40608、《旅》733 正)

　　(1) 癸巳卜，貞旬亡[囚]。

　　(2) 癸卯。

　　(3) [癸]丑□。

772 反 (《旅博》733 反)

　　(1) 王固曰：㞢[其]……

　　(2) ……吉……[來]艱。

　　＊《合集》40608 缺反。

　　　　有綴合。

773 　　(《合集》40609、《英藏》1582)

　　(1) 癸卯卜，殼，貞今夕亡囚。

　　(2) 癸丑卜，殼，貞今夕亡[囚]。　　二

774 正 (《合集》40610 正、《英藏》886 正)

　　(1) 癸酉卜，貞旬亡囚。　　二

　　(2) 癸未卜，爭，貞旬亡囚。王固曰：㞢
　　　　希。三日乙酉夕㞢丙戌允㞢來入齒。
　　　　十三月。　　二

　　(3) 癸[卯卜，貞旬]亡[囚]。　　二

　　(4) 癸丑卜，貞旬亡囚。　　二

　　(5) 癸亥卜，貞旬亡囚。　　二

774 反 (《合集》40610 反、《英藏》886 反)

　　王固[曰]：㞢希。七日己未㞢庚申月㞢
　　[食]。

775 　　(《合集》40611、《美藏》568)

　　貞王㞢老。

776 　　(《合集》40612、《冬》479)

……[祖]……老王。

777 　　(《合集》40613、《英藏》1561)

……貞㞢……𡆥[隹]……老。　　一

778 　　(《合集》40614、《小林》9)

　　(1) 癸酉……𠃬……老我。

　　(2) ……弗……老企（𠃬）。

779 　　(《合集》40616、《美藏》569)

　　(1) 不老。

　　(2) ……[老]。

780 正 (《合集》40617、《英藏》1229 正)

　　(1) 勿告于丁。　　一

　　(2) 貞弗老。　　二　三

　　(3) ……未，于……牛……□。　　一

780 反 (《英藏》1229 反)

　　辛巳……

　　＊《合集》40617 缺反。

781 　　(《合集》40618、《上博》2426·586)

　　貞其死。

782 　　(《合集》40620、《美藏》617)

　　其死。

783 　　(《合集》40621、《瑞》4)

……[杞]侯棋……死……

784 　　(《合集》40622、《英藏》417)

　　□[丑卜]，[亘]，貞㘏嬬[妃]不死。

785 　　(《合集》40623、《英藏》1576)

　　(1) 戊辰卜，王……死。九月。

　　(2) ……征……

786 　　(《合集》40624、《英藏》1569)

　　(1) ……[允]隹蠱。

(2) ……［隹］……［若］。

787　（《合集》40626、《合集》7978）
　　　　灵亡災。　二

788 正（《合集》40629、《英藏》491 正）
　　　　［貞］王囚龍。
788 反（《英藏》491 反）
　　　　王固［曰］……
　　　　＊《合集》40629 缺反。

789 正（《合集》40630、《懷特》484 正）
　　　　□□［卜］,［爭］,貞不其龍。十二月。　二
789 反（《懷特》484 反）
　　　　……我……
　　　　＊《合集》40630 缺反。

790　（《合集》40631、《英藏》1570）
　　　　……之龍。

791 正上（《合集》40632 正（上部）、《英藏》501 正）
　　　　癸……王……曰……
791 反上（《合集》40632（上部）反、《英藏》501 反）
　　　　貞……多……王……
791 正下（《合集》40632 正（下部）、《英藏》484 正）
　　　　［乙未］卜,爭,貞……［射］,王固［曰］
　　　　……莽若丝……□申出殷……
791 反下（《合集》40632 反（下部）、《英藏》484 反）
　　　　貞……供……射……［王］固［曰］……
　　　　＊《英藏》501 是《合集》40632 的上部;
　　　　《英藏》484 是《合集》40632 的下部。

792　（《合集》40633、《英藏》718）
　　　　甲辰［卜］,□,［貞］今䓕蘆［不］昌。

793 正（《合集》40638、《英藏》1616 正）
　　　　□□卜,［殷］,貞王……夢妾……出曰出
　　　　冊隹囚。　一
793 反（《英藏》1616 反）

(1)［王］出……事。
(2) ……六十……
(3) ……爭。（甲橋刻辭）
＊《合集》40638 缺反。

794　（《合集》40639、《英藏》1260）
　　　　□寅卜,王……夢帚……出曰……

795　（《合集》40641、《英藏》1657）
　　　　……不䄕。

796　（《合集》40643、《英藏》600）
　　　　王値中方……
　　　　二告
　　　　＊他辭爲僞刻。

797 正（《合集》40644 正 + 41066 正、《英藏》
　　　2032 正）
　　　　(1) ……卜,兄,貞……
　　　　(2) ……卜,出,貞……
　　　　＊其餘爲僞刻。
797 反（《合集》40644 反 + 41066 反、《英藏補》
　　　2000+2032 反）
　　　　辛丑乞自喦二十屯。小臣［聞］……
　　　　＊《合集》40644 正不全,且全爲僞刻,《英
　　　藏》2032 正不全;《合集》41066 正、《英
　　　藏》2032 正有二辭爲真,其餘爲僞刻。《合
　　　集》40644 缺反。

798　（《合集》40646、《英藏》1439）
　　　　……［子］……　三　四　五　小告

799　（《合集》40648 正、《合集》17357）
　　　　貞王由䇂䇂。　小告　二　小告　　三
　　　小告
　　　　＊《合集》17357 缺反。

800　（《合集》40654、《合補》5178）
　　　　二告　不玄冥　二告　不玄冥　不玄冥

801　　（《合集》40655、《小林》8）
　　　　三　三告　不玄冥　一　□告　七

802 正（《合集》40656、《合集》3778 正）
　　　　［戊］午卜，亘，貞……屮……　四　不
　　　玄冥　［五］　六　七　［八］　九　十
802 反（《合集》3778 反）
　　　　（1）戊寅……
　　　　（2）□寅［帚］……
　　　＊《合集》40656 缺反。

803 正（《合集》40662、《英藏》640 正）
　　　　王固曰：其屮來……
803 反（《英藏》640 反）
　　　　□……貞［王］……
　　　＊《合集》40662 缺反。

804　　（《合集》40664、《合集》17734）
　　　　［王］固曰：其……

805 正（《合集》40666 正、《英藏》481 正）
　　　　屮自南。　二
805 反（《合集》40666 反、《英藏》481 反）
　　　　王固曰：其屮□。

806　　（《合集》40667、《合集》17742）
　　　　［貞］……固……

807　　（《合集》40668、《合集》17738）
　　　　□□［卜］,［殻］……［王固］曰……［不］
　　　……
　　　　一

808 正（《合集》6383 正）
　　　　□酉卜，［殻］,［貞］土方……
808 反（《合集》40669 反、《合集》6383 反）
　　　　［王］固曰……
　　　＊《合集》40669 缺正。

809 正（《合集》40672 正、《北圖》2661 正）
　　　　……示□九月。
809 反（《合集》40672 反、《北圖》2661 反）
　　　　……殼……　一

810 正（《合集》40675 正、《旅》289 正）
　　　　丙寅卜，方，貞……
810 反（《合集》40675 反、《旅》289 反）
　　　　……［乞］四十。小龠。

811 臼（《合集》40678、《合集》9415）
　　　　……旬［示□］屯。［小殼］。

812 臼（《合集》40680 臼、《英藏》425 臼）
　　　　爱示四屯。方。
　　　＊《合集》40680 正面辭全爲僞刻,《英藏》
　　　未拓。

813 臼（《合集》40682 臼、《英藏》431 臼）
　　　　己卯雫［示］三屯。
　　　＊《合集》40682 正面辭全爲僞刻,《英藏》
　　　未拓。

814 正（《合集》17517 正）
　　　　癸卯［卜］,貞［旬］……二月。　二
814 臼（《合集》40684 臼、《合集》17517 臼）
　　　　辛丑帚喜示四屯。
　　　＊《合集》40684 缺正,《合集》17517 應
　　　與其爲同片。
　　　　有綴合。

815 臼（《合集》40687 臼、《英藏》426 臼）
　　　　壬申邑示三屯。小殼。
　　　＊《合集》40687 正面辭全爲僞刻,《英藏》
　　　426 正未拓。

816 臼（《合集》40688 臼、《英藏》427 臼）
　　　　壬申邑示一屯。籤。
　　　＊《合集》40688 正面辭全爲僞刻,《英藏》

427 正未拓。

817 （《合集》40689、《英藏》432）
(1) 王固曰：吉。
(2) 邑示四［屯］。

818 （《合集》40690、《合集》9444）
新☒三十屯。

819 臼（《合集》40692、《合集》17580）
吿示十屯㞢一。吿

820 正（《上博》2426・303 正）
貞祚［告］疾于祖［辛］。正。
820 反（《合集》40693、《上博》2426・303 反）
［邑］示三十［屯］。
＊《合集》40693 缺正。

821 臼（《合集》40694、《輔仁》9）
示五。

822 （《合集》40697、《英藏》1643）
……乎……九百。

823 （《合集》40698、《英藏》1642）
……五百……

824 反（《合集》40699、《北圖》3644 反）
……三十六……
＊《北圖》3644 正面有字，缺拓。

825 （《合集》40700、《美藏》620）
……［王］五……［仔］……

826 （《合集》40703、《北圖》3890）
……翌……税……

827 （《合集》40708、《美藏》629）
敗。　一

828 （《合集》40711、《英藏》1714）
……亞……燕……

829 （《合集》40712、《北圖》3691）
□□卜，貞……硕［亡］……

830 正（《合集》40717、《英藏》359 正）
(1) 貞……不……
(2) ……王☒……
830 反（《英藏》359 反）
□未卜……
＊《合集》40717 缺反。

831 （《合集》40724、《北珍》2544）
貞亡其从［雨］。

832 （《合集》40728、《北圖》3198）
(1) 壬午卜，吼隹……
(2) 壬午卜，吼不隹……自……

833 （《合集》40730、《合補》10258）
□申卜，□，貞酉于……合八……

834 （《合集》40732、《北圖》3771）
乙……筧……☒……

835 （《合集》40733、《英藏》755）
(1) 甲……
(2) 貞叔不其氏女。

836 （《合集》40734、《英藏》335）
丁丑卜……衒供……

837 （《合集》40736、《掇三》779）
貞……血……☒……
＊有綴合。

838 正（《合集》40737 正、《英藏》361 正）
箕湄……二☒……　小告　一

358

＊他辭爲僞刻。

838 反（《合集》40737 反、《英藏》361 反）
宰。
＊《合集》40737 反不全。

839 （《合集》40738、《英藏》504）
(1) 貞……醫王……
(2) 余……

840 （《合集》40741、《北圖》3430）
虎身。

841 （《合集》40744、《美藏》599）
萑。

842 （《合集》40748、《英藏》1399）
貞……梵……

843 （《合集》40749、《美藏》636）
杜。 三

844 （《合集》40750、《上博》2426・625）
庚□［卜］，貞……霍……夕……

845 正（《合集》40751、《合集》18514 正）
……刺……

845 反（《合集》18514 反）
＊反字不清
《合集》40751 缺反。

846 （《合集》40752、《英藏》1792）
……彳其凡。 一 二告

847 （《合集》40755、《史購》155）
……［艅］……

848 （《合集》40757、《英藏》393）
不其网旬。

849 （《合集》40758、《英藏》1805）
……王……貯……寅……［貯］……

850 （《合集》40759、《英藏》1364）
貞其尋，魚。

851 （《合集》40760、《英藏》1612）
……甗［凸］……

852 （《合集》40762、《英藏》136）
□□［卜］，［殼］，貞……子甗……

853 （《合集》40763、《英藏》416）
(1) 貞鼏（鼐）。
(2) ……允［隻］。

854 （《合集》40764、《英藏》751）
貞勿于壴力。

855 （《合集》40765、《英藏》406）
貞勿［乎］介卒……

856 （《合集》40766、《北圖》3754）
壬……家……

857 （《合集》40767、《史購》176）
……寵……

858 （《合集》40768、《合集》11455）
□［未］卜……坓……隹……

859 （《合集》40769、《美藏》589）
……貞……申……羽……

860 （《合集》40770、《北珍》2367）
(1) ……雪。五［月］。
(2) 貞勿令。
(3) 勿。

861　（《合集》40773、《英藏》1694）
……［墮］……［㞢希］……

862　（《合集》40775、《美藏》619）
□□［卜］，［亘］，貞……冐……

863　（《合集》40776、《英藏》1783）
……曰庚寅……令钔冐左……从而。

864　（《合集》40779、《合集》13470）
（1）貞……霋……　三
（2）……勿……丁。六月。

865　（《合集》40780、《英藏》1076）
（1）癸□［卜］，㱿，［貞］……亡□。
（2）戊［戌］……［雨］。
（3）□□卜，□，［貞］……壬子夕雹。

866　（《合集》40783、《英藏》1014）
（1）辛丑卜，癸雨。　二告　一
（2）戊。　二告　一
（3）乙……
（4）辛……
（5）……㚇……

867　（《合集 40784、《英藏》320）
不其氏老。　一

868　（《合集》40786、《合集》31928）
……亡葡……卒。

869 正（《合集》40790、《合集》4955 正）
乎…………　二

869 反（《合集》4955 反）
壬……
＊《合集》40790 缺反。

8700　（《合集》40791、《英藏》1128）
（1）□辰［卜，貞］［囚］凡㞢［疾］。
（2）貞……弗［其囚凡㞢疾］。

871　（《合集》40793、《合集》7224）
□申卜，［貞］徝，若。　一

872 正（《合集》40794、《英藏》712 正）
貞不其徝。

872 反（《英藏》712 反）
入自……
＊《合集》40794 缺反。

873　（《合集》40795、《英藏》713）
不其徝。　一

874　（《合集》40797、《上博》2426・267）
王弜中……
＊有綴合。

875　（《合集》40799、《合集》21181）
己亥卜，王，貞不羨……□……

876　（《合集》40803、南博拓 1150）
……今夕［寧］……

877　（《合集》40809、《北圖》3334）
□戌卜，□，貞今來……王，甲……

878　（《合集》40810、《英藏》1681）
……來見……
□告

879　（《合集》40813、《上博》2426・1335）
……曰黄……

880 正（南博拓 1744 正）
㞢。

880 反（《合集》40814 反、南博拓 1745 反）
……册……
＊《合集》40814 缺正。

881　（《合集》40815、《英藏》1781）
　　（1）乙卯［卜］，王，貞令囚取𣅷。一
　　　　月。　一
　　（2）乙卯［卜］，王，貞□勿隹［令］囚
　　　　取𣅷。乎囚出目。
　　（3）……貞……
　　（4）丁卯卜，王，貞囚不余□。　一

882　（《合集》40816、《英藏》1782）
　　（1）庚辰［卜］，王，貞𡥏弗其囚……
　　（2）戊申卜，王，叀毘即于員。
　　（3）……貞……

883　（《合集》40817、《英藏》1867）
　　（1）甲午卜，王，貞我出值，于大乙酒。翌
　　　　乙未。
　　（2）……［六］月。

884　（《合集》40818、《英藏》1784）
　　（1）甲午卜，王爰中。六月。
　　（2）甲午……民……
　　（3）戊午卜，王，貞余竝立事，鼎宁𦋑見
　　　　奠［印］。六月。
　　（4）戊戌卜，王，貞乙其雨。六月。
　　（5）……雨。

885　（《合集》40820、《英藏》1779）
　　（1）丙寅……今夕虎不其𡆤。𡆤執……
　　（2）……［用］……九月。

886　（《合集》40821、《英藏》1780）
　　（1）丁巳卜，王乎𢀛虎。
　　（2）□未卜，王□亦𢀛……𢀛。

887　（《合集》40823、《英藏》1794）
　　辛亥卜，王，余出其令。

888　（《合集》40824、《英藏》1236）
　　□亥卜，王，［貞］于示壬……一牢……

𦥑……

889　（《合集》40825、《英藏》1813）
　　（1）戊午卜，王𤎅不亦譱。　二
　　（2）［戊］午卜，王𤎅［其］亦譱。　一
　　（3）辛酉卜，𡥏。
　　（4）𡥏。　二
　　（5）弗敦𢆶。
　　（6）出南庚。

890　（《合集》40827、《英藏》1764）
　　（1）……犬母已用。九月。
　　（2）……［卯］……

891　（《合集》40828、《合集》20005）
　　甲寅［卜］，□，貞……母……𣥏……旬
　　……

892　（《合集》40829、《英藏》1766）
　　（1）□□卜，王……兄戊……
　　（2）……由犬兄戊。

893　（《合集》40830、《英藏》1767）
　　（1）戊午卜，王，貞勿卯子犀，余弗其
　　　　子。　一　二
　　（2）癸亥卜，自，叀小宰兄甲。
　　（3）萑……于……
　　（4）子契叀牛。二月用。　一
　　＊有綴合。

894　（《合集》40831、《英藏》1758）
　　（1）……庚寅……冬攸……青……二日。
　　（2）……王翌……中丁三……
　　（3）丁亥……　二

895　（《合集》40832、《合集》20075）
　　己卯卜，王，貞鼓其取宋伯歪。鼓囚叶朕
　　事，宋伯歪从鼓。二月。
　　＊《合集》40832不全。

896　(《合集》40835、《美藏》638）

庚戌卜，自，貞勿自□圍□方曰：吉。

897　(《合集》40836、《合集》21084）

甲辰卜，自，帝于東。九月。

898　(《合集》40838、《合集》19999）

(1) □午卜，王，㞢□……［白］豕。

(2) 乙卯［卜］，自，［貞］……庚……帚
……

899　(《合集》40839、《合集》20478）

(1) 丁亥卜，扶，方至。　一

(2) 丁亥卜，扶，余令曰：方其至。　一

900　(《合集》40840、《上博》2426·274）

辛酉卜，扶，又祖乙十五［牢］。

901　(《合集》40841、《美藏》663）

壬辰卜，扶，圍弜彈……

902　(《合集》40842、《美藏》644）

(1) 貞……　二

(2) □申卜，勺……匚……

903　(《合集》40844、《冬》591）

(1) 戊□［卜］，勺……

(2) □□卜，扶……戊……即。

904　(《合集》40846、《英藏》1821）

(1) ……亡囚。

(2) 𠂤入。（右尾甲刻辭）

905　(《合集》40847、《英藏》1776）

(1) 戊戌……叶……廼……于……

(2) ……□叶……僕……門……　一

906　(《合集》40849、《合補》8733）

祖庚。

907　(《合集》40850、《史購》6）

癸巳卜，㞢丁祖。

908　(《合集》40852、《英藏》1763）

(1) 帚鼠㞢妣庚羊豕。　一

(2) 癸未卜，帚鼠。　一

(3) 㞢妣己青豕。　一

909　(《合集》40853、《英藏》1765）

癸未卜，帚鼠㞢母庚青。

910 正　(《合集》40854 正、《英藏》174 正）

(1) 己卯［卜］，内，貞□己帚鼠不［其］來。

(2) 戊不雨。

910 反　(《合集》40854 反、《英藏》174 反）

帚鼠隹庚辰來。

911　(《合集》40856、《英藏》1770）

(1) 钔帚㞢子于子𣥘。

(2) ……不……

＊有綴合。

912　(《合集》40857、《冬》6）

貞子𢀸亡疾。十□月。

913　(《合集》40858、《英藏》1762）

(1) 丁亥卜，自，㞢父戊宙□犬。

(2) 丁巳卜，［自］，方三子。

914　(《合集》40859、《英藏》1787）

……妣庚……玫［至］……卅，邕卅……

915　(《合集》40860、《史購》140）

……庚……羊……豕……

916　(《合集》40861、《英藏》1841）

(1) 己丑。

(2) 重狝。

917　(《合集》40864、《天理》308）
(1) 于癸未出至雀自。
(2) 于甲申出至雀自。
(3) 甲午卜，雨。今日……

918　(《合集》40865、《懷特》1496）
(1) 庚寅又雀。
(2) 戊子卜，余……雨不。庚大攺。　二
(3) 大攺，不雨。庚……己其雨。余曰：
　　庚寅其雨。翌日……　一
(4) 大攺。三日庚寅其攺。　二

919　(《合集》40866、《美藏》1）
(1) 戊寅卜，燮。
(2) 戊寅卜，巫又伐。　一
(3) 于己卯雨。　一
(4) 今夕雨。　一
(5) 己卯卜，尞豕四雲。　一
(6) 于岳尞豕。　一
(7) 癸未卜，雨。　一
(8) 岳娈尞。　一
(9) 丙戌卜，丁亥雨。　一
(10) 丙戌卜，戊子雨。　一
(11) 戊子卜，至庚寅雨。　一
(12) 于辛卯雨。　一
(13) 庚寅不雨，辛卯雨。　一
(14) 癸未卜，甲雨。　一
(15) 不雨。　一
(16) 甲子。乙丑。丙寅。丁卯。戊辰。
　　己巳。（本条爲習刻）
＊《合集》40866 不全。
　有綴合。

920　(《合集》40867、《英藏》1771）
(1) 癸亥［卜］，乙丑用侯屯。　三（"亥"
　　字缺刻横畫）
(2) 壬……乙……用……　三
＊有綴合。

921　(《合集》40873、《英藏》1900）
(1) 丁卯，子卜，弔歸。
(2) 丁卯，子卜。
(3) 丁卯，子卜，……［東］臣分……歸。
＊他辭爲偏刻。

922　(《合集》40874、《上博》2426・327）
(1) 乙亥子卜，丁征于我章。
(2) □□［卜］，□，貞……事。

923　(《合集》40876、《英藏》1907）
(1) □辰，子卜……酒小宰……一，豕司
　　……
(2) 丙［子］……　一

924　(《合集》40877、《英藏》1906）
(1) 丁未，子卜，重今日帛豕，菁。
(2) 帛豕，菁。

925　(《合集》40879、《英藏》1903）
(1) 庚寅余卜，貞人……又……
(2) 不歸。
(3) 癸巳余卜，弗牵
(4) 印弗牵。
(5) □酉余卜□牵
＊有綴合。

926　(《合集》40881、《英藏》1899）
庚□卜，我，貞今日我有事。

927　(《合集》40882、《上博》2426・1168）
□□卜，彻，貞［今］夕我又［事］。
＊有綴合。

928　(《合集》40883、《英藏》1897）
辛巳卜，彻，貞亡乍口……

929　(《合集》40885、《英藏》1909）
□□卜，彻，貞……亡囚……

363

930　（《合集》40886、《英藏》1893）
　　（1）己丑卜，𩁹，卟司妣甲。　一
　　（2）己丑〔卜〕……卟……

931　（《合集》40887、《上博》2426・961）
　　□丑卜，𩁹，□庚我又事。

932　（《合集》40888、《英藏》1822）
　　（1）乙酉卜，竹又𣦻，允……
　　（2）□□卜，田……𠃱鹿。

933　（《合集》40890、《英藏》1914）
　　（1）癸卯，貞旬亡𡆥。
　　（2）癸丑，貞旬亡𡆥。
　　（3）癸亥，貞旬亡𡆥。
　　（4）〔癸〕酉，貞旬亡𡆥。
　　＊有綴合。

934　（《合集》40891、《英藏》1913）
　　（1）貞。
　　（2）戊□〔卜〕，貞〔今夕□〕𡆥。
　　（3）□□卜，貞今夕亡𡆥。
　　（4）戊戌卜，今有𡆥。
　　（5）□□〔卜〕，貞今夕亡𡆥。
　　（6）癸未卜，貞笑子不死。
　　（7）……夕□𡆥。
　　（8）戊申。
　　（9）□□〔卜〕，貞今夕亡𡆥。
　　（10）丁未卜，今……
　　＊有綴合。

935　（《合集》40892、《英藏》1850）
　　（1）己丑〔卜〕，庚寅易日……戾〔雨〕
　　　　……
　　（2）不易日。
　　（3）□□卜……雨……乙未……

936　（《合集》40893、《英藏》1892）
　　（1）□巳，子卜……至羊𥝢妣己窀歲。

（2）癸……

937　（《合集》40894、《英藏》1789）
　　丙子卜，貞雀……旬又五日𢀛喜。

938　（《合集》40896、《英藏》1777）
　　辛巳卜，弜𢀴宋歪戍徝果若。

939　（《合集》40897、《英藏》1921）
　　戊戌……我，牛于川𠬪……

940　（《合集》40902、《上博》2426・427）
　　（1）□不其隻。
　　（2）□□卜，〔射〕……

941　（《合集》40903、《英藏》1911）
　　（1）庚辰卜，貞壴亡〔若〕。　二
　　（2）庚……　一
　　＊有綴合。

942　（《合集》40905、《英藏》1827）
　　壬……征……〔隻〕……兕三。

943　（《合集》40906、《英藏》1795）
　　〔癸〕……不……令……𩂣……

944　（《合集》40908《懷特》1350）
　　（1）壬午卜，貞王其……
　　（2）壬午卜，貞王其……
　　（3）壬午卜。
　　（4）牢……
　　（5）牢𣎵告麋。
　　（6）牢𣎵告麋。
　　（7）牢𣎵告麋。
　　（8）……麋。
　　（9）雨……
　　（10）在利東。
　　（11）在利。
　　（12）在利東。

(13) 在利東。

＊蔡哲茂先生云：以上刻辭大概都是習刻。

945 （《合集》40909、《英藏》1866）

(1) ……鼓……甫……朱……

(2) ……□□……

946 （《合集》40912、《英藏》1972）

(1) 乙巳㞢于母辛宰㞢一牛。十月。

(2) □卯㞢于母辛三宰箙一牛，羌［十］……□月。

(3) ……龔㓝先酒翌……歲。十月。

＊《合集》40912 不全。

947 （《合集》40913、《合集》26971）

(1)……幸□……其……用。 在三［月］。

(2) ……又……

948 （《合集》40914、《英藏》1977）

(1) 乙巳卜，出，貞其钔王血五牛，瞢五羌。□五。 一

(2) 貞令叶伯［于］敦。 二

949 （《合集》40916、《英藏》1946）

……于毓祖乙……又羌十。 二

950 （《合集》40917、《旅》1507）

□□［卜］，旅，貞……其又羌。在二月。

951 （《合集》40918、《英藏》1973）

(1) 癸丑卜，□，貞母癸其又［羌］。

(2)［癸］丑卜，□，貞母癸□，［王］其室。

952 （《合集》40919、南博拓 799）

貞……羗……

953 （《合集》40920、《英藏》2417）

□申，貞吳來……人其用替［于］……

954 （《合集》40921、《英藏》2502）

(1) □□卜，貞王室……劦自上甲至于［多］毓亡尤。［在］六月。隹［王］□［祀］。

(2) □卯卜，貞王室自報丙至于多［毓］衣亡尤。在□［月］。

955 （《合集》40924、《英藏》1998）

庚辰卜，旅，貞□不既［骍］其亦□［桒］其斫旁于上甲。

956 （《合集》40926、《英藏》1924）

(1) 壬午卜，中，貞曰其豼。九月。

(2) 丁亥卜，大，貞卜曰㞢氿□歲自上甲，王乞……

(3) 辛亥卜，大，貞王其［又］妣……纘豼……

957 （《合集》40927、《英藏》1925）

乙酉卜，□，貞翌丁［亥］木來［人］……其□［自］……上甲又［歲］……人其……

958 （《合集》40928、《愛什》25）

(1) 癸［巳卜，王］貞旬［亡囚］，甲［午］……在…… 一

(2) 癸卯卜，王，貞旬亡囚，甲辰芮征祭于上甲。 一

(3) 癸［丑卜］，王，［貞旬亡］囚……壴上甲。

959 （《合集》40929、《美藏》656）

(1) 癸□［卜］，□，貞今……

(2) 甲申卜，吳，貞今夕亡囚。

(3) 乙酉卜，吳，貞今夕亡囚。

(4) □□卜，中［貞］……甫上甲……用。

＊有綴合。

960 （《合集》40930、《史購》203）

乙丑卜，尹，貞王室報乙翌亡尤。

961 （《合集》40931+40932、《英藏》1928）
　　(1) 甲〔申卜〕，□，貞〔王窝叙亡尤〕。
　　(2) 乙酉卜，行，貞王窝報乙彡亡尤。在
　　　　十一月。
　　(3) 乙酉卜，行，貞王窝叙亡尤。
　　(4) 丙戌卜，行，貞王窝報丙彡亡尤。在
　　　　十一月。
　　(5) □□卜，行，〔貞王〕窝……尤。

962 （《合集》40933、《英藏》1929）
　　(1) 丙□〔卜〕，□，貞□……報丙……
　　　　尤。　一
　　(2) ……尹……上甲……

963 （《合集》40935、《旅》1339）
　　乙未〔卜〕，□，貞王窝唐……不蕱……

964 （《合集》40936、《合集》25864）
　　□子卜，貞王窝大乙亡尤。　一

965 （《合集》40937、《美藏》645）
　　(1) 癸〔未卜〕，〔王〕貞旬〔亡囚〕。在
　　　　四月……酒……
　　(2) 癸巳卜，王，貞旬亡囚。在四月蕱示
　　　　癸彡，乙未……
　　(3) 癸卯卜，王，貞旬亡囚，在五月甲辰
　　　　彡大甲。　一
　　(4) 癸丑卜，王，貞旬亡囚，在五月甲寅
　　　　彡小甲。
　　(5) □□〔卜〕，□，貞……〔五月〕。

966 （《合集》40939、《英藏》1933）
　　(1) 丙子卜，行。貞翌丁丑翌于大丁，不
　　　　蕱雨，在三月。
　　(2) 貞其雨，在三月。
　　(3) □□卜，行，〔貞〕……乙亥……大乙，
　　　　不……〔在〕三月。　二
　　(4) ……貞　一

967 （《合集》40940、南博拓62）
　　□卜，貞……大丁……翌……

968 （《合集》40941、《英藏》1934）
　　(1) 乙酉……王曰……　（塗朱）
　　(2) 癸巳〔卜〕，王曰貞……甲午……㞢
　　　　大甲……壴。在……　一

969 （《合集》40942、《旅》1464）
　　(1) 甲子卜，𡆥，貞王窝……
　　(2) 甲申卜，𡆥，貞〔王〕窝大甲亡〔壴〕。
　　(3) ……𡆥……

970 （《合集》40943、《英藏》1938）
　　(1) 甲申……貞王……小甲祭……
　　(2) ……□……

971 （《合集》40946、《美藏》673）
　　(1) ……尤。　二
　　(2) 丙寅卜，貞王窝中丁彡夕亡囚。
　　(3) 貞亡〔囚〕。

972 （《合集》40948、《英藏》1965）
　　(1) 壬申卜，〔旅〕，貞王窝妣壬魯亡尤。
　　　　在八月。
　　(2) □□卜，□，貞王〔窝〕……魯〔亡尤〕。

973 （《合集》40949、《旅》1770）
　　(1) 辛亥〔卜〕，□，貞王〔窝〕卜壬戠。
　　(2) 辛亥〔卜〕，□，貞……枫。
　　(3) ……〔王〕宗……用。

974 （《合集》40950、《美藏》671）
　　(1) 〔辛〕□〔卜〕，〔貞〕……
　　(2) 甲〔辰〕卜，行，貞王窝示壬魯亡尤。
　　(3) □辰卜，行，貞王窝叙亡尤。在十月。

975 （《合集》40951、《小林》11）
　　(1) 甲……貞……叙……

(2) 甲……貞……

(3) 乙巳卜，行，貞王窞祖乙歲三宰羍小
乙歲三宰亡尤。

(4) □巳卜，行，[貞] 王窞……亡尤。

976　（《合集》40952、《合補》6981）

(1) 乙巳 [卜]，□，貞王 [窞] 祖乙歲 [亡]
尤。　一

(2) □□ [卜]，即，[貞王] 窞叙 [亡尤]。

977　（《合集》40953、《美藏》679）

(1) 辛□ [卜]，旅，[貞] □窞□□叙
□□。

(2) □□ [卜]，旅，[貞] □窞祖乙
□□□。

978　（《合集》40954、《合集》25980）

貞祖乙 [歲] ……[囗] 母……　二

979　（《合集》40955、《史購》196）

(1) 貞在祖乙。六月。

(2) □寅卜，即，[貞] 翌己卯……牝。（拓
片干支缺"戊"字，摹本有）

980　（《合集》40957、《英藏》2041）

(1) □未卜，旅，貞王其田于□，[往]
來亡災。在二月。

(2) 乙酉卜，旅，貞王其田于□，往來亡災，
在一月之乙酉彡于祖乙又…… [丁]
……

*此片甲骨上(1)辭缺刻田獵地名和"往"
字,(2)辭缺刻之田獵地名,用"□"示之。

981　（《合集》40959、《英藏》1940）

(1) 辛卯卜，大，貞王窞祖辛歲亡尤。

(2) [壬] 辰卜，大，[貞] 王窞 [日] 亡尤。

982　（《合集》40960、《上博》2426・619）

……王……[祖辛] 歲亡 [尤]。　一

983　（《合集》40961、《英藏》1942）

(1) 辛酉……貞王……辛……祖……戠
……亡 [尤]。　一

(2) ……[亡] ……

984　（《合集》40963、《北圖》2789）

□□ [卜]，[貞王賓] ……羌甲祭，[亡] 尤。

985　（《合集》40964、《合集》23023）

(1) 乙丑 [卜]，□，貞王 [窞] 羌甲彡叙
[亡尤]。　一

(2) ……叙亡 [尤]。

986　（《合集》40969、《上博》2426・479）

[辛]未卜，即，貞王窞小辛彡亡尤。在正月。

987　（《合集》40970、《美藏》647）

(1) 貞馭。

(2) 辛卯卜，行，貞王窞母辛歲宰亡尤。

(3) 乙未卜，行，貞王窞小乙歲宰亡尤。

(4) □□卜，行，[貞王] 窞…… [亡] 尤。

988　（《合集》40971、《合補》8627）

(1) 甲 [午卜]，貞……

(2) 貞亡尤。在正月。

(3) 甲戌卜，行，貞王 [窞] 小乙彡夕，乙 [亡
囗]。　二

(4) ……亡尤……征……

989　（《合集》40973、《英藏》1957）

(1) 貞勿隹……

(2) 癸巳王令。

(3) 甲辰。

(4) 丁未。

(5) 貞弗帛王，古巫。

(6) 貞告于父丁。

(7) 己卯。

990　（《合集》40975、《英藏》1953）

(1) ［丙］午卜，旅，［貞］翌丁未父丁禦歲其犁。　一

(2) □□卜，旅，［貞］……丁未父丁禦歲其牡。在十月。

991　（《合集》40977、《英藏》1958）
　　于父丁歲其［牛］。　一

992　（《合集》40978、《北珍》370）
　　……［王窋］父丁歲［亡］尤。六［月］。

993　（《合集》40979、《英藏》1955）
　　□寅卜……［貞］翌……父丁歲……

994　（《合集》40981、《英藏》1960）
(1) 辛……貞……母辛……亡□。　一
(2) □□［卜］，尹……父丁……尤。

995　（《合集》40982、《英藏》2267）
(1) 宙可用于宗父甲王受又又。
(2) 弜用父甲。
(3) ……入于……于之……柵……

996　（《合集》40983、《合補》7012）
　　□［卯］卜，［尹］，貞王窋祖乙甹妣己翌亡尤。

997　（《合集》40984、《美藏》664）
(1) 庚子卜，大，貞其又□于妣庚……
(2) □□［卜］，大，［貞］□［歲］□□□。七月。

998　（《合集》40986、《英藏》1961）
(1) □□［卜］旅，［貞］翌庚子其又妣庚一牛。八月。
(2) □□［卜］，旅，［貞］妣庚歲［其］牡。八月。　五
(3) ……貞……其……

999　（《合集》40988、《英藏》1963）
　　□巳［卜］，□，貞翌……妣庚召……　一

1000　（《合集》40990、《英藏》1964）
　　己亥卜，□，貞妣庚……其牡。　一

1001　（《合集》40993、《合集》36308）
　　……貞……妣壬翌［日］……尤。（"日"字缺刻橫畫。）

1002　（《合集》40994、《合集》23319）
　　……甹妣壬［翌］亡尤。在□［月］。

1003　（《合集》40995、《英藏》1937）
(1) 壬戌卜，行，貞王窋叔亡［尤］。　一
(2) 壬戌卜……貞王……
(3) 癸酉卜，行，貞王窋中丁甹妣癸翌日亡尤。在九月。
(4) 癸酉卜，行，貞王窋……亡尤。［在］四月。

1004 正　（《合集》40997、《英藏》110 正）
(1) 于母己。
(2) 勿……丁……

1004 反　（《英藏》110 反）
　　……雨……
　　＊《合集》40997 缺反。

1005　（《合集》40998、《英藏》1969）
(1) 丁未。
(2) 辛亥。
(3) 丁未卜。
(4) 貞陟于丁用。
(5) 貞福告卩于母辛。
(6) 辛酉。
(7) 貞其㞢㞢。

1006　（《合集》40999、《英藏》1971）
(1) 丙□［卜］，□，貞……母辛……丙

……

(2) □□卜，大，[貞] ……甲寅……邑
……青……

1007　(《合集》41000、《英藏》1974)
　　□巳卜，大，[貞] 其酘于小母。
　　＊有綴合。

1008　(《合集》41001、南博拓 173)
　　…… [豕] 兄戊。

1009　(《合集》41004、《旅》1356)
　　(1) 辛丑卜，旅，貞王宨兄庚……叔 [亡
　　　　尤]。
　　(2) ……亡 [尤]。
　　(《旅博》1356 拓本爲貞人“旅”，《合集》
　　41004 摹作“行”，誤)

1010　(《合集》41005、《英藏》1976)
　　(1) 壬辰卜，大，貞翌己亥屮于三兄。
　　　　十二月。
　　(2) 貞不隹屮示。
　　(3) 癸巳。
　　(4) 丁酉。
　　(5) 庚子。

1011　(《合集》41007、《旅》1357)
　　□寅卜……兄庚……

1012　(《合集》41008、《英藏》142)
　　(1) □子卜，貞翌丁……不……
　　(2) □□卜，[出]，貞……子 [凶] ……
　　＊《英藏》142 不全。

1013　(《合集》41009、《英藏》2107)
　　[貞] 盅子 [歲，王] 其宨。

1014　(《合集》41010、《合集》23550)
　　(1) 己酉 [卜]，□，貞其……中子……

亡尤。

(2) □□ [卜]，行，[貞] ……□月。
＊有綴合。

1015　(《合集》41011、《英藏》1978)
　　(1) 甲申卜，出，貞令多史罕方。　二
　　(2) ……工……
　　(3) 癸卯卜，□，令藋 [伯] ……
　　(4) 辛亥卜，出，貞令藋伯于𢦏。
　　(5) ……罍……中

1016　(《合集》41017、《美藏》650)
　　□□卜，中，[貞] ……易。十月。

1017　(《合集》41018、《英藏》1995)
　　己亥卜，大，貞乎般尿屮衒。

1018　(《合集》41019、《史購》209)
　　(1) 乙未王令 [大] ……征。十一月。
　　(2) ……貞……

1019　(《合集》41020、《英藏》1994)
　　庚午卜，出，貞王美曰：氏先宁齊。氏
　　…… 一

1020　(《合集》41021、《英藏》1996)
　　(1) 甲子卜，出，貞𢆶屮氏 [Ⴍ] 于寝歸。
　　(2) 貞衣𡴀 [若]，亡左。

1021　(《合集》41023、《英藏》1948)
　　(1) [丁] 亥卜，兄，貞翌辛卯屮于……
　　(2) 癸巳卜，兄，貞丁，辛吉，永于竝。
　　(3) 癸巳卜，兄，貞二示希王遣 [竝]。
　　(4) 癸巳卜，兄，貞竝來歸，隹屮于
　　　　……
　　(5) 丁酉卜，貞子弗疾，屮 [祒] ……
　　(6) 庚子卜，貞其屮于五毓宰。
　　　　二告　二　三

1022　(《合集》41024、《英藏》1989)
　　□□卜，出，[貞] ……令方……从王在
　　……

1023　(《合集》41025、《北圖》4030)
　　庚寅 [卜]，□，貞王……小劳……

1024　(《合集》41026、《上博》2426・701)
　　□□ [卜]，出，[貞] ……乙……告
　　……吖……

1025　(《合集》41027、《英藏》1923)
　　(1) 癸丑卜，王曰貞，翌甲寅乞酒，魯
　　　　自上甲，衣至于毓，余一人亡田，丝
　　　　一品祀，在九月蕁示癸賣豕。
　　(2) ……祀……弗……墜。

1026　(《合集》41028、《史購》222)
　　(1) 癸未卜，王 [曰] 貞，翌甲申……乞
　　　　ϒ……自上甲至……余一 [人亡老]。
　　(2) ……余一人亡 [老]。
　　＊有綴合。

1027　(《合集》41029、《美藏》583)
　　□寅卜，□，貞余……燕…… [暮] ……

1028　(《合集》41031、《英藏》2026)
　　壬午卜，大，[貞] ……王出……

1029　(《合集》41032、《英藏》2025)
　　乙巳卜，尹，貞王出 [亡田]。

1030　(《合集》41034、《小林》12)
　　(1) 貞 [亡] 尤。
　　(2) 辛酉卜，尹，貞王出亡 [尤]。
　　(3) 貞亡尤。在六月。

1031　(《合集》41035、《英藏》2239)
　　(1) 貞 [亡] 尤。

　　(2) 丙寅卜，即，貞王出亡田。
　　(3) 貞亡尤。
　　(4) [丙] 寅卜，即，[貞王] 窟夕□亡田。

1032 正　(《合集》41036 正、《英藏》2043 正)
　　(1) 辛酉卜，出，貞王其往于 [田] 亡
　　　　災。　一
　　(2) □□ [卜]，出，[貞] ……于……
　　　　亡災。

1032 反　(《合集》41036 反、《英藏》2043 反)
　　……召……
　　＊《合集》41036 反不全。

1033　(《合集》41037、《北圖》3490)
　　己卯卜，宁，貞王步……

1034　(《合集》41041、《英藏》2001)
　　(1) 甲子卜，王。
　　(2) 甲子卜，王。
　　(3) 甲子卜，王。
　　(4) 甲子 [卜]，[王]。

1035　(《合集》41043、《史購》192 ＋ 193)
　　(1) 丁丑卜，[王]。
　　(2) 丁丑卜，王。

1036　(《合集》41045、《合補》8482)
　　(1) 乙未卜，王。在九月。
　　(2) □未卜……

1037　(《合集》41048、《英藏》2011)
　　(1) 丙……在□月。
　　(2) 伊卜。　二
　　(3) 丙申卜，王。
　　(4) 丙申卜，王。
　　(5) [丙] 申卜，王。

1038　(《合集》41053、《英藏》2014)
　　(1) 乙巳卜，[王]。　二

(2) 乙巳卜，王。　　三

(3) 乙巳卜，王。

(4) □□卜，王。

1039 正（《合集》41059 正、《英藏》1861 正）

(1) □□卜，王……耑……十二月。

(2) ……［戊］……

＊他辭爲偏刻。

1039 反（《合集》41059 反、《英藏》1861 反）

……豕用。

＊《合集》41059 反不全。

1040　（《合集》41060、《英藏》2200）

(1) 己丑王卜。

(2) 己丑卜，［即］，貞卜若隹［其］……

1041　（《合集》41061、《愛什》96）

(1) 乙未王卜，夨征。

(2) □□卜……□……

1042　（《合集》41068、《英藏》2035）

(1) 壬寅卜，即，貞今日亡來艱。

(2) ……貞……

(3) ……日……雨。

1043　（《合集》41070、《英藏》2038）

壬［子卜］，中，貞……亡［來］艱。

1044　（《合集》41071、《合集》24253）

乙丑卜，王，在自允卜。

1045　（《合集》41072、《愛什》67）

(1) 甲子卜，中，貞帚奠示奠。

(2) □□［卜］，中，［貞］……

1046　（《合集》41074、《英藏》2111）

(1) □□［卜]，出，［貞］……歲［受］年。

(2) ……人……

1047　（《合集》41075、《英藏》2042）

(1) 戊……貞……災……

(2) 戊辰卜，尹，貞王其田亡災。在正月，在危卜。

(3) □□卜……［王］其步……［巹］亡［災］。

＊有綴合。

1048　（《合集》41077、《美藏》649）

……王其……亡災……于大……　　二

1049　（《合集》41078、《合集》24468）

辛卯［卜］，□，［貞］王其田于□亡災。

1050　（《合集》41079、《合補》7258）

癸酉卜，□，貞王其田亡災。

1051　（《合集》41080、《合集》24485）

(1) 庚午卜，出，貞王其田亡［災］。

(2) 辛未卜，□，貞王其……

1052　（《合集》41083、《英藏》1966）

乙□［卜］，□，貞［妣］□其牡……

1053　（《合集》41086、《英藏》2047）

(1) 貞五牢。

(2) 貞……

1054　（《合集》41087、《合集》11359）

□□卜，貞……宰。五月。

1055　（《合集》41088、《英藏》2090）

(1) ……于出□……

(2) ……室于宰。

(3) ……［宰］一牛。

(4) ……［大］示。九月。

＊有綴合。

1056　（《合集》41089、《小林》20）

□卯卜……在三月。

1057　(《合集》41091、《英藏》2083)
　　(1)［丁］卯卜，出，貞今日夕出雨。［于］
　　　　血室牛，不用。九月。　一
　　(2)……貞……

1058　(《合集》41092、《合集》24694)
　　貞其雨。在七月。

1059　(《合集》41095、《英藏》2071)
　　(1)乙亥卜，出，貞今日不雨。
　　(2)……雨。

1060　(《合集》41097、《合集》12112)
　　庚戌［卜］，□，貞今夕□雨□。

1061　(《合集》41099、《上博》2426·718)
　　貞今夕不雨。

1062　(《合集》41101、《上博》2426·805)
　　貞今夕不雨。

1063　(《合集》41102、《合集》12072)
　　貞今［夕］其雨。

1064　(《合集》41103、《英藏》2075)
　　(1)壬申卜，□，貞翌癸酉不雨。
　　(2)……今夕其雨。
　　(3)甲申卜，出，貞今夕亡囚。　一

1065　(《合集》41104、《小林》17)
　　貞今［夕］不其雨。

1066　(《合集》41106、《美藏》681)
　　(1)貞雨。　二
　　(2)……夕□囚。　一

1067　(《合集》41107、《英藏》1077)

……罘雨。七月在□。

1068　(《合集》41109、《美藏》669)
　　(1)貞从日。
　　(2)［壬］……

1069　(《合集》41110、《冬》55)
　　貞其又……

1070　(《合集》41112、《英藏》2177)
　　丁卯卜，出，貞其出于血室，氏今丁夕
　　酒。　一(“室”字所從“至”字倒刻)
　　＊《英藏》2177不全。

1071　(《合集》41113、《英藏》2050)
　　己亥卜，出，貞自今五歲［王］其出
　　……

1072　(《合集》41116、《史購》201)
　　(1)貞……叔……在……
　　(2)壬寅卜，尹，貞王窜……亡［尤］。

1073　(《合集》41118、《合集》22828)
　　(1)戊申［卜］，□，貞王窜大戊秦五牛
　　　　□盅亡尤。在十月。
　　(2)……卜……［王］……
　　＊有綴合。

1074　(《合集》41119、《英藏》1997)
　　［辛］亥卜……𝄞不既……亦秦……［酒］
　　……

1075　(《合集》41120、《英藏》2100)
　　□寅卜，豕，［貞］王窜……彡亡尤。

1076　(《合集》41124、《慶應》10)
　　辛巳卜，行，貞王窜崴叔，亡尤。

1077　(《合集》41125、《美藏》674)

(1) 甲寅［卜］,□,貞翌……乞酒……
歲其又㞢。

(2) □□卜,［即］,［貞王］窟……歲亡
［尤］。

＊有綴合。

1078 (《合集》41126、《合集》25149)
(1) □□［卜］,旅,貞王窟歲罪歲亡尤。
在二月。

(2) ……歲……亡尤。在□月。

1079 (《合集》41127、《美藏》670)
(1) 甲午［卜］,□,貞□王［窟］叙
…… 一

(2) □［子］卜,旅,［貞］王窟歲宰
［亡］尤。

1080 (《合集》41128、《美藏》660)
(1) 己丑［卜］,貞王［窟］叙亡［尤］。

(2) □□卜,旅,［貞王］窟……歲亡尤。

1081 (《合集》41130、《旅》1490)
壬午卜,［旅］,貞季［歲］王其窟。

1082 (《合集》41131、《合集》25150)
(1) 庚寅卜,旅,貞王窟姙歲亡尤。七月。

(2) □□［卜］,旅,［貞］……

1083 (《合集》41133、《合集》23424)
□□卜,旅,［貞］……［姙辛］歲㠡
……一牛。

1084 (《合集》41134、《合補》7497)
(1) 甲寅［卜］,□,貞王［窟］□亡［尤］。

(2) □丑卜,□,貞其□于姙……十三月。

1085 (《合集》41135、《英藏》2110)
(1) □□［卜］,旅,［貞］……丁卯
……襛歲。在七月。

(2) ……弓歲……牛。七月。

1086 (《合集》41136、《英藏》2109)
(1) 貞弓歲酒。十三月。 二

(2) ……［歲］……

1087 (《合集》41137、《英藏》2169)
己丑卜,出,貞征［歲］□［庚□］宰。

1088 (《合集》41140、《旅》1491)
□□卜, 即,［貞］子歲,□□四月。

1089 (《合集》41142、《慶應》9)
……又歲……

1090 (《合集》41145、《英藏》1954)
(1) ［戊］寅卜,旅,［貞］王窟□亡囝。

(2) 戊寅卜,旅,貞王窟叙,亡尤。 一

(3) 戊寅卜,□,貞王［窟］父丁㞢,［亡］
尤。在正［月］。 一

＊有綴合。

1091 (《合集》41146、《旅》1431)
丙申卜,□,貞王窟□叙亡［尤］。

1092 (《合集》41147、《合集》25271)
庚申卜,尹,貞王王窟叙亡尤。

1093 (《合集》41150、《美藏》654)
(1) 丁卯［卜］,□,貞［王窟］叙亡［尤］。

(2) □子卜,宁,貞王窟叙亡尤。

1094 (《合集》41151、《北珍》573)
貞王窟叙亡尤。

1095 (《合集》41153、《合集》25326)
(1) ［貞］……辛……亡［尤］。

(2) □［戊］卜,涿,［貞］王窟叙亡尤。

(3) ……亡尤。

＊有綴合。

1096　(《合集》41155、**南博拓** 604)
　　□酉卜，貞［王］窋叔［亡］尤。

1097　(《合集》41157、《合集》25372)
　　□子卜，大，［貞］……其叔……宙羊。

1098　(《合集》41158、《英藏》2091)
　　(1) 癸亥卜，［大］，貞出［于］丁十宰。
　　(2) 貞［勿］尞［歲］用。七月。

1099　(《合集》41159、《上博》2426・1050)
　　辛亥［卜］，［貞］王窋……尞亡［尤］。

1100　(《合集》41161、《英藏》2179)
　　(1) 癸亥。
　　(2) 甲子。
　　(3) 乙丑。
　　(4) 丙戌。
　　(5) 戊子。
　　(6) 戊子卜，出，貞羞🔣十人。八月。　　三
　　(7) 貞于來丁酉酒大事易日。八月。　　三
　　(8) 貞其出不若。　　三

1101　(《合集》41162、《美藏》655)
　　壬午卜，🔣，貞□其登于［妣］癸。

1102　(《合集》41163、《愛什》47)
　　(1) 貞［亡］□。
　　(2) 辛丑卜，［行］，貞王窋枫福亡囚。
　　(3) 貞亡尤。
　　(4) □［寅］卜，行，［貞］王窋戠亡囚。
　　＊有綴合。

1103　(《合集》41164、**南博拓** 447)
　　丁酉卜，貞王窋枫福亡［囚］。

1104　(《合集》41165、《合補》8155)

(1) 貞亡尤。　　二
(2) 乙巳卜，貞王窋枫福亡囚。　　一

1105　(《合集》41166、《愛什》46)
　　□□［卜］，貞王窋枫福［亡囚］。
　　＊《愛什》46 不全。

1106　(《合集》41167、《北珍》265)
　　□□卜，🔣，貞［王窋］窋枫福［亡囚］。

1107　(《合集》41169、《英藏》2127)
　　(1) 庚午卜，出，貞王窋夕福……
　　(2) 貞亡囚。四月。

1108　(《合集》41170、《愛什》118)
　　(1) 乙□［卜］，□，貞□□□［雨］。　　一
　　(2) 貞其雨。　　二
　　(3) 丁亥卜，行，貞今日不雨。　　二
　　(4) 貞其雨。
　　(5) 庚午卜，行，貞王窋夕福亡囚。　　二
　　(6) 貞亡尤。
　　＊《合集》41170 不全。

1109　(《合集》41172、《美藏》666)
　　(1) 癸卯卜，□，貞王［窋］夕福……
　　(2) 貞亡尤。［在］□月。

1110　(《合集》41173、《英藏》2124)
　　(1) 癸丑卜，行，貞王窋夕福亡囚。
　　(2) 貞亡尤。
　　(3) □□［卜］，行，［貞王］窋□福。
　　　　……在十月。

1111　(《合集》41175、《殷拾》9.2)
　　(1) ……窋夕福亡尤。
　　(2) ……窋［夕］福［亡］尤。八月。

1112　(《合集》41176、《小林》13)
　　(1) 丙……貞……出……囚。

(2) □□卜，喜，[貞王] 窎□福 [亡] 囷。

1113　(《合集》41182、《美藏》612)
癸巳[卜]，□，貞王[窎夕]福亡[尤]。　二

1114　(《合集》41183、《旅》443)
甲戌……伐……福……

1115　(《合集》41184、《英藏》2082)
(1) 己 [丑] 卜，戋，貞其福告于大室。
(2) ……其……
＊有綴合。

1116　(《合集》41187、《旅》1458)
甲寅 [卜]，□，貞王窎祭亡 [囷]。

1117　(《合集》41188、《美藏》661)
(1) 乙卯 [卜]，旅，貞 [王] 窎祭亡囷。
(2) □□ [卜]，旅，[貞王] 窎□ [亡] 囷。

1118　(《合集》41189、《合集》25649)
(1) □□卜，□，[貞] 王窎祖□祭叙亡
　　尤。　二
(2) 貞亡尤。

1119　(《合集》41191、《小林》15)
(1) ……貞……
(2) ……窎……魯……

1120　(《合集》41192、《英藏》1959)
丙 [午卜]，旅，貞……召于父 [丁]。

1121　(《合集》41193、《愛什》43)
(1) 庚□ [卜]，□，貞 [勿] ……召
　　……
(2) 貞弜。五月。
(3) 庚戌卜，即，貞召于□牡。
＊有綴合。

1122　(《合集》41194、《上博》2426.678)
甲申卜，□，貞翌乙□召于 [庚] ……　一

1123　(《合集》41195、《合集》26026)
……口宙王犬又召。五月。　一

1124　(《合集》41196、《英藏》2184)
癸□ [卜]，□，貞翌……父丁于……衣
亡 [尤]。七月。("丁" 字缺刻橫畫)

1125　(《合集》41197、《愛什》55)
(1) 戊辰 [卜]，旅，貞□出亡 [囷]。
(2) 貞亡尤。十一月。
(3) 戊寅卜，旅，貞王窎彀亡囷。
(4) …… [亡] □。
＊《合集》41197 不全。

1126　(《合集》41198、《英藏》2141)
(1) 貞□尤。
(2) 戊戌卜，旅，貞今夕亡囷。
(3) 戊申卜，旅，貞王窎彀亡囷。
(4) 貞亡尤。
(5) □申卜，旅，[貞] 今夕 [亡] 囷。

1127　(《合集》41199、《北珍》388)
(1) 丁巳卜，旅，貞王窎彀亡囷。
(2) ……尤。

1128　(《合集》41203、《美藏》657)
(1) 戊 [午卜]，□，貞 [王] □□亡 [囷]。
(2) 戊午卜，尹，貞王窎彀亡囷。
(3) 貞亡尤。三月。

1129　(《合集》41204、《英藏》2144)
(1) 丁酉卜，喜，貞王窎彀亡囷。
(2) □□卜，喜，貞……出……

1130　(《合集》41205、《美藏》667)
(1) 戊子卜，[行]，貞王 [窎] 彀 [亡] 囷。

(2) 貞亡尤。　二

1131　(《合集》41207、《愛什》58)
(1) 丙辰卜，□，貞□王窜□龠□尤。
(2) □□［卜］，尹，［貞］□［窜］□
　　龠□尤。

1132　(《合集》41208、**南博拓**663)
□亥卜，［貞］王窜□□魯亡［尤］。在
十一月。

1133　(《合集》41209、《英藏》2161)
□□［卜］，行，貞王［窜］……［卯］
十宰。在□［月］。
＊有綴合。

1134　(《合集》41210、**南博拓**563)
乙未卜，□，貞王窜［睿甲］……

1135　(《合集》41211、《美藏》665)
(1) 庚子王……
(2) □丑［卜］，大，［貞王］窜……

1136　(《合集》41213、《慶應》6)
□□［卜］，行，［貞王］窜……。

1137　(《合集》41214、《英藏》2347)
貞其先帝甲又告其弘二牛。　二　三

1138　(《合集》41215、《英藏》2174)
□□［卜］，出，貞翌□亥酒報于□丁。
十月。

1139　(《合集》41217、《英藏》2166)
□□卜，出，貞報亡尤。九月。

1140　(《合集》41220、《北珍》1202)
(1) 癸巳卜，王，貞旬亡囚。
(2) ［囚］。

1141　(《合集》41221、《英藏》2222)
(1) 癸巳［卜］，□，貞旬亡［囚］。
(2) 癸卯卜，王，貞旬亡囚。
(3) 癸丑卜，王，貞旬亡囚。
(4) □□卜，王，［貞旬亡］囚。

1142　(《合集》41224、《英藏》2223)
(1) ……□月。　二
(2) 癸未［王］卜，貞旬亡囚。　二月。
(3) 癸巳王卜，貞旬亡囚。　□月。
(4) □［卯］王［卜］，［貞］……

1143　(《合集》41225、《英藏》2228)
(1) 癸酉卜，出，貞旬亡囚。　二
(2) 癸酉［卜］，出，貞［旬］亡［囚］。
(3) 癸卯卜，出，貞旬亡囚。
(4) 癸丑卜，出，貞旬亡囚。　二
(5) 癸丑卜，出，貞旬亡囚。　二
(6) 癸□［卜］，出，［貞旬］亡囚。

1144　(《合集》41227、《英藏》2185)
□□［卜］，大，［貞］幼亡囚。二月。

1145　(《合集》41228、《上博》17647・403)
癸酉卜，出，貞旬屮……其。在六［月］。

1146　(《合集》41231、《合集》26606)
癸□卜，出，貞旬亡囚。三月。
＊《合集》41231 不全。
　　有綴合。

1147　(《合集》41233、《英藏》2235)
(1) 癸未卜，兄，貞旬［亡］囚。　二
(2) 癸巳卜，兄，貞旬亡囚。三月。　二
(3) 癸酉卜，貞旬亡囚。
(4) 癸酉卜，兄，貞旬亡囚。二
(5) 癸未卜，出，貞旬亡囚。四月。二
(6) ［癸］□［卜］，□，［貞旬亡囚］。
＊有綴合。

1148　(《合集》41238、《合集》26674)
(1) 癸丑 [卜]，□，貞旬 [亡囚]。
(2) 癸亥卜，彘，貞旬亡囚。

1149　(《合集》41239、《愛什》104)
(1) 癸未卜，行，貞旬亡囚。在九月。
(2) 癸巳卜，行，貞旬亡囚。在九月。
(3) 癸卯卜，行，貞旬亡囚。在十一月。
(4) [癸丑卜]，行，[貞旬] 亡囚。[在]
　　十一月。
＊《愛什》104 不全。

1150　(《合集》41240、《愛什》103)
(1) 癸 [未卜]，□，貞 [旬亡] 囚。
(2) 癸巳卜，行，貞旬亡囚。在七月。

1151　(《合集》41243、《愛什》105)
(1) 癸巳卜，□，貞旬 [亡] 囚。在□□月。
(2) 癸□卜，行，貞旬亡囚。在十一月。
(3) 癸□卜，行，貞旬亡囚。在十一月。
(4) 癸酉卜,行,[貞]旬亡[囚]。在十一月。
(5) 癸亥卜，行，貞旬亡囚。在十一月。
＊《合集》41243 不全。

1152　(《合集》41246、《愛什》102)
(1) 癸□ [卜]，□，貞 [旬亡囚]。在
　　□ [月]。　一
(2) 癸丑卜，𠬝，貞旬亡囚,在七月。　一

1153　(《合集》41247、《美藏》672)
癸丑 [卜]，□，貞旬 [亡囚]。在四月。
　　　三　　　三

1154　(《合集》41249、《合補》7334)
(1) 辛未卜，中，貞今日辛未至于翌乙
　　亥亡囚。王曰：吉。十二月。
(2) 乙亥王卜，中征。

1155　(《合集》41250、《明後》2098)

(1) 丙……貞……亡 [囚]。
(2) 乙丑卜，彘，貞今夕亡囚。十月。

1156　(《合集》41251、《愛什》106)
(1) 辛□ [卜]，彘，[貞今] 夕 [亡囚]。
(2) 壬寅卜，彘，貞今夕亡囚。四月。
(3) 癸卯卜，彘，貞今夕亡囚。四月。
(4) □□ [卜]，彘，[貞今夕亡囚]。

1157　(《合集》41252、《上博》2426・672)
庚戌 [卜]，出，貞今夕亡 [囚]。

1158　(《合集》41253、《合集》26227 甲)
(1) 己卯 [卜]，□，貞 [今夕] 亡 [囚]。
(2) 庚辰卜，行，貞今夕亡囚。
(3) 辛巳卜，行，貞今夕亡囚。

1159　(《合集》41254、《合集》26399)
(1) 癸卯卜，喜，貞今夕亡囚。在八月。
(2) 甲辰卜，喜，貞今夕亡囚。在八月。
(3) □□卜，彘，[貞今] 夕亡囚。

1160　(《合集》41255、《愛什》108)
(1) 癸□ [卜]，□，貞 [今] □□□。
(2) 甲戌卜，行，貞今夕亡囚。
(3) 乙亥卜，行，貞今夕亡囚。
(4) 丙子卜，行，貞今夕亡囚。在九月。

1161　(《合集》41256、《合補》8248)
(1) 丁未卜,□,貞今 [夕亡] 囚。在 [五
　　月]。
(2) ……貞今 [夕亡] 囚。在五月。
＊《合補》8248 不全，據《合集》
41256 有 4 條卜辭，現移錄于下,供參考：
(1) 丙午卜，行，貞今夕亡囚。在五月。
(2) 丁未卜，行，貞, 今夕亡囚。在五月。
(3) □□ [卜]，□，貞……囚。
(4) □□ [卜]，行，[貞] 今夕亡囚。
　　在五月。

1162 (《合集》41257、《北珍》1179）
　　(1) 甲子卜，［行］，貞今［夕］亡囚。
　　(2) □□卜，行，［貞］今夕［亡］囚。
　　　　　在□月。

1163 (《合集》41258、《旅》1637）
　　(1) 庚申［卜］，□，貞……
　　(2) 辛酉卜，尹，貞今夕亡囚。
　　(3) 癸亥卜，尹，貞今夕亡囚。

1164 (《合集》41259、《英藏》2207）
　　(1) 己亥卜，尹，貞今夕亡囚。七月。
　　(2) 戊子卜，尹，貞今夕亡囚。
　　(3) 辛［丑卜］，［尹］，貞今夕亡囚。
　　(4) 壬寅卜，尹，貞今夕亡囚。在七月。
　　(5) 癸卯卜，尹，貞今夕亡囚。
　　(6) □□卜，尹，［貞今夕亡］囚。
　　＊《合集》41259 不全。

1165 (《合集》41260、《北珍》1177）
　　(1) □寅卜，尹，貞今夕亡囚。在十月。
　　(2) ……囚。

1166 (《合集》41261、《北珍》1176）
　　□丑卜，尹，［貞］今夕［亡］囚。　一

1167 (《合集》41264、《史購》194）
　　(1) 乙酉［卜］，□，貞今［夕］亡［囚］。
　　(2) □寅卜，旅，［貞］今夕［亡囚］。

1168 (《合集》41265、《旅》1644）
　　(1) □□［卜］，旅，貞亡尤。
　　(2) □□卜，□，［貞今］夕亡囚。("貞"
　　　　字缺刻橫畫）

1169 (《合集》41268、《慶應》2）
　　癸亥［卜］，貞今夕亡囚。四月。

1170 (《合集》41269、南博拓 1126）
　　癸卯卜，□，貞今夕亡囚。　一

1171 (《合集》41270、《合補》7958）
　　(1) 癸□［卜］，貞［今］夕［亡囚］。
　　(2) 貞亡尤。

1172 (《合集》41271、《史購》191）
　　(1) □巳卜，矣，［貞］今夕［迺言王］。
　　(2) 貞今……王皿……　一
　　＊《史購》191 不全。

1173 (《合集》41272、《美藏》651）
　　(1) 己未卜，王，今夕亡尤。
　　(2) □□［卜］，王，貞今……尤。

1174 (《合集》41275、《小林》18）
　　……亡尤。三月。

1175 (《合集》41277、《合集》26152）
　　(1) 貞……
　　(2) 貞亡尤。在八月。
　　(3) □□卜，尹，［貞］……出……囚。

1176 (《合集》41278、《歷》1385）
　　(1) 貞……
　　(2) 貞亡尤。七月。

1177 (《合集》41280、《合補》7976）
　　貞亡尤。

1178 (《合集》41281、《合集》24985）
　　(1) 貞……鬼……　一
　　(2) 貞……吉……　一

1179 (《合集》41282、《英藏》2197）
　　……㞢吉。在六月。

1180 (《合集》41284、《合集》25004）
　　㞢鬼。

1181　(《合集》41286、《史購》190)
(1) 辛巳〔卜，㞢〕，貞今……
(2) 辛巳卜，㞢，貞宙峕。
(3) □□卜……

1182　(《合集》41287、《合集》23017)
(1) 貞……自……八月。
(2) 貞弜征。八月。
(3) ……〔祖乙〕……
＊有綴合。

1183　(《合集》41288、《英藏》2171)
貞弜征。九月。

1184　(《合集》41289、《英藏》2172)
貞弜征。

1185　(《合集》41290、《合集》24647)
貞毋……在十一月。　一

1186　(《合集》41293、《英藏》2257)
……龛……磔……

1187　(《合集》41294、《合集》26785)
□戊〔卜〕，出，〔貞〕……己……龛
……

1188　(《合集》41295、《美藏》613)
貞……玊……

1189　(《合集》41303、《英藏》2466)
(1) 甲申卜，不征雨。
(2) 庚申〔卜〕，貞……　三
(3) 丁未卜，酒圐伐百羌□□。　三
(4) 丁未，貞曰□□在囜。
(5) 癸丑夕卜，奞日出酒圐羌。　三
(6) 癸丑卜，弜奞酒圐羌。
(7) □亥……

1190　(《合集》41304、《英藏》2351)
(1) 弜又。
(2) 其又羞，王受又。
(3) 十五人。

1191　(《合集》41306、《史購》268)
其五十人。

1192　(《合集》41308、《英藏》2336)
(1) 于翌日旦大雨。
(2) ……𠂤 (祦) 伐不大雨。

1193　(《合集》41312、《英藏》2259)
(1) 自……祖乙。
(2) 自大乙王受又又。
＊有綴合。

1194　(《合集》41313、《合集》27141)
……大乙重……

1195　(《合集》41315、《合集》19842)
(1) □〔寅〕……用……死……辛。
(2) 貞……豕……祖乙……

1196　(《合集》41316、《愛什》181)
□寅，貞祖辛日莃……

1197　(《合集》41317、《英藏》2264)
(1) 庚子〔卜〕，□，貞其……卻日……
(2) 庚子卜，貝，貞其料冞。
(3) □□卜，貝，〔貞〕祖丁……之湈。
＊有綴合。

1198　(《合集》41319、《合集》27170)
……旬衣〔莃〕小甲翌……

1199　(《合集》41320、《英藏》2261)
(1) 丁巳。
(2) 自毓祖丁王受又又。

(3) □中宗□□王受又又。
＊此片與《合集》41312可拼合，拼合後释文如下：
(1) 丁巳。
(2) 自毓祖丁王受又。
(3) 自中宗祖乙王受又又。
(4) 自大乙王受又又。
＊有綴合。

1200 （《合集》41322、《英藏》2367）
(1) 甲午卜，貫，貞巳中酒，正。在十月。 二
(2) ……卜……［正］。

1201 （《合集》41323、《英藏》2270）
己巳卜，其又父庚…… 吉

1202 （《合集》41324、《英藏》2268）
壬子卜，父甲杏于湢。 一
＊《英藏》2268他辭爲僞刻。

1203 （《合集》41325、《慶應》7）
己卯卜，父甲杏，勿牛。

1204 （《合集》41326、《上博》2426·685）
戊［寅卜］……父戊……歲亩……

1205 （《合集》41329、《英藏》1912）
戊寅卜，尞白豕卯牛于妣…… 二 二

1206 （《合集》41330、《合集》19899）
□申卜……㇆歲……［乙］妣辛豼。

1207 （《合集》41331、《英藏》2274）
(1) 庚子卜，多母弟罘酉［𧶠］。一
(2) 弜罘酉［𧶠］ 一 吉 一
(3) 亩［玆］……
大吉 一
＊《合集》41331不全，他辭爲僞刻。

1208 （《合集》41334、《詮釋》456）
丙子卜，宁，［貞］王空［妣丙］𡑞占多（𠨑）……
＊《合集》41334摹自《詮釋》456反印在泥上的陽文。

1209 （《合集》41336、《北珍》1618）
□□卜，何，貞……日燕亩……菁雨。

1210 （《合集》41339、《史購》224）
乙亥卜，何，貞王不菁雨。 一

1211 （《合集》41340、《英藏》527）
［辛卯］……入射于𠧪。

1212 （《合集》41341、《合集》27972）
(1) 戍其徲毋歸于之，若，𢦏羌方。
(2) 戍其歸乎䧹王其每。
(3) 其乎戍御羌方于義祖乙𢦏羌方，不喪众。
(4) 于涄帝乎御羌方于之，𢦏。
(5) ……方其大出。
＊《合集》27972不全。

1213 （《合集》41342、《英藏》2526）
(1) 𠦪。 弘吉。
(2) 首。 吉。
(3) 丙戌戍及方于箕。吉

1214 （《合集》41343、《英藏》2284）
甲午卜，貫，貞其于柬。
＊《合集》41343不全。

1215 （《合集》41344、《慶應》5）
……年。

1216 （《合集》41345、《英藏》2325）
……狩，亡𢦏。

1217 (《合集》41346、《英藏》2324）
(1) 王［叀省］……
(2) ……狩……戈。

1218 (《合集》41347、《英藏》2299）
弜射，其每。

1219 (《合集》41348、《英藏》2294）
(1) 叀王射笌鹿亡戈，毕。
(2) 叀馬乎射，毕。
(3) ［王］其至［劈］亡戈。

1220 (《合集》41349、《英藏》2290）
(1) 辛王［其田］劈，毕。
(2) 不毕。
(3) ……王其歔［阝乚］亡戈。

1221 (《合集》41350、《英藏》2295）
……［王］其射匜毘，東逐亡［戈］。

1222 (《合集》41351、《英藏》2289）
(1) ［乙］巳卜，貞王其田羞亡戈，毕鹿
十又五。
(2) 戊寅卜，［貞］王其麗阝乚［亡戈］。

1223 (《合集》41352、《明後》2328）
翌日壬王其［田］……

1224 (《合集》41353、《合補》9146）
［王］其田弗每。

1225 (《合集》41361 部分、《慶應》1）
□□［卜］，［貞］翌日乙王其迲……
弘吉
＊《慶應》1 不全。

1226 (《合集》41363、《輔仁》79）
［翌］日戊王其［迲］……
＊有綴合。

1227 (《合集》41364、《英藏》2316）
(1) 甲申卜，翌日乙王其迲于桵亡戈。
(2) ……于……亡戈。

1228 (《合集》41366、《英藏》2312）
(1) 于［盂］亡戈。
(2) 于宮亡戈。
(3) 翌戊王其迲于向亡戈。
(4) 于噩亡戈。
(5) 于盂亡戈。
(6) 于宮亡戈。

1229 (《合集》41367、《英藏》2315）
(1) 于盂。
(2) 于宮。
(3) 于［盂］。

1230 (《合集》41368、《英藏》2318）
(1) 叀盂田省亡戈。
(2) ［王］田盂［至］劈［亡］戈。

1231 (《合集》41369、《旅》1831）
(1) 王其［田］從□亡戈。
(2) 從盂亡戈。

1232 (《合集》41370、《合補》8992）
［叀］宮田省亡戈。

1233 (《合集》41373、《英藏》2314）
(1) 于宮亡戈。
(2) ……［辛］……
＊有綴合。

1234 (《合集》41376、《史購》241）
從噩亡戈。

1235 (《合集》41381、《合集》28746）
［叀］桵田亡戈。

381

1236　(《合集》40382、《慶應》16）
　　　……［于］向，亡［灾］。

1237　(《合集》41385、《輔仁》75）
　　　(1) 叀羊。
　　　(2) 叀小宰。
　　　(3) 叀牛。
　　　(4) ［叀］大［牢］。

1238　(《合集》41389、《合集》35258）
　　　墨書，字跡不清。

1239　(《合集》41394、《合集》27706）
　　　□□卜，口，［貞］……卯翌……冓［雨］。
　　　五月。

1240　(《合集》41395、《上博》2426·555）
　　　翌日［戊］不雨。

1241　(《合集》41397、《合集》11811）
　　　己丑卜，壬辰雨。

1242　(《合集》41398、《輔仁》50）
　　　(1) 壬雨。
　　　(2) 不雨。

1243　(《合集》41399、《史購》257）
　　　［翌］日辛不雨。

1244　(《合集》41403、《上博》2426·1113）
　　　［今］夕不㱿。

1245　(《合集》41404、《合集》30360）
　　　……于二灵叀……

1246　(《合集》41406、《上博》2426·601）
　　　庚午卜，貞其又□牛。

1247　(《合集》41408、《慶應》17）
　　　弜　至酒，又大雨。

1248　(《合集》41409、《英藏》2364）
　　　(1) ……其又夕歲叀牛，王受［又］。
　　　(2) 牢，王受又。
　　　(3) ……暮歲……又……

1249　(《合集》41411、《英藏》2366）
　　　(1) 庚子。
　　　(2) 弜尞于閈亡雨。
　　　(3) 叀閈尞酒又雨。
　　　(4) 其尞于雪又大雨。
　　　(5) 弜尞亡雨。
　　　(6) 雪罕門舀（皆）酒又雨。

1250　(《合集》41416、《小林》21）
　　　辛酉卜，宁，貞王寇夕……　一

1251　(《合集》41420、《合集》15795）
　　　曾一卤。

1252　(《合集》41421、《慶應》18）
　　　又正，叀羊。
　　　又［正］，叀牢。

1253　(《合集》41422、《英藏》2327）
　　　(1) 于［峯］東伊［田］，又正。
　　　(2) 弜于峯，王其每。
　　　(3) 于鞌，又正。
　　　(4) 弜于。

1254　(《合集》41423、《史購》258）
　　　□□卜，今日㞢日王……

1255　(《合集》41424、《合補》10166）
　　　弜勿。　丝用

1256　(《合集》41425、《合補》10305）
　　　吉　吉　吉　丝用

1257　(《合集》41427、《上博》2426・94）
大吉　丝用

1258　(《合集》41428、《合集》29588）
三牢［王］受［又］。

1259　(《合集》41429、《英藏》2373）
(1) 牢，王受又。　吉
(2) 弦，王受又。

1260　(《合集》41431、《合補》9979）
(1) 癸丑［卜］，［何］，［貞］旬［亡囚］。
(2) 癸丑卜，何，貞旬亡囚。一月。
(3) 癸亥卜，何，貞旬亡囚。一月。
(4) 癸［丑］卜……旬……
＊《合集》41431漏摹“丑”字。

1261　(《合集》41432、《小林》14）
(1) 癸卯……貞旬亡［囚］。
(2) □□［卜］，［喜］，［貞旬亡］囚。

1262　(《合集》41433、《上博》2426・1040）
□□卜，𥄂，［貞］旬亡囚。

1263　(《合集》41434、《旅》1750）
(1) 癸亥卜，叩，貞旬亡囚。
(2) 癸酉［卜］，叩，貞旬［亡囚］。　二
(3) 癸□［卜］，□，貞旬［亡囚］
(4) □□［卜］，叩，［貞］旬亡囚。
＊《合集》41434不全，故據《旅》
1750補（3）（4）辭。
　　　有綴合。

1264　(《合集》41437、《合集》31531）
(1) 丁丑卜，何，貞今夕亡囚。　一　二
　　　二
(2) ……夕□雨。□月　二
＊《合集》41437不全。

1265　(《合集》41439、《史購》225）
庚申卜，彭，貞今夕亡囚。

1266　(《合集》41440、《北珍》1240）
庚寅卜，□，貞今夕亡［囚］。　一

1267　(《合集》41441、《合集》30200）
辛亥卜，𣪊，貞今夕亡囚。

1268　(《合集》41443、《小林》22）
丁酉［卜］，□，貞今［夕亡］囚。　一
＊有綴合。

1269　(《合集》41446、《合集》31860）
貞馭犂。　一
五　　　五

1270　(《合集》41448、《合集》39437）
……艸……尤。　二

1271　(《合集》41451、《北圖》4058）
豚。

1272　(《合集》41455、《上博》2426・269）
(1) 其喪众。　五
(2) ……［喪众］。
＊有綴合。

1273　(《合集》41456、《英藏》2406）
(1) 甲午［卜］其又伐于［毓］祖乙十
　　……
(2) 甲午卜，毓祖乙伐十羌有五。　丝
　　用　一
(3) 五十羌。
(4) 己亥卜，母己歲重牡。

1274　(《合集》41458、《英藏》2404）
(1) ……四，［卯六］羌，在祖乙［宗卜］。
(2) ……豕卯八羌，在大宗卜。

＊《英藏》2404 不全。

　　　有綴合。

1275　（《合集》41459、《英藏》2478）

（1）十牛。

（2）十牛又五。

（3）［癸］巳，貞［二］羌一牛。　　一

1276　（《合集》41460、《合集》32018）

丁亥，貞……來羌……

1277　（《合集》41461、《英藏》2411）

（1）己卯，貞逄來羌，其用于父……

（2）［己］未今日雨。

（3）不雨。

（4）［丙］……ㄑ……

1278　（《合集》41462、《英藏》2455）

（1）又［羌］。

（2）弜又羌。

（3）牛。

1279　（《合集》41463、《英藏》2454）

（1）二牢。

（2）三牢。

（3）五牢。

（4）又羌。

（5）弜又羌。

（6）……小囗。

1280　（《合集》41464、《英藏》2453）

（1）乙亥［卜］，貞又ㄑ伐弜……

（2）……囗㠯羌。

　　＊《英藏》2453 不全。

1281　（《合集》41465、《懷特》1644）

（1）癸亥示先羌入。　　二

（2）示弜先酻羌。　　二

　　　　　二

1282　（《合集》41467、《英藏》2458）

（1）……報于……羌。

（2）……［多寮］……

　　＊有綴合。

1283　（《合集》41468、《英藏》2398）

（1）……貞其又報于［上甲］。

（2）……貞其又報于［上甲］。

（3）……六羊寮……

1284　（《合集》41469、《英藏》6）

……［于］上甲四宰。

1285　（《合集》41470、《合集》32352）

……歲于上甲［丝］……

1286　（《合集》41471、《史購》22）

上甲彡亡［壱］。

1287　（《合集》41472、《史購》15）

貞上甲歲……

　　＊有綴合。

1288　（《合集》41473、《英藏》2260）

（1）癸……其……

（2）牢示。　　丝用

（3）癸亥卜，其示于大乙酒。

（4）……既日。　　用

1289　（《合集》41474、《英藏》2400）

甲戌，貞乙亥［酒］多宁于大乙彡五，卯牛，
祖乙［彡］五，小乙彡三……

1290 正（《合集》41475、《合集》22421 正）

壬子卜，甲寅寮大甲牡、卯牛三。

1290 反（《合集》22421 反）

（1）己卯卜，福三報至戔甲十示。

（2）己卯卜，庚昜日。　　二

（3）……俑……

＊《合集》41475 缺反。

1291　（《合集》41476、《英藏》2401）

(1) 丁丑，貞來甲申先……于大甲彡歲
　　……　丝用

(2) □□卜……歲……牛。

＊有綴合。

1292 上　（《合集》41478 上、《英藏》2409）

(1) □〔申〕卜……子……自……

(2) 其一用父丁。

1292 下　（《合集》41478 下、《英藏》2405）

(1) 三〔牢〕。〔丝用〕

(2) □□卜，其又……〔于〕高祖乙……

(3) ……祖乙……

＊《合集》41478 上下兩段之間不能密合，《英藏》拓本分爲兩片。

1293　（《合集》41479、《美藏》658）

(1) 于高祖乙又彡歲。

(2) 丁巳卜，其又歲于大戊二牢。

1294　（《合集》41480、《合集》32450）

(1) 甲辰卜，重丝卜用。

(2) 甲辰卜，其又歲于高祖乙。

1295　（《合集》41481、《英藏》2403）

(1) 自祖乙告。

(2) 庚……〔其〕……

＊《英藏》2403 他辭爲僞刻。

1296　（《合集》41482、《英藏》2463）

(1) 癸卯卜，羌甲歲一牛。

(2) □牢。〔丝〕用。

1297　（《合集》41483、《史購》250）

□□卜，卯歲……祖丁，王其又……（"卯"字摹本誤摹作"卬"字）

1298　（《合集》41484、《上博》2426・679）

(1) ……祖丁歸……

(2) 用。

1299　（《合集》41485、《英藏》2263）

(1) 虫祖丁庸肜用。又正。

(2) 虫小乙庸用。又正。

1300　（《合集》41486、《美藏》687）

(1) 丙辰……祖丁歲其……

(2) 三卣。

1301　（《合集》41487、《上博》2426・326）

弜召小乙。

＊有綴合。

1302　（《合集》41488、《英藏》2408）

(1) 五□。　丝〔用〕

(2) 祖丁滷又鬯。

(3) ……〔又〕……

1303　（《合集》41490、《英藏》2269）

(1) 其彡召王此受〔又〕。

(2) ……自毓……妣酒。又正。

1304　（《合集》41491、《英藏》2271）

……其萒妣癸妫、妣甲妫，虫……

1305　（《合集》41492、《史購》267）

(1) 钔〔妣〕□。

(2) 钔妣甲。

(3) 钔妣庚。

1306　（《合集》41493、《上博》27610）

(1) 戊寅卜，其又歲于妣己重翌日。

(2) 于來日乙。　一

＊《合集》41493、《上博》27610 各有缺失。

1307　（《合集》41497、《愛什》186）

(1) [癸]……[隹]……

(2) 癸未，貞王令子妻。　三

　　三　　三

＊有綴合。

1308　（《合集》41498、《合集》32774）

乙丑，貞王令子妻重丁卯。　三

＊《合集》41498 不全。

1309　（《合集》41500、《懷特》1650）

(1) 丁卯，貞[王]令章□刚于高。

(2) 丁卯，貞王令鬼畏刚于高。

(3) 丁亥卜，重侯……帚……

1310　（《合集》41502、《史購》31）

[王]重又望乘从受[又]。

1311　（《合集》41503、《英藏》2413）

(1) 辛巳，貞皐吕妻于罔乃奠。

(2) ……从……

1312　（《合集》41504、《英藏》2301）

(1) 重壬皐。

(2) 其執。

(3) [重]……

＊《英藏》2301 不全。

1313　（《合集》41506、《英藏》2496）

(1) 甲寅，貞□……　二　二　二

(2) 己未，貞竝[亡]囧。

(3) 丙寅。　二　二

(4) 丙寅。　二　二

　　二

1314　（《合集》41507、《英藏》312）

……[王]遣竝……

＊《合集》41507 不全。

1315　（《合集》41509、《小林》3）

貞勿令戈人。

1316　（《合集》41511、《英藏》2435）

(1) 甲申，貞王于丁步。

(2) 癸。

(3) 甲不雨，不用。甲雨。　三

(4) 乙未，貞王于丁酉步。　三

1317　（《合集》41513、《史購》240）

□巳卜，今日乙王其省[歸]。

＊有綴合。

1318　（《合集》41514、《小林》23）

(1) 王其渗，湄日不冓大雨。

(2) ……雨。

1319　（《合集》41516、《英藏》2310）

(1) 翌日戊王[兑]□。

(2) ……兑[田]。

1320　（《合集》41518、《小林》7）

……王害……

1321　（《合集》41520、《上博》2426・173）

于翌日壬歸又大……

1322　（《合集》41521、《合集》27764）

重入自……

1323　（《合集》41523、《史購》255）

(1) [重]……

(2) ……犬……雨。

1324　（《合集》41524、《史購》265）

(1) ……内于亞……

(2) 其……

1325　（《合集》41526、《英藏》2423）

(1) 甲辰，貞酒報□雨。

(2) 弓乎射。

(3) ……三……

1326　（《合集》41527、《英藏》2422）

(1) 乙未，貞令多射于寵。

(2) ……貞……卯……其往……

1327　（《合集》41528、《英藏》2421）

□子卜，令吳昌多射［若］。

1328　（《合集》41529、《英藏》2326）

(1) 庚戌卜，王其从犬臼，叀辛亡戋。

(2) 叀壬亡戋。

(3) 王其从犬臼，叀辛。

1329　（《合集》41530、《愛什》165）

(1) □寅卜，執□嗇。

(2) ……七月。

1330　（《合集》41533、《合集》8660）

(1) 己丑……之［若］。　四

(2) ［丙］戌卜，方其［孔］。　四　五

1331　（《合集》41534、《合集》32904）

(1) 庚辰，貞方來，既，使于犬征。

(2) ［庚］辰，貞至……皋……戋既……

1332　（《合集》41535、《英藏》2288）

(1) ……今辛巳酒受年。

(2) ……其桒年［于河］。

＊有綴合。

1333　（《合集》41537、《合集》33297）

(1) 貞桒禾于［岳］。

(2) 庚寅，貞［桒］……

(3) 庚寅，貞［桒］……

(4) □未，貞皋……

(5) □□，［貞］皋……

＊《合集》41537不全。據《合集》33297補。

有綴合。

1334　（《合集》41540、《英藏》2428）

(1) ……父丁于……

(2) 酒［桒］禾于孚。

(3) 丙□，貞又眉丁人于河，其雨。

(4) 不雨。

1335　（《合集》41541、《英藏》2430）

(1) □戌卜……水，弗［受］禾。

(2) 己□，貞……［又］……［用］。

1336　（《合集》41542、《英藏》2431）

(1) 弓韝。

(2) 叀白黍。

(3) ……于……

1337　（《合集》41543、《史購》263）

……桒田䵼……

1338　（《合集》41544、《英藏》2300）

王其田，皋。　丝用

1339　（《合集》41545、《英藏》2309）

(1) 王其田以万，又雨。吉

(2) 以［万］其雨。吉

1340　（《合集》41546、《史購》243）

(1) 戊□［卜］，貞［王其］田亡［戋］。

(2) 辛巳卜，貞王其［田］亡戋。

(3) □酉卜……

1341　（《合集》41547、《史購》26）

乙亥卜，貞王其田亡戋。

＊《史購》26不全。

1342　（《合集》41548、《合補》9277）

(1) 辛未，貞王往田亡戋。

(2) □□，貞……

1343　(《合集》41552、《旅》1828)
……田，湄日亡𢦏。

1344　(《合集》41553、《英藏》2308)
(1) 弜田，其每。
(2) ……夕入，湄日……雨。

1345　(《合集》41554、《合集》28695)
弜田，其每。

1346　(《合集》41555、《英藏》2296)
□□卜，戊王其射［兕］……　［丝用］

1347　(《合集》41557、《英藏》2319)
重宫田省亡［𢦏］。("宫"字缺刻横画)

1348　(《合集》41558、《英藏》2305)
……［田］，湄日亡𢦏。

1349　(《合集》41559、《英藏》2304)
(1)［王］田𢖩，湄日亡［𢦏］。
(2) ……［湄］日亡𢦏。
(3) ……其焚亡［𢦏］。

1350　(《合集》41560、《英藏》2432)
(1) 今日……豕……弗口……
(2) 弗𢦏。　二

1351　(《合集》41561、《史購》259)
……逊𢍜。

1352　(《合集》41562、《英藏》2292)
辛卯卜，翌日［王其田］重宿，王𢍜，
亩……

1353　(《合集》41563、《英藏》2321)
(1) 弜……其……
(2) 重夕田亡𢦏。
(3) 其狩亡𢦏。

(4) 重𡧊田亡𢦏。
(5) 重沇田亡𢦏。
(6) ……［亡］𢦏。
＊有缀合。

1354　(《合集》41564、《史購》242)
重盂田省亡𢦏。

1355　(《合集》41565、《旅》1830)
［重］盂田省，湄日［亡］𢦏。("省"字
被刮削)

1356　(《合集》41566、《史購》244)
重牢田亡［𢦏］。

1357　(《合集》41567、《英藏》2313)
(1) 于□亡［𢦏］。
(2) 于宫亡𢦏。

1358　(《合集》41568、《合集》28574)
［王］其田枫［不］冓雨。

1359　(《合集》41569、《英藏》2311)
……［翌］日壬王其田［来］……　一

1360　(《合集》41570、《英藏》2291)
(1) ……［王］其田殷，𢍜。
(2) 王重殷田。

1361　(《合集》41571、《合集》37509)
……［希］一雉……

1362　(《合集》41572、《愛什》162)
(1) 戊寅卜，王其［遷］……
(2) 弜馬令。
(3) ……戊……［于］之又𢦏。
＊《合集》41572 不全。

1363　(《合集》41573、《英藏》2361)

388

(1) 重……

(2) 重五牢［用］，又正，王受又。

(3) ……［牢］……［正］。

＊有綴合。

1364 （《合集》41574、《英藏》2328）

(1) 三［牢］。

(2) 五牢。

(3) ……［牢］。

1365 （《合集》41575、《英藏》2329）

三大牢。

1366 （《合集》41576、《旅》1868）

(1) 三牢。

(2) ［五牢］。

1367 （《合集》41577、《英藏》2332）

(1) ［重］……

(2) 重小宰。

1368 （《合集》41579、《旅》1836）

(1) 其□……

(2) 重羊王受又。

(3) 重牢。

1369 （《合集》41581、《美藏》693）

(1) 庚申卜，翌……

(2) 其牛。

(3) ……其……

1370 （《合集》41583、《慶應》13）

□□［卜］，涿……［窒］戠……　三月。

1371 （《合集》41584、《美藏》682）

(1) ……未……月。　一

(2) ……六月。

1372 （《合集》41586、《英藏》2407）

甲戌，貞小［乙］……

1373 （《合集》41588、《北圖》2761）

貞其雨。

1374 （《合集》41589、《英藏》2426）

(1) 其雨。

(2) 自㲋。旬。（骨面刻辭）

1375 （《合集》41590、《合補》10610）

(1) 不雨。　一

(2) 乙雨。　一

(3) 癸［雨］。　二

1376 （《合集》41591、《英藏》2434）

(1) 于來丁酉。　一

(2) 戊申，貞王往狃亡戋。　一　一

(3) 不雨。　一

1377 （《合集》41592、《合補》10590）

(1) ［其雨］。

(2) 不雨。　一

1378 （《合集》41593、《史購》30）

［不］冓雨。

1379 （《合集》41594、《旅》1870）

……［不］冓雨。　二

　一　一

1380 （《合集》41595、《史購》李23）

(1) 甲戌，貞……

(2) 不征雨。

(3) ……雨。

1381 （《合集》41596、《美藏》609）

……征［雨］……

1382 （《合集》41598、《英藏》2437）

(1) 弜勿。

(2) 丙午卜，今日雨。

(3) 不雨。

1383　（《合集》41599、《史購》29）

(1) 丁亥卜，翌日戊不〔雨〕。

(2) ……雨。

1384　（《合集》41600、《上博》2426·733）

〔貞〕今夕□雨。

1385　（《合集》41601、《上博》2426·102）

(1) 辛卯貞……　三

(2) 乙未卜，貞雨。　一　二　三

　　三

1386　（《合集》41603、《上博》2426·254）

(1) 于乙……　一

(2) 于丙子雨。　一

1387　（《合集》41604、《英藏》2438）

(1) 〔貞〕于丙雨。

(2) □寅，貞于己雨又囚。

1388　（《合集》41605、《英藏》1013）

(1) □□卜，辛雨。

(2) 己巳卜，壬雨。

(3) 己巳卜，癸雨。

(4) 于宫亡災。

＊他辭爲偏刻。

1389　（《合集》41607、《英藏》2337）

重癸又大雨。

1390　（《合集》41608、《英藏》2338）

(1) 重牛又大雨。

(2) ……大〔雨〕。

＊有綴合。

1391　（《合集》41609、《合集》13005）

□申卜，〔貞〕……帝雨。

1392　（《合集》41610、《天理》511）

(1) 己卯卜，甲申冓。　三

(2) 來甲申易日。　三

(3) 弜酒。　三

(4) ……酒。　三

(5) ……伐。

＊《天理》511拓本不清，釋文據甲骨
照片及《合集》摹本作。

1393　（《合集》41612、《合集》30214）

(1) 己大攺。丝用

(2) 庚小雨。吉

(3) □攺。

(4) 辛不雨。

(5) 重……步……羌……

＊《合集》41612只是《合集》30214左
下局部一小塊。

1394　（《合集》41613、《英藏》2345）

大啓。

1395　（《合集》41614、《史購》269）

□申卜，疾齇……

1396　（《合集》41616、《英藏》2470）

(1) 弜宗。

(2) 卯一牢。

1397正　（《合集》41617正、《合集》34298正）

己未，貞又彳歲……　二　二

1397反　（《合集》41617反、《合集》34298反）

……丁……今……〔雨〕。

＊《合集》41617不全。

1398　（《合集》41618、《合補》10671）

……又彳〔于〕……（"于"字缺刻兩橫畫，

刻作"丨"形）

1399　（《合集》41620、《英藏》2424）
□寅，貞又來告羊罕……不出。

1400　（《合集》41621、《美藏》590）
……藟……告……

1401　（《合集》41622、《史購》262）
癸酉卜，其萃……

1402　（《合集》41624、《英藏》2358）
（1）重萑祤二牢。
（2）……［牢］。

1403　（《合集》41626、《美藏》597）
……［藟］用……宰。

1404　（《合集》41627、《英藏》2461）
其㠯㝅用㐭。

1405　（《合集》41628、《英藏》2462）
乙亥歲三牢。

1406　（《合集》41631、《合集》15622）
貞寮五牛。

1407　（《合集》41632、《旅》1788）
（1）［癸］……
（2）［貞］尞。

1408　（《合集》41634、《旅》1883）
（1）重乙丑酒萃。
（2）［重丁］卯［酒］萃。
　＊（2）辭釋文參《旅博》1883釋文補。
此片與《安明》2365摹本拼合。
　　有綴合。

1409　（《合集》41635、《英藏》2464）

□丑卜，翌□寅酒萃。

1410　（《合集》41637、《英藏》1868）
（1）甲辰卜……征伐二……酒……
（2）甲辰……
（3）□卯卜……酒彡……

1411　（《合集》41638、《英藏》2465）
（1）乙酉，貞［亡］囚。
（2）又囚。　　一
（3）［于］乙未酒伐。

1412　（《合集》41639、《史購》88）
尊。

1413　（《合集》41640、《合集》34143）
（1）癸酉，貞又出……
（2）□酉，［貞］辛……酒四方。

1414　（《合集》41641、《英藏》2469）
弜登。

1415　（《合集》41642、《英藏》2477）
（1）□未，貞其餿……
（2）□屮□［餿］……

1416　（《合集》41644、《英藏》2476）
辛卯卜，貞王既沉。　二　二

1417　（《合集》41645、《合集》31879）
豐。

1418　（《合集》41647、《英藏》2471）
（1）……彡……其……羊……
（2）弜卯。

1419　（《合集》41649、《旅》1863）
……卯□……羌……
　＊《合集》41649與35325重。

1420　（《合集》41650、《英藏》2433）
(1) 弜［告］。
(2) 其射。
(3) 弜射。
＊他辭爲偽刻。

1421　（《合集》41651、《英藏》2298）
……弜射，王其每。

1422　（《合集》41652、《英藏》2297）
……［☒］牢……［征］射……

1423　（《合集》41653、《英藏》2474）
……［菁］自……一示……又十［伐］
……　二

1424　（《合集》41654、《輔仁》69）
(1) 丙申，貞又伐。
(2)［弜］又。

1425　（《合集》41655、《英藏》2444）
(1) 甲□，貞……
(2) 丙午卜，隹岳耂雨。
(3) 隹河耂。
(4) 隹霎耂。

1426　（《合集》41656、《英藏》2089）
貞于岳先桒。

1427　（《合集》41658、《愛什》182）
(1) □……□……
(2) 河尞其圍。　二
(3) 河尞弜圍。　二
　　　　　　一
＊《合集》41658 不全。

1428　（《合集》41659、《英藏》2475）
(1) 沉九牛于河。
(2) 沉十牛。

1429　（《合集》41660、《英藏》2443）
(1) 不雨。
(2) 于霎酒。　　丝用
(3) 丙寅，貞又于☒尞小宰、卯牛一。
(4) ……三……宰。
(5) ☒

1430　（《合集》41661、《英藏》2446）
(1) 庚□，貞□于河……三牢沉……
(2) ……妾……戚……

1431　（《合集》41663、《英藏》2484）
(1) 癸未，瓿，貞旬亡囚。
(2) 又囚。　二告
＊他辭爲偽刻。

1432　（《合集》41664、《愛什》191）
(1) 又囚。　　一
(2) 癸巳，瓿，貞旬亡囚。　一
(3) 又囚。一
　　　　　一
＊《合集》41664 不全。
　有綴合。

1433　（《合集》41666、《愛什》190）
(1) 癸未，貞旬亡囚。　二
(2) 癸巳，貞旬亡囚。　二
＊《合集》41666 不全。

1434　（《合集》41667、《旅》1897）
(1) 癸［未］，貞［旬］亡［囚］
(2) 癸巳，貞旬亡囚。

1435　（《合集》41668、《史購》32）
(1) 癸巳，貞旬亡囚。
(2) ……囚。

1436　（《合集》41669、《史購》34）
(1) 癸□［卜］，貞［旬］亡囚。

(2) 癸巳卜，貞旬亡囚。

1437　(《合集》41673、《輔仁》87)
(1) 癸丑，貞旬亡囚。
(2) 癸亥，貞旬亡囚。

1438　(《合集》41677、《英藏》2497)
(1) 乙酉，貞［丙］亡［囚］。
(2) 丙戌，貞丁亡囚。
(3) 丁亥，貞戊亡囚。
(4) 戊子，貞已亡囚。
(5) 已丑，貞庚亡囚。
(6) ［庚］寅，貞辛亡囚。

1439　(《合集》41678、《小林》24)
(1) 乙酉，貞丙亡囚。
(2) 丙子，貞丁亡囚。
(3) ［丁］丑，［貞］戊［亡］囚。

1440　(《合集》41685、《合集》35134)
三牢。　丝用

1441　(《合集》41691、《英藏》2414)
(1) 庚辰，貞令［望乘］……
(2) 癸未，貞［危方］……。
(3) 弜令［⋔坓敕］
(4) 癸……

1442　(《合集》41692、《史購》252)
(1) 爻丝。
(2) ……ƒ黄牝。

1443　(《合集》41693、《合集》30802)
……新［先］……

1444　(《合集》41695、《英藏》2513)
(1) 癸卯［王卜］，［貞］……三……　一
(2) 癸丑王卜，貞旬亡㕙。在二月。王固曰：大吉。甲寅壹祖甲。　一

(3) 癸亥王卜，貞旬亡㕙。在三月。王固曰：大吉。甲子酓祖甲。　一
(4) 癸酉王卜，貞旬亡㕙。在三月。王固曰：大吉。　一
(5) 癸未王卜，貞旬亡㕙。在三月。王固曰：大吉。甲申彡上甲。　一
(6) 甲子。乙丑。丙寅。丁卯。戊辰。己巳。庚午。辛未。壬申。癸酉。
(7) 甲戌。乙亥。丙子。丁丑。戊寅。己卯。庚辰。辛巳。壬午。癸未。
(8) 甲申。乙酉。丙戌。丁亥。戊子。己丑。庚［寅］。(庚字部分筆畫缺刻)

1445　(《合集》41696、《英藏》2504)
(1) 癸未［王卜],［貞］旬亡［㕙]。［在］九月。王［固曰］：大吉。
(2) 癸巳王卜，貞旬亡㕙。在九月。王固曰：大吉。甲午祭上甲。

1446　(《合集》41697、《英藏》2628)
(1) □□王卜……在……
(2) 癸酉王［卜]，貞旬亡㕙。在十月彡上甲。
(3) 癸未王卜，貞旬亡㕙。在十月又二。
(4) □□［王］卜，貞……

1447　(《合集》41698、《北圖》3840)
……示壬彡日［亡］尤。

1448　(《合集》41703、《小林》25)
(1) ……亡……祭……
(2) 癸丑王卜，貞旬亡㕙。在五月甲寅壹小甲酓大甲。
(3) 癸亥王卜，貞旬亡㕙。甲子祭羑甲酓小甲，在六月。
(4) 癸酉王卜，貞旬亡㕙。王固曰：吉。在六月甲戌祭羑甲壹羑甲。

1449　(《合集》41704 下 +41723 上、《英藏》2503)

393

(1) 癸酉王卜，貞旬亡畎。王固曰: 弘吉。
　　在三月甲戌祭小甲壹大甲。隹 [王]
　　□ [祀]。

(2) 癸未王卜，貞旬亡畎。王固曰：吉。
　　在三月甲申壹小甲魯大甲。

(3) 癸巳王卜，貞旬亡畎。王固曰：吉。
　　在三月甲午祭戔甲魯小甲。

(4) 癸卯王卜，貞旬亡畎。王固曰：
　　吉。在三月甲辰祭羌甲魯戔甲。隹
　　…… 一

(5) 癸丑王卜，貞旬亡畎。王固曰：
　　吉。在三月甲寅祭象甲壹羌甲魯
　　□□。 一

(6) 癸亥王卜，貞旬亡畎。王固曰：吉。
　　在四月甲子壹羌甲。 一

(7) [癸酉] 王卜，[貞旬] 亡畎。…… [在]
　　□月甲戌祭祖甲魯象甲。 一

＊有綴合。

1450 (《合集》41705、《上博》2426・1145)
　　□□卜，貞王……大丁翌……[亡] 尤。

1451 (《合集》41706、《上博》2426・1054)
　　□ [卜]，貞 [王窆] 大甲彡…… [亡] 尤。

1452 (《合集》41707、《北图》3781)
　　[丙] 子……窆……

1453 (《合集》41708、《上博》2426・804)
　　□□卜，貞王 [窆] 卜丙彡日 [亡] 尤。

1454 (《合集》41709、《英藏》2508)
　　(1) 癸未卜，兮，貞王旬亡畎。在十月
　　　　甲申翌小甲。 一
　　(2) 癸卯卜，貞王旬亡畎。在 [十] 月
　　　　甲辰翌……

1455 (《合集》41710、《上博》2426・722)
　　戊午 [卜]，[貞王] 窆大戊□亡 [尤]。

1456 (《合集》41711、《北珍》484)
　　□亥卜，貞……窆雍己……亡尤。 一
　　＊有綴合。

1457 (《合集》41714、《上博》2426・1364)
　　(1) ……王 [窆] ……亡尤。
　　(2) □ [酉] 卜，貞 [王窆] 戔甲□亡 [尤]。

1458 (《合集》41715、《史購》291)
　　甲辰 [卜]，[貞] 王 [窆] 戔甲□亡 [尤]。

1459 (《合集》41716、《上博》2426・688)
　　……壹羌甲□日戔甲。

1460 (《合集》41717、《英藏》2510)
　　(1) 癸 [丑王卜] ……王…… 一
　　(2) 癸亥王卜，貞旬亡畎。在十月又二
　　　　甲子祭戔甲魯 [羌] 甲。 一
　　(3) 癸酉王卜，貞旬亡畎。在正月。王
　　　　固曰: 大吉。甲戌祭羌甲壹戔甲。 一
　　(4) 癸未王卜，貞旬亡畎。在正月。王
　　　　固曰：大吉。甲申祭戔甲壹羌甲魯戔
　　　　甲。 一
　　＊有綴合。

1461 (《合集》41719、《北圖》3642)
　　……王 [窆] 祖辛䇓……

1462 (《合集》41720、《合集》35867)
　　己丑卜，貞王窆祖己壹亡 [尤]。

1463 (《合集》41722、《北珍》680)
　　(1) 丁巳卜，貞祖丁丁其宰。
　　(2) 重羊。 丝用
　　＊《合集》41722 不全。

1464 正 (《合集》41724 正、《英藏》2512 正)
　　(1) □□王卜，貞旬亡畎。在二月…… [王
　　　　固] 曰：大吉。甲辰祭祖甲魯象甲。

(2) 兕。
＊他辭爲僞刻。

1464 反（《合集》41724 反、《英藏》2512 反）
丙寅。丁卯。戊辰。己巳。庚[午]。
＊《合集》41724 反不全。

1465 （《合集》41726、《上博》2426・1038）
(1) 丙寅[卜]……武丁……其[牢]。
(2) □□卜，貞……其牢。

1466 （《合集》41727、《上博》2426・1143）
□戌卜，貞……武丁丁[其]牢。

1467 （《合集》41728、《上博》2426・492）
(1) 丙戌卜，[貞]……武丁□其[牢]。
(2) ……牛。

1468 （《合集》41729、《旅》1927）
丙申卜,[貞,王窘]武丁丁其[牢]。　　丝
[用]
＊有綴合。

1469 （《合集》41736、《北圖》3176）
貞王窘[祖庚]……

1470 （《合集》41738、《上博》2426・988）
(1) 甲寅[卜]，貞[王窘]武[丁]……
　　　丝[用]　一
(2) □□卜,貞[王窘武]丁丁[其]牢。

1471 （《合集》41739、《英藏》2514）
(1) 丙□卜，[貞]康[祖丁丁]其
　　　[牢]。[丝]用　一
(2) 甲申卜，貞武乙丁其牢。
(3) 丙戌卜，貞康祖丁丁其牢。　　一
(4) 甲午卜，貞武乙丁其牢。　　一
＊有綴合。

1472 （《合集》41740、《旅》1938）

(1) 甲戌卜，貞武乙丁其牢。　　一
(2) ……其……

1473 （《合集》41741、《英藏》2518）
(1) 乙未卜，貞自武乙乡日衣灵褪其既翗
　　　五牢，正，王受又又。　　一
(2) 丙辰卜，[貞]……文武丁[丁]其
　　　牢……　　丝[用]
(3) 亩[羊]。　　丝[用]

1474 （《合集》41742、《合集》35798）
乙酉卜，貞王窘小乙乡日亡尤。

1475 （《合集》41745、《英藏》2522）
(1) □□王卜，貞……在四月。
(2) 小臣。
(3) 小臣。

1476 （《合集》41746、《合補》11910）
丁丑……窘……𤆤……

1477 （《合集 41747、《英藏》2527）
(1) 丁巳卜，貞[今]夕自亡戉，罕。
(2) 戊午卜，貞今夕自亡戉，罕。　　一
(3) 己未卜，貞今夕自亡戉，罕。　　一
(4) 庚申卜，貞今夕自亡戉，罕。　　一
(5) [辛酉]卜，貞[今夕]自亡[戉]，罕。
＊有綴合。

1478 （《合集》41748、《英藏》2528）
(1) 辛卯卜，貞[今]夕自不屖。
(2) 壬辰卜，貞今夕自不屖。
(3) 癸巳卜，貞今夕自不屖。
(4) □□[卜]貞[今夕自]不屖。
＊有綴合。

1479 （《合集》41750、《合補》11245）
(1) 己酉…𤆤…王今……
(2) 今夕自不屖。

(3) 其壹。

1480 (《合集》41751、《北珍》1297)
(1) 庚寅卜，貞今夕自[不壹]。
(2) ……今……壹。
＊有綴合。

1481 (《合集》41752、《合補》2208)
(1) □□卜，[在]屮貞……自不[壹]。
(2) 其[壹]。
＊有綴合。

1482 (《合集》41753、《英藏》2524)
(1) 癸……旬……人方……
(2) 癸卯王卜，貞旬亡𡆥。在十月又一。
王征人方，在蠚。
(3) 癸丑王卜，貞旬亡𡆥。在十月又一。
王征人方，在亳。
(4) 癸亥王卜，貞旬亡𡆥。在十月又一。
王征人方，在□□。
(5) 癸酉王卜，貞旬亡𡆥。[在]十月又
二。王征人方。
＊有綴合。

1483 (《合集》41754、《英藏》2525)
(1) 癸巳卜，泳，貞王旬亡𡆥。 二
(2) 癸丑卜，在𣄼，泳，貞王旬亡𡆥。
(3) □□卜，泳，[貞王]旬亡[𡆥]。
(4) 癸酉卜，在雲奠河邑，泳，貞王旬
亡𡆥。隹來征人方。 二
(5) 癸巳卜，在蠚雷孝蠚鄙，泳，貞王旬
亡𡆥。隹來征人方。
＊有綴合。

1484 (《合集》41756、《英藏》2523)
乙卯王卜，在麤𬓜，貞余其敦蘁，宙十
月戊申戈。王固曰：吉。在八月。

1485 (《合集》41757、《英藏》2563)

(1) ……隹……月……
(2) 庚寅王卜，在𡒚𬓜，貞𠦪林方亡災。
(3) 壬辰王卜，在𡒚，貞其至于𬤝蘁沮
𬓜往來亡災。
(4) 甲午王卜，在𡒚𬓜，貞今日步于𣛧
亡災。十月二。隹十祀彡。
(5) 丁[酉王卜]，在□𬓜，[貞]……
今日……從……往來亡災。在正月。
(6) 己亥王卜，在莅𬓜，貞今日步于淩
亡災。

＊《合集》41780不全，是《合集》
41757的右半部分。

1486 (《合集》41758、《英藏》2529)
(1) 癸巳卜，貞……天邑蠚……
(2) 壬戌卜，貞在獄天邑蠚合宮衣，丝夕
亡𡆥，寧。 一
(3) ……在……蠚……丝夕……
＊有綴合。

1487 (《合集》41759、《英藏》2561)
(1) 己□[卜]，[貞王]迩[于]蒿[往
來]亡[災]。
(2) 乙酉卜，貞王迩于召往來亡災。 一
(3) 戊子卜，貞王迩雝往來亡災。
(4) 辛卯卜，貞王迩于蒿往來亡災。 一
(5) □□[卜]，[貞]王[迩于]蒿[往]
來[亡]災。
(6) 辛[丑]卜，貞王[迩]于召[往]
來亡[災]。 一
＊《英藏》2561不全。

1488 (《合集》41760+41765、《英藏》2557)
(1) 乙巳卜，[貞]王迩于召往[來]亡
災。 一
(2) 丁未卜，貞王迩于蒿往來亡災。 一
(3) 戊申卜，貞王迩召往來亡災。 一
(4) 己酉卜，貞王迩召往來亡災。 一
(5) 庚戌卜，貞王迩召往來亡災。

1489　(《合集》41761.《英藏》2538)

   (1) 癸亥王卜，貞旬亡畎。王固曰: 弘吉。
       在壴柬。

   (2) 癸酉王卜，貞旬亡畎。王固曰: 弘吉。
       在雇柬。　　　三

   (3) 癸未王卜，貞旬亡畎。王固: 吉。　　三

   (4) 癸巳王卜，貞旬亡畎。　　三

   (5) 癸卯王卜，貞旬亡畎。　　三

   (6) 癸丑王卜，貞旬亡畎。　　三

   ＊《合集》41761 不全。

1490　(《合集》41762、《英藏》2564)

   (1) 己卯卜，在□，貞王其舌……災。　一

   (2) 辛巳卜。　一

   (3) 癸未卜，在舊，貞王步于波亡災。　　一

   (4) 乙酉卜，在泧立，貞王步于淮亡災。

   (5) □□卜，在□□，貞王步［于］□亡災。

   ＊有綴合。

1491　(《合集》41763、《英藏》2556)

   (1) 乙未卜，［貞］王迒［于］京往來［亡
       災］。

   (2) 丁酉卜，貞王迒于曺往來亡災。

   (3) 辛丑卜，貞王迒于曺往來亡災。

   (4) □［亥］卜，貞［王］迒于曺［往］
       來亡災。

   ＊有綴合。

1492　(《合集》41764、《英藏》2559)

   (1) 壬子卜，［王］迒于召［往］來亡
       災　一

   (2) 乙卯卜，貞王迒于召往來亡災。一

   (3) □□卜，貞［王］迒于［召往］來亡災。

   ＊有綴合。

1493　(《合集》41766、《旅》1950)

   (1) 丁丑卜，［貞王迒于］召［往來］亡
       ［災］。　　一

   (2) 庚戌卜，［貞］王［迒于召］往來

       ［亡］災。

1494　(《合集》41767、《英藏》2558)

   (1) 乙酉卜，貞［王迒于］召往［來亡災］。

   (2) 丁亥卜，貞王迒于夫往來亡災。　　二

   (3) ……王［迒于召往來亡］災。

1495 正　(《合集》41768、《英藏》2562 正)

   (1) 壬寅王［卜］在呈［柬］，貞今日步
       永亡災。一

   (2) 癸卯王卜，在永柬，貞今日步于。　一

   (3) 乙巳王卜，在溫，貞今日步于攸亡
       災。　　一

   (4) 己未王卜，在，貞田元往來亡災。　一

   (5) 乙丑王卜，在攸，貞今日迒从攸東
       亡災。　　一

   (6) 丁丑王［卜］，貞今日［步］截亡災。　一

   (7) 庚辰王卜，在危，貞今日步于叉亡
       災。　　一

   (8) 辛巳王卜，在叉，貞今日步于泹亡
       災。　　一

   (9) ……亡災。

1495 反　(《英藏》2562 反)

   丝卸。隻兕一狐二

   ＊《合集》41768 缺反。

1496　(《合集》41769、《合集》36648)

   (1) 壬辰卜，貞王迒于召往來亡災。

   (2) 貞……召……災。

   ＊有綴合。

1497　(《合集》41770、《英藏》2532)

   (1) 癸卯卜，［在上］龠［貞］王［旬亡
       畎］。

   (2) 癸丑卜，在上龠，貞王旬亡畎。　　三

   (3) 癸亥卜，在上龠，貞王旬亡畎。

   (4) 癸酉卜，在上龠，貞王旬亡畎。　　三

   (5) 癸未卜，在上龥，貞王旬亡畎。　　三

   (6) 癸巳卜，在吉，貞王旬亡畎。　　三

＊有綴合。

1498　(《合集》41771、《英藏》2530）
(1) 癸未［王卜］，貞旬［亡㊅］。
(2) 癸巳王卜，貞旬亡㊅。吉。王在
　　 奮。二
(3) 癸卯王卜，貞旬亡㊅。王固曰：吉。
　　 在奮。　二
(4) ［癸］丑王卜，［貞旬］亡㊅。王［固］曰：
　　 吉。在奮。　二

1499　(《合集》41772、《英藏》2531）
(1) 癸酉［卜］，［在上］奮，［貞］王旬
　　 亡㊅。在正月。
(2) 癸未卜，在上奮，貞王旬亡㊅。在
　　 正月。　一
(3) ［□□］卜，在［上］奮，貞［王］
　　 旬亡㊅。［在］正月。　一

1500　(《合集》41773、《英藏》2533）
(1) 癸丑卜，在奮，貞王旬亡［㊅］。
(2) 癸亥卜，在上奮，貞王旬亡㊅。
(3) 癸酉卜，在上奮，貞王旬亡㊅。
(4) ［癸］未卜，［在上］奮，［貞］王旬
　　 亡㊅。

1501　(《合集》41774、《旅》1964）
壬子卜，貞［在］甗往來亡災。　一

1502　(《合集》41775、《上博》2426・1373）
(1) 癸未［卜］，［在］澅貞，［王］旬亡［㊅］。
　　 在八［月］彡……
(2) ……貞……㊅。在……

1503　(《合集》41776、《英藏》2536）
(1) 癸酉［卜］，［在］□梀，貞王［旬
　　 亡㊅］。在十月又□。
(2) 癸未卜，在宝，貞王旬亡㊅。
(3) ［□□］卜，［在］犁，貞［王］旬亡

㊅。［在十］月又二。
＊有綴合。

1504 正　(《合集》41777、《英藏》2565 正）
(1) 己酉［王卜］，［在］樂，［貞今日步］
　　 于□亡災。
(2) 庚戌王卜，在噩，貞今日步于澅亡災。
(3) 辛亥王卜，在澅，貞今日步于桼亡災。
(4) ［壬寅］王卜，［在］桼，貞［今日］
　　 步于□亡災。

1504 反　(《英藏》2565 反）
……□田……□十……
＊《合集》41777 缺反。

1505　(《合集》41778、《合集》36896）
(1) 癸［巳卜］……貞……
(2) 癸卯卜，在澅東獄貞，王旬亡㊅。
(3) □□卜，在……［王］旬［亡］㊅。

1506　(《合集》41779、《北圖》4136）
(1) ……絆□王今……亡㊅。
(2) ……灅……月。

1507　(《合集》41781、《合集》36400）
□□卜，在□□貞王迉……往來亡災。

1508　(《合集》41782、《北圖》3671）
(1) ……其㦰。　二
(2) ……［羊］……用。

1509　(《合集》41785、《旅》2058）
……𡴎。用。　二

1510　(《合集》41786、《英藏》2606）
(1) 其牢又一牛。　二
(2) 其牢又一牛。　二
(3) 其牢又一［牛］。
(4) 重𡴎。　二
(5) 重□。

(6) ［重］□。

1511　(《合集》41790、《北珍》746)
(1) 重［羊］。
(2) ［重］牢。［丝］用

1512　(《合集》41791、《上博》2426·583)
……其牢又一牛，重……

1513　(《合集》41792、《小林》31)
(1) □□卜，貞……其牢……
(2) 重……　丝［用］　一

1514　(《合集》41794、《上博》2426·934)
(1) 其［牢］又一［牛］。
(2) ［其］牢［又］一牛。

1515　(《合集》41797、《小林》30)
(1) □牛。
(2) 曹羊。

1516　(《合集》41799、《北圖》3208)
重小宰。

1517　(《合集》41801、《英藏》2539)
(1) 壬寅［王卜］，貞田曹往來亡［災］。
(2) 乙巳王卜，貞田霾往來亡災。王固
曰：吉。
(3) 戊申王卜，貞田曹往來亡災。王固
曰：吉
(4) 辛亥王卜，貞田曹往來亡災。王固
曰：吉　一
(5) 壬子王卜，貞田曹往來亡災。王固
曰：吉。
(6) 壬戌王卜貞，田曹往來亡災。王固
曰：吉。隻麑五、毘一、雉六。　一
(7) 辛未王卜，貞田曹往來亡災。王固
曰：弘吉。
＊有綴合。

1518　(《合集》41802、《英藏》2542)
(1) □□王卜，貞田椋往［來亡］災。
王固曰：吉。丝卟。隻鳥二百五十，
	一、雉二。　二
(2) □□王卜，貞田□往來亡災。［王固］曰：
吉。丝卟。［隻］鳥二百二十、□六。
(3) □□［王卜］，貞田曹［往來］亡災。
王固［曰：吉］……十月又二。
＊有綴合。

1519　(《合集》41803、《英藏》2540)
(1) ……往……王固［曰：吉］。　一
(2) 壬午王卜，［貞］田曹往來亡災。王
固曰：吉。隻鹿　二
(3) 丁亥王卜，貞田罡往來亡災。王固曰：
吉。隻
(4) ……田……［往］來亡［災］。［王
固］曰：吉。

1520　(《合集》41804、《英藏》2541)
……田雕往來……　［隻］鹿二……

1521　(《合集》41805、《北圖》3874)
……盂，［往］来亡灾。［王固］曰：吉。
茲［御］。［隻］鹿……

1522　(《合集》41806、《北圖》2931)
(1) ……卟……鹿。　二
(2) ……［罕］……［隻］……

1523　(《合集》41807、《上博》2426·1440)
(1) ……罕……隻……六。　二
(2) ……鹿二……

1524　(《合集》41809、《上博》2426·812)
……鹿二。　丝卟
＊有綴合。

1525　(《合集》41810、《英藏》2543)

(1) 辛未卜，貞王田□［往］來亡災。
王固曰：［吉］……　一

(2) 壬申卜，貞王田臨往來亡災。王固曰：
吉。茲卟。隻狐十一。　一

(3) 乙亥卜，貞王田向往來亡災。王固
曰：吉。

(4) □□卜，貞［王田］呈往來［亡災］。
［王］固曰：吉。

1526　（《合集》41811、《英藏》2544）

(1) 戊子卜，貞王田𤝔［往］來亡災。茲
卟。隻狐十。

(2) 辛卯卜，貞王田梌往［來］亡災。

(3) □辰卜，貞王田𢀛往來亡災。

1527　（《合集》41813、《北圖》3870）
茲［卟］。隻狐□。

1528　（《合集》41814、《合集》37488）
茲卟。［隻］狐五。

1529　（《合集》41815、《上博》2426·787）
茲卟。隻……

1530　（《合集》41816、《旅》1960）

(1) 戊……王……

(2) 辛亥卜，貞王其田亡災。

(3) 壬子卜，貞［王其］田亡災。
＊有綴合。

1531　（《合集》41817、《上博》2426·978）
□□王卜，貞田□往來亡［災］，［王］固曰：
吉。隻□三。

1532　（《合集》41818、《英藏》2555）

(1) 戊申卜，［貞王田］雝……

(2) 辛亥卜，貞王田宮往來亡災。弘吉。

(3) 壬子卜，貞王田雝往來亡災。弘吉。

(4) 戊午卜，貞王田雝往來亡災。吉。

(5) 壬戌卜，貞王田宮往來亡災。吉。

(6) 壬午卜，貞王田高往來亡災。

(7) 丁亥卜，貞王田雝往來亡災。
＊有綴合。

1533　（《合集》41819、《英藏》2546）

(1) 壬戌王卜，貞田𪊲往來亡災。王固
曰：吉。在十月。茲卟

(2) 乙丑王卜，貞田𪊲往來亡災。王固
曰：吉。

(3) 戊辰王卜，貞田𪊲往來亡災。王固
曰：吉。

(4) 辛未王卜，貞田𪊲往來亡災。王固
曰：吉。

(5) 壬申王卜，貞田𪊲往來亡災。王固
曰：吉。　茲卟　一

(6) 丁丑王卜，貞田𪊲往來亡災。王固
曰：吉。　一

(7) ［戊］寅王卜，貞田𪊲往來亡災。
王固曰：吉。　茲卟　一

1534　（《合集》41820、《北圖》4258）
壬辰卜，［貞王］田𪊲，［往］來亡［災］。

1535　（《合集》41822、《合集》37695）

(1) 丁［酉］……田……亡［災］……曰
［吉］。

(2) □□王卜，［貞王田］𪊲往［來］亡災。
王固［曰：吉］。

1536　（《合集》41823、《史購》280）

(1) 戊子［卜］，貞田于……往……

(2) □□王卜，［貞］……［田］𪊲……亡
［災］。

1537　（《合集》41824、《英藏》2547）

(1) 辛巳卜，貞王田于梌往來亡災。

(2) 戊子卜，貞王田𪊲往來亡災。　一

(3) 壬辰卜，貞王田豪往來亡災。

(4) 辛亥卜，貞王田曹往來亡災。　一

(5) 辛酉卜，貞王田往來亡災。（"田"
　　字後漏刻地名）

(6) 壬戌卜，貞王田離往來亡災。

(7) 辛酉［卜］，貞王田□往來［亡災］。

(8) 戊寅［卜，貞］王田［往］來［亡災］。

(9) 戊戌［卜］，［貞］王田□往［來亡災］。

(10) 乙牛。

1538　（《合集》41826、《合集》37781）

(1) □亥王［卜］，［在］韋［貞］，今步
　　于□亡災。

(2) 丙戌王卜，在曹貞，田麥往來亡災。

＊《合集》41826不全。

1539　（《合集》41827、《英藏》2553）

辛酉［卜］，貞王其田□□。

1540　（《合集》41828、《英藏》2548）

(1) 丁巳王卜，［貞］田曹往［來］亡災。
　　王固［曰］：［吉］。　一

(2) 戊午王卜，貞田桼往來亡災。王固
　　曰：吉。　一

1541　（《合集》41829、《英藏》2545）

(1) 壬戌卜，貞王田于屮，［往］來亡災。
　　絲钟。隻……

(2) □□卜，貞……小曹……亡災。

1542　（《合集》41830、《英藏》2551）

(1) 壬寅王卜……往來亡災。王固曰：
　　吉。在二月。

(2) 丁未王卜，貞田桼往來亡災。王固
　　曰：吉。

1543　（《合集》41831、《英藏》2552）

(1) 乙……王……亡［災］。　一

(2) 戊寅卜，貞王田戲往來亡災。　一

(3) 庚辰卜，貞王田曹往來亡災。　一

＊《英藏》2552不全。

1544　（《合集》41832、《上博》2426·541）

……王田［京往］來亡災。［王］固曰：吉。

1545　（《合集》41833、《英藏》2560）

(1) 壬……王……亡［災］。

(2) 戊寅卜，貞王迍往來亡災。　一

(3) 壬午卜，貞王田往來亡災。　一

(4) 丁亥卜，貞王迍往來亡災。　一

＊他辭爲僞刻。《合集》41833不全。

1546　（《合集》41834、《合集》37723）

(1) 辛［未卜］，［貞］王田□往……

(2) □□卜，貞……斿往［來］亡災。

1547　（《合集》41835、《英藏》2673）

……［王］……射……四祀……

1548　（《合集》41838、《羅四》194）

(1) 癸未卜，貞王旬亡畎。在十四月。

(2) 癸卯［卜］，［貞］王旬亡［畎］。　一

(3) □未卜……旬亡畎。［在□］月。

(4) 癸未［卜］，貞［王旬］亡［畎］。

1549　（《合集》41839、《英藏》2624）

(1) 癸丑王卜，［貞］旬亡［畎］。

(2) 癸亥王卜，貞旬亡畎。在五月。

(3) 癸酉王卜，貞旬亡畎。

(4) ［癸］未王卜，［貞旬］亡畎。

＊有綴合。

1550　（《合集》41840、《英藏》2605）

(1) 癸未王［卜］，貞旬亡畎。王固曰：吉。
　　在五月。

(2) 癸巳王卜，貞旬亡畎。王固曰：大吉。
　　在五月，甲午工典其幼。

(3) □□［王卜］，貞……王固［曰］
　　……［在］五月……其酒……

＊有綴合。

1551　（《合集》41842、《合補》12871）
□卯王卜，貞旬亡畎。[王]固曰：吉。
在六月……棟。

1552　（《合集》41843、《合集》37945）
(1) 癸酉王卜，貞旬亡畎。在九月。
(2) 癸未王卜，貞旬亡畎。　三　三
＊他辭爲偏刻。

1553　（《合集》41844、《上博》2426·1466）
(1) 癸酉卜，[貞]王旬亡[畎]。在十月。
(2) □戌……
＊有綴合。

1554　（《合集》41845、《英藏》2627）
(1) 癸丑[卜]，貞王旬亡畎。在十月。　一
(2) 癸亥卜，貞王旬亡畎。在十月。　一
(3) 癸酉卜，貞王旬亡畎。在十月又一。
(4) □□卜，貞……

1555　（《合集》41846、《北珍》1346）
(1) 癸卯卜，[貞]王旬[亡畎]。在十月又□。
(2) 癸丑卜，貞王旬亡畎。
(3) [癸]亥卜，貞王旬亡畎。在十月一。

1556　（《合集》41847、《上博》2426·942）
癸亥卜，貞王旬亡畎。在十月又[一]。

1557　（《合集》41849、《英藏》2571）
(1) 甲子。乙丑。丙寅。丁卯。戊辰。
　　 己巳。庚午。辛未。壬申。癸酉。
(2) 甲戌。乙亥。丙子。丁丑。戊寅。
　　 己卯。庚辰。辛巳。壬午。癸未。
(3) 甲申。乙酉。丙戌。丁亥。戊子。
　　 己丑。庚寅。辛卯。壬辰。癸巳。
(4) 甲午。乙未。丙申。丁酉。戊戌。

己亥。庚子。辛丑。壬寅。癸卯。
(5) 甲辰。乙巳。丙……

1558　（《合集》41850、《英藏》2574）
(1) 甲子。乙丑。丙寅。丁卯。戊辰。
　　 己巳。庚午。辛未……
(2) 甲戌。乙亥。丙子。丁丑。戊寅。
　　 己卯。庚辰。辛巳……
(3) 甲申。乙酉。丙戌。丁亥。戊子。
　　 己丑。庚寅。辛卯……
(4) 甲午。乙未。丙申。丁酉。戊戌。
　　 己亥。庚子。辛丑……

1559　（《合集》41852、《英藏》2569）
(1) 甲子。乙丑。丙寅。丁卯。戊辰。
　　 己巳。庚午。辛未。壬申。癸酉。
(2) 甲戌。乙亥。丙子。丁丑。戊寅。
　　 己卯。庚辰。辛巳。壬午。癸未。
(3) 甲申。乙酉。丙戌。丁亥。戊子。
　　 己丑。庚寅。辛卯。壬辰。癸巳。
(4) 甲午。乙未。丙申。丁酉。戊戌。
　　 己亥。庚子。辛丑。壬寅。癸卯。

1560　（《合集》41853、《英藏》2570）
(1) 甲子。乙丑。丙寅。丁卯。戊辰。
　　 己巳。庚午。辛未。壬申。癸酉。
(2) 甲戌。乙亥。丙子。丁丑。戊寅。
　　 己卯。庚辰。辛巳。壬午。癸未。
(3) 甲申。乙酉。丙戌。丁亥。戊子。
　　 己丑。庚寅。辛卯。壬辰。癸巳。

1561　（《合集》41855、《英藏》2573）
(1) 甲子。乙丑。丙寅……
(2) 甲戌。乙亥。丙子……
(3) 甲申。乙酉。丙戌……
(4) 甲子。乙丑。丙寅……
(5) 甲戌。乙亥。丙子……
(6) 甲子。乙丑。[丙寅]。丁卯。戊
　　 ……

1562 正 (《合集》41857、《東大》1315 正)
    (1) 乙丑。丙寅。丁卯。戊辰。己巳。
        庚……
    (2) ［乙］亥。丙子。丁丑。戊寅。己卯。
        庚辰……

1562 反 (《東大》1315 反)
  ＊反字不清。
    《合集》41857 缺反。

1563 (《合集》41860、《慶應》14)
  庚午，［辛未］，壬申，癸酉，□子。
  ＊《慶應》14 不全。

1564 (《合集》41861、《英藏》2662)
    (1) 癸亥［王卜］,［貞］旬亡［畎］。　二
    (2) 癸酉王卜，貞旬亡畎。　二
    (3) 癸未王卜，貞旬亡畎。　一
  ＊他辭爲習刻。

1565 (《合集》41863、《北珍》1622)
  壬子卜，貞今日征雨。
  ＊有綴合。

1566 (《合集》41864、《英藏》2591)
    (1) 其雨。
    (2) 戊子卜，貞今日曑。
    (3) □曑。
    (4) 乙。

1567 (《合集》41865、《英藏》2592)
    (1) 乙丑卜，貞今日曑。
    (2) 妹（昧）曑。　一

1568 (《合集》41866、《英藏》2567)
    (1) 王其鑄黃吕奠血，重今日乙未利。
    (2) 壬申卜，在盂，今日不雨。
    (3) 其雨。　丝卟
    (4) □寅卜，貞［□日］戊王［田］麋
        不遘大雨。

1569 (《合集》41867、《英藏》2593)
    (1) 癸丑卜，貞今崴亡大水。　一
    (2) 其又大水。　二
    (3) 癸亥卜，貞及丝夕又雨。
    (4) ……夕……［雨］。
  ＊有綴合。

1570 (《合集》41868、《英藏》2590)
  乙酉卜，［貞］今日不［雨］。丝卟。［其］
  雨。

1571 (《合集》41869《懷特》1885)
    (1) 不雨。　丝卟
    (2) 不雨。
    (3) 其雨。　一
        三

1572 (《合集》41870、《英藏》2589)
    (1) 辛酉卜，貞其雨。今日不雨。　丝卟
    (2) 其雨。
  ＊《英藏》2589 不全。

1573 (《合集》41871、《英藏》2588)
    (1) 于□又雨。　二
    (2) 己卯卜，貞今日多雨。
  ＊有綴合。

1574 (《合集》41872、《北珍》1626)
    (1) 辛□［卜］,貞……［不］……
    (2) 貞其雨。□雨。

1575 (《合集》41873、《合集》36141)
    (1) 丙［申卜］,［貞］……文武……丁
        其［牢］。
    (2) □□［卜］,貞……宗……牢。

1576 (《合集》41874、《合集》36041)
    (1) 甲子［卜］,［貞］……武……丁其
        ［牢］。　一

(2) □□〔卜〕，貞……宗……牢。

1577　（《合集》41876、《上博》2426・1059）
(1) 甲子……翌二……
(2) ……窜……三人卯……亡〔尤〕。

1578　（《合集》41877、《北珍》527）
(1) □亥〔卜〕，〔貞〕王窜漀〔亡尤〕。
(2) □未卜……

1579　（《合集》41878、《上博》2426・184）
乙亥卜，貞王窜崴亡尤。

1580　（《合集》41879、《北珍》548）
乙巳卜，貞王窜崴亡尤。

1581　（《合集》41881、《北珍》611）
壬午卜，貞王窜夕崴亡尤。

1582　（《合集》41885、《北珍》566）
(1) 丁酉卜，貞王窜崴〔亡〕尤。
(2) 貞王……叙……

1583　（《合集》41886、《旅》1997）
貞王窜叙亡尤。

1584　（《合集》41888、《上博》2426・312）
貞王窜叙亡尤。

1585　（《合集》41889、《北珍》571）
貞王窜叙亡尤。

1586　（《合集》41890、《北珍》587）
貞王窜叙亡尤。

1587　（《合集》41891、《北珍》578）
(1) 貞王窜叙亡尤。
(2) 翌。
(3) 翌。

1588　（《合集》41896、《上博》2426・1495）
丙寅卜，〔貞〕王窜……彡夕〔亡尤〕。

1589　（《合集》41897、《北珍》2226）
〔貞〕翌日庚王其用，弗每。

1590　（《合集》41898、《旅》1948）
癸丑，王……毓衣……
＊有綴合。

1591　（《合集》41901、《英藏》2615）
(1) 戊辰卜，貞王今夕亡畎。　　一
(2) 庚午卜，貞王今夕亡畎。　　一
(3) 乙未卜，貞王今夕亡畎。
(4) 戊戌卜，貞王今夕亡畎。
(5) 辛丑卜，貞王今夕亡畎。
(6) 癸卯卜，貞王今夕亡畎。
(7) 乙巳卜，貞王今夕亡畎。
(8) 丁未卜，貞王今夕亡畎。
(9) 甲寅卜，貞王今夕亡畎。
(10) 丙辰卜，貞王今夕亡畎。
(11) 戊午卜，貞王今夕亡畎。　　一
(12) 庚申卜，貞王今夕亡畎。

1592　（《合集》41903、《北珍》1270）
丁丑卜，貞王今夕亡畎。

1593　（《合集》41906、《北珍》1294）
(1) 戊戌〔卜〕，貞……
(2) 癸丑卜，貞王今夕亡〔畎〕。

1594　（《合集》41907、《北珍》1276）
丁酉卜，貞王今夕亡畎。

1595　（《合集》41908、《北珍》1261）
(1) 庚子卜，貞今夕亡畎。
(2) 畎。
(3) 畎。

1596　(《合集》41909、《上博》2426・535)
己酉卜，貞王今夕亡　。

1597　(《合集》41910、《合集》38899)
(1) 辛亥卜，貞王今夕亡　。
(2) □丑卜，[貞] 王今 [夕] 亡　。

1598　(《合集》41921 部分、《慶應》4)
癸酉卜，貞王旬亡　。
＊《慶應》4 不全。

1599　(《合集》41923、《英藏》2647)
(1) 癸未 [卜]，[貞王] 旬 [亡　]。
(2) 癸巳卜，貞王旬亡　。
(3) 癸卯卜，貞王旬亡　。　　三
(4) 癸丑卜，貞王旬亡　。　　二
(5) 癸亥卜，貞王旬亡　。　　一
(6) 癸酉卜，貞王旬亡　。

1600　(《合集》41924、《小林》27)
(1) 癸未卜，貞王旬亡　。
(2) 癸巳卜，貞王旬亡　。
(3) 癸卯卜，貞王旬亡　。

1601　(《合集》41925、《英藏》2651)
(1) 癸巳卜，[貞] 王旬亡 [　]。
(2) 癸卯卜，貞王旬亡　。
(3) 癸丑卜，貞王旬亡　。
(4) [癸酉] 卜，[貞王] 旬 [亡]　。

1602　(《合集》41927、《英藏》2648)
(1) 癸未王卜，貞王旬亡　。
(2) 癸巳王卜，貞王旬亡　。
(3) 癸卯王卜，貞王旬亡　。
(4) [癸丑] 王卜，[貞王] 旬亡　。

1603　(《合集》41928、《英藏》2646)
(1) 癸 [酉王卜]，[貞旬] 亡 [　]。
(2) 癸未王卜，貞旬亡　。　　二

(3) 癸巳王卜，貞旬亡　。　　二
(4) 癸卯王卜，貞旬亡　。　　二
(5) [癸酉王卜]，貞 [旬亡]　。

1604　(《合集》41929、《英藏》2649)
(1) 癸巳王卜，貞旬亡　。　　二
(2) 癸卯王卜，貞 [旬亡]　。　　三
(3) 癸丑王卜，貞旬亡　。　　三
(4) [癸亥] 王卜，[貞旬] 亡　。

1605　(《合集》41933、《上博》2426・768)
(1) 癸卯王卜，貞旬亡　。
(2) ……貞……　。

1606　(《合集》41934、《北珍》1376)
癸卯卜，貞王旬亡　。
＊有綴合。

1607　(《合集》41936、《英藏》2656)
(1) 癸 [卯王卜]，貞旬 [亡]　。
(2) 癸丑王卜，貞旬亡　。
(3) 癸亥王卜，貞旬亡　。
(4) 癸酉王卜，貞旬亡　。
(5) [癸未] 王卜，[貞旬亡]　。　　二

1608　(《合集》41937、《英藏》2655)
(1) 癸……
(2) 癸丑卜，貞王旬亡　。
(3) 癸亥卜，貞王旬亡　。
(4) 癸酉卜，貞王旬亡　。　　二
(5) 癸未卜，貞王旬亡　。
(6) …… [　]。

1609　(《合集》41938、《英藏》2659)
(1) 癸丑 [卜]，[貞] 王旬 [亡　]。　　二
(2) 癸亥卜，貞王旬亡　。　　二
(3) 癸酉卜，貞王旬亡　。　　二
(4) 癸未卜，貞王旬亡　。　　二
(5) 癸巳卜，貞王旬亡　。　　二

(6) 癸卯卜，貞王旬亡𡆥。

1610　(《合集》41939、《英藏》2663）
(1) 癸亥王［卜］，貞王旬亡［𡆥］。
(2) 癸酉王卜，貞王旬亡𡆥。　二
(3) 癸未王卜，貞王旬亡𡆥。　二
(4) 癸巳王卜，貞王旬亡𡆥。　二
(5) ［癸卯］王卜，［貞旬］亡𡆥。

1611　(《合集》41940、《小林》26）
(1) 癸亥卜，［貞］王旬亡［𡆥］。　二
(2) 癸酉卜，貞王旬亡𡆥。　二
(3) 癸未卜，貞王旬亡𡆥。　二
(4) 癸巳卜，貞王旬亡𡆥。　二

1612　(《合集》41941、《英藏》2665）
(1) 癸亥王［卜］，［貞］旬亡［𡆥］。　二
(2) 癸酉王卜，貞旬亡𡆥。
(3) ……旬……

1613　(《合集》41943、《合集》39401）
(1) 癸［亥王卜］，貞［旬亡𡆥］。王固
　　［曰：吉］。
(2) 癸酉王卜，貞旬亡𡆥。王固曰：
　　吉。　三
(3) 癸未王卜，貞旬亡𡆥。王固曰：
　　吉。　三
(4) ［癸巳王］卜，［貞旬］亡𡆥。［王固
　　曰］：吉。

1614　(《合集》41944、《英藏》2629）
(1) 癸未王［卜］，貞旬亡［𡆥］。王固曰：
　　［吉］。
(2) 癸巳王卜，貞旬亡𡆥。王固曰：吉。
(3) 癸卯王卜，貞旬亡𡆥。王固曰：吉。
(4) ……𡆥。［王固曰］：吉。

1615　(《合集》41946、《英藏》2633）
(1) 癸［巳王卜］，貞［旬亡𡆥］。王［固

曰：吉］。
(2) 癸卯王卜，貞旬亡𡆥。王固曰：吉。
(3) 癸丑王卜，［貞］旬亡𡆥。［王］固
　　曰：吉。

＊有綴合。

1616　(《合集》41947、《英藏》2637）
(1) 癸□［王卜］，貞……王……
(2) 癸卯王卜，貞旬亡𡆥。王固曰：吉。
(3) 癸丑王卜，貞旬亡𡆥。王固曰：吉。
(4) 癸亥王卜，貞旬亡𡆥。王固曰：吉。
(5) 癸酉王卜，貞旬亡𡆥。王固曰：吉。
　　　三

1617　(《合集》41949、《英藏》2636）
(1) 癸［巳王卜］，貞旬［亡𡆥］。王固
　　曰：吉。
(2) 癸卯王卜，貞旬亡𡆥。王固曰：吉。
(3) 癸丑王卜，貞旬亡𡆥。王固曰：吉。
(4) ［癸亥王］卜，［貞旬］亡𡆥。［王固
　　曰］：吉。

＊《合集》41949 不全。

1618　(《合集》41950、《英藏》2640）
(1) 癸丑［王卜］，貞旬［亡𡆥］。王固［曰：
　　吉］。
(2) 癸亥王卜，貞旬亡𡆥。王固曰：吉。
(3) 癸酉王卜，貞旬亡𡆥。王固曰：吉。
(4) ［癸未］王卜，［貞旬］亡𡆥。［王固］
　　曰：吉。

1619　(《合集》41951、《英藏》2638）
(1) 癸□［王卜］，貞［旬亡𡆥］。王［固
　　曰：吉］。　二
(2) 癸丑王卜，貞旬亡𡆥。王固曰：吉。
(3) 癸亥王卜，貞旬亡𡆥。王固曰：吉。
(4) 癸酉王卜，貞旬亡𡆥。王固曰：吉。
(5) 癸未王卜，貞旬亡𡆥。王固曰：吉。

1620　(《合集》41952、《英藏》2639)

(1) □□［王卜］,貞［旬亡畎］。王［固曰：吉］。

(2) 癸丑王卜,貞旬亡畎。王固曰：吉。

(3) 癸亥王卜,貞旬亡畎。王固曰：吉。　三

(4) 癸酉王卜,貞旬亡畎。王固曰：吉。　三

1621　(《合集》41953、《英藏》2641)

(1) 癸亥王卜,貞旬亡畎。王固曰：吉。

(2) 癸酉王卜,貞旬亡畎。王固曰：吉。

(3) 癸未王卜,貞旬亡畎。王固曰：吉。　一

(4) ［癸巳王卜］,［貞］旬亡畎。王固曰：吉。

1622　(《合集》41954、《英藏》2642)

(1) 癸亥王［卜］,貞旬［亡畎］。王固［曰：吉］。

(2) 癸酉王卜,貞旬亡畎。王固曰：吉。

(3) 癸［未］王卜,貞旬亡畎。王固曰：吉。

(4) ［癸］巳［王卜］,貞旬亡畎。王固曰：吉。

(5) ［癸卯王卜］,［貞旬］亡畎。［王固曰：吉］。

拓本搜聚来源表

本書編號	合集號	換拓片號	重見著拓號	備註
1	39477	英藏607	庫10	
2	39482	英藏191	庫1809	
3	39483	英藏757	金567	
4正、反	39484正、反	英藏772正、反	庫27正、反	
5正、反	39485正、反	英藏776正、反	庫1838正、反	
6	39486	英藏844	庫198	
7正、反	39487	英藏843正、反	庫1976	合集39487缺反
8正、反	39489	英藏補1正、反	金596，合集178不全，後上30.14	合集39489缺反，英藏補1反無字
9	39490	英藏598	庫42	
10正、反	39491正、反	英藏624正、反	庫1621正、反	合集39491正有僞刻，反不全
11正、反	39492	英藏594正、反	金651	合集39492缺反
12正、反	39493	英藏597正、反	庫1509	合集39493缺反
13	39494	英藏595	庫529	
14正、反	39495正、反	旅534正、反	續存下297（正）、298（反），旅博1132正、反	
15正、反	39496正、反	英藏756正、反	庫1794正、反	
16	39497	英藏1296	庫482	
17正、反	39498正、反	英藏1117正、反	庫1535正、反	
18	39500	英藏38	金491	有綴合
19	39501	英藏1290	庫693	
20	39502	英藏1	金459	

本書編號	合集號	換拓片號	重見著拓號	備註
21正、反	39503	英藏1170正、反	金662	合集39503缺反
22	39504	上博2426・639	南上38	
23	39506	北圖3499	南坊4.76	
24	39508	英藏1918	庫647	
25	39509	合集485	寧3.66，歷拓794，歷193	
26	39510	史購214	南師1.56	
27正、反	39513正、反	英藏610正、反	金509正、反	有綴合
28正、臼	39514正、臼	英藏608正、臼	金521，合補51甲	有綴合
29	39515	英藏609	金495，合補51乙	有綴合
30	39516	英藏521	金487	
31	39519	英藏1806	庫188	
32	39520	英藏61	庫1641	
33正、反	39521正、反	英藏149正、反	庫1701正、反	合集39521反不全
34	39524	英藏533	金388	
35	39525	港中大・文1	金1，海桉5，合集826	
36正、反	39526	英藏392正、反	金675	合集39526缺反
37	39527	英藏732	金402	
38	39528+39529	英藏540	庫267部分	
39正、反	39530	英藏539正、反	庫408	合集39530缺反
40	39531	英藏1240	庫181	
41	39532	英藏2473	庫117	有綴合
42	39533	英藏1194	金641	
43	39535	英藏3	庫362	
44	39536	合集984	寧3.54，歷拓5890，北珍277	
45	39537	英藏622	庫321	英藏表誤爲英藏1662
46	39538	英藏408	金481	
47	39539	英藏1253	庫1700	
48	39541	史購61	寧3.77	
49	39543	上博2426・1414	南上41	
50	39545	英藏13	金703	合集摹本與英藏可互補，有僞刻

本書編號	合集號	換拓片號	重見著拓號	備註
51正、反	39548正、反	愛什12正、反	蘇德美日·蘇1正、反，劉愛121	
52	39550正	英藏4	庫1788正	合集39550反無字，英藏4反缺拓
53	39551	合補79	南坊1.14，歷拓4077	
54	39553	英藏1930	庫1955	
55	39554	英藏1757	金523	
56	39557	英藏15	庫1555	有綴合
57	39558	英藏17	庫224	
58正、反	39560正、反	英藏86正、反	金391正、反	
59	39561	北圖4093	南坊4.61	
60	39562	北圖3573	南坊4.57	
61	39563	合集1241	續存下189，鐵214.4	
62	39564	合集1436	書博27，珠401	
63	39565	英藏1159	庫1710	
64	39566	英藏21	庫106	
65正、反	39567	英藏28正、反	庫1749	合集39567缺反
66	39568	史購84	寧3.28	
67	39569	上博2426·655	南上29	
68正、反	39570正、反	英藏31正、反	庫498	合集39570反不全，摹于正旁
69	39571	上博2426·669	南上30	
70正、反	39572	英藏30正、反	金722	合集39572缺反
71	39574	英藏1759	庫26	英藏表誤爲英藏1342
72	39575	英藏29	庫289	
73	39577	英藏2402	金375	
74	39578	北圖3679	南坊4.362	
75	39579	合集14869	中圖372，合集1651，拾2.4，續存上262	
76	39580	英藏34	庫738	
77	39581	上博2426·751	南上31	
78	39582	英藏36	庫1801	
79	39584	英藏37	庫1696	
80	39585	英藏1280	庫531	

本書編號	合集號	換拓片號	重見著拓號	備註
81	39586	英藏40	庫89	
82	39587	英藏42	庫322	
83	39588	英藏39	金555	有綴合
84	39589	英藏660	庫1528	有僞刻。有綴合
85	39590	愛什32	蘇德美日·蘇17，劉愛165	愛什32拓本不全
86	39591	英藏48	庫1773	
87正、反	39592	合集1832正、反	寧3.33，北珍144，歷拓5972正、反	合集39592缺反
88反	39593反	英藏49反	庫1740正、反	合集39593正爲僞刻，英藏49正缺拓
89	39594	英藏51	庫1832	
90	39595	史購77	寧3.32	
91	39596	英藏52	庫613	
92	39597	上博2426·399	南上34	
93	39598	合集15054	續存下218，旅博438，旅395	
94	39601	英藏64	庫298	
95正、反	39602	英藏66正、反	金451	合集39602缺反
96	39604	英藏67	庫19	
97	39605	合補124	寧3.34，歷拓782	
98	39607	北圖3811	南坊4.69	
99	39608	英藏74	庫700	
100正、反	39609正、反	英藏75正、反	庫1816正、反	合集39609反不全
101	39610	英藏1761	庫715	
102	39611	英藏76	庫584	
103	39612	美藏602	七P33	
104正、反	39613	英藏77正、反	庫229	合集39613缺反
105正、臼	39616	英藏78正、臼	金335	合集39616缺臼；正不全，有僞刻
106	39617	英藏79	金637	
107	39618	英藏82	金625	合集17354爲合集39618下部，有綴合
108	39619	旅370	續存下212，旅博46	
109	39620	英藏83	庫483	
110	39621	英藏544	庫1616	

本書編號	合集號	換拓片號	重見著拓號	備註
111	39623	旅371	續存下211，旅博73	
112	39626	英藏1945	金20	有綴合
113	39627	英藏96	庫93	
114	39629	英藏106	庫393	
115	39630	合集2376	南師1.45，甲釋213	
116正、反	39632	合集2361正、反	南輔19反，南輔22正，輔仁19反，輔仁22正，歷拓1327正、反	合集39632缺正，南輔22正是南輔19之正
117	39633	合補166	日彙279，明治3	
118	39637	英藏98	庫517	
119	39639	史購83	南師1.46	
120	39640	英藏102	庫587	
121	39641	英藏104	庫275	
122正、反	39643	英藏111正、反	庫493	合集39643缺反
123	39644	史購76	寧3.38	
124	39646	英藏1265	庫540	
125	39648	英藏350	庫1629	
126	39650	英藏113	庫663	
127正、反	39652正、反	英藏153正、反	庫475正、反	合集39652反不全
128	39653	英藏155	庫260	
129正、反	39655正、反	英藏162正、反	庫1630正、反	合集39655反不全
130	39656	英藏165	庫1848	
131	39657	英藏161	庫642	
132	39663	英藏163	金630	英藏163不全。有綴合
133	39664	合集2762	南坊2.42，善5350，京2003	
134	39665	英藏160	庫157	有綴合
135	39667	英藏170	庫618	
136	39668	北圖4282	南坊4.140	有綴合
137	39670	英藏172	庫1804	
138正、反	39671	英藏173正、反	庫1583	合集39671缺反。有綴合
139	39672	英藏177	庫579	
140	39673	英藏346	庫600	
141	39674	合集2860	南坊1.28，歷拓3983	

本書編號	合集號	換拓片號	重見著拓號	備註
142	39675	瑞3	西瑞7	
143	39676	英藏181	金653	
144	39677	英藏116	庫231	
145正、反	39678	英藏117正、反	庫301	合集39678缺反
146	39679	英藏120	庫214	
147	39680	英藏126	庫1511	
148	39681	英藏122	庫481	
149	39683	東洋新38	日彙308	有綴合
150	39686	合集3016	中圖310，拾11.1	
151	39687	英藏140	庫305	
152	39688	英藏133	金417	
153	39689	英藏132	庫1823	
154	39690	美藏594	七P26	
155	39691	合集4737	中圖320，拾13.15	
156	39692	英藏1768	庫429	
157正、反	39694	英藏148正、反	庫295	合集39694缺反
158	39697	甲骨文拓170	續存下262	
159	39698	英藏184	金642，合補496部分	有綴合
160	39699	合集3287	中圖45，續存上535	有綴合
161	39700	英藏187	庫313	
162	39701	英藏188	金597	有綴合
163	39702	美藏637	七P68	
164	39703	英藏186	庫200	
165正、反	39705正、反	英藏193正、反	庫201正、反	合集39705反不全
166	39706	英藏669	庫1541	有綴合
167	39707	甲骨文拓18	續存下233	
168	39708	英藏189	庫1565	
169	39710	史購3	南師1.51	
170	39711	英藏197	庫1637	
171	39712	春敬之眼2	日彙353	有綴合
172正、反	39713正、反	英藏199正、反	庫1602正、反	合集39713反不全
173	39714	史購李31	南師1.91	
174	39716	英藏1187	金501	有綴合

本書編號	合集號	換拓片號	重見著拓號	備註
175	39717	英藏1188	庫549	有綴合
176	39718	英藏2451	庫1533	
177正、反	39719	英藏補4正、反	金639	合集39719缺反，英藏補4反無字
178	39720	英藏1186	庫1516	
179	39721	英藏462	金380	
180	39723	原骨照片	日彙288	有綴合
181	39724	合集3177	書博32，珠541	
182正、反	39725正、反	英藏215正、反	庫192正、反	
183	39727	合補769	日彙379，明治4	有綴合
184	39728	英藏860	庫444	
185正、反	39729正、反	英藏249正、反	庫320正、反	
186正、反	39730	英藏251正、反	庫253	合集39730缺反
187	39731	上博2426·648	南上12	
188	39734	旅979	續存下242，旅博1128	
189	39737	美藏598	七P30	
190正、臼	39738臼	上博17647·764正、臼	合集444正（南誠8，殷拾16.4正，續1.34.2）、臼（南誠9臼）	合集39738缺正
191正、反	39741	合集3838正、反	虛1417，南博75正、反	合集39741缺反
192	39743	小林2	日彙224	
193	39744	合集4576	續存下484，歷拓7077	
194	39745	英藏324	庫650	
195	39748	小林10	日彙228	
196	39749	英藏2088	金70	
197	39750	北圖3653	南坊4.195	
198	39751	上博2426·404	南上44	
199	39753	英藏859	庫1883	
200	39755	英藏384	庫715 1/2	
201	39756	美藏630	七P61	
202	39760	美藏607	七P38	
203	39761	英藏854	庫603	
204	39762	英藏349	庫1791	

本書編號	合集號	換拓片號	重見著拓號	備註
205	39764	英藏348	庫230	
206	39768	英藏1555	庫1593	
207	39769	合集3995	西瑞2，柏俗8	
208	39770	英藏715	庫380	
209	39771	英藏321	庫1875	
210	39772	合集3978	南輔25，輔仁25，歷拓1373	
211正、反	39773正、反	英藏362正、反	金652正、反	有綴合
212	39774	旅224	續存下472，旅博439	
213	39775	英藏363	庫563	
214正、臼	39776正、臼	英藏403正、臼	金367	
215	39777	英藏404	庫468	
216	39779	愛什14	蘇德美日·蘇4，劉愛95	有綴合
217	39781	英藏353	金699	英藏353不全
218	39782	英藏374	金411	
219	39783	旅203	續存下461，旅博550	
220	39786	合集19519	日彙421，寶2.9	
221	39787	合集4372	寧3.75，歷拓786，歷1103	
222	39788	英藏330	庫696	
223	39789	南博拓1509	虛1628	
224	39790	英藏676	庫1812	
225	39792	合集10860	南坊1.24，歷拓3991	
226	39793	上博2426·906	南上70	
227	39796	合集3923	書博202，珠581	
228	39797	英藏338	庫331	
229	39801	英藏677	庫327	
230	39802	懷特384	書博342，合補1275	
231	39804	英藏1785	庫504	
232	39805	英藏1557	庫675	
233	39807	上博2426·527	南上60	
234	39808	英藏1791	庫215	
235	39811	英藏409	金656	
236	39812	英藏436	庫1547，合補1322部分	有綴合
237	39814	小林5	日彙247	

本書編號	合集號	換拓片號	重見著拓號	備註
238	39815	英藏435	庫1787，合補2489部分	有綴合
239	39816	英藏466	庫602	
240	39817	合集7782	北珍1137，寧3.90，歷拓6040	有綴合
241	39818	史購136	寧3.81	
242	39820	英藏700	庫210	
243	39821	北圖2861	南坊4.124	
244	39823	英藏746	庫365	
245	39824	旅114	續存下336	
246	39825	史購152	寧3.88	
247	39826	美藏592	七P24	
248	39828	合集10202	七T5，歷拓10982	
249	39830	史購165	寧3.71	
250	39833	史購300	南師1.83	
251	39834	英藏526	庫235	
252	39835	英藏528	金590	
253	39836	英藏530	庫226	有綴合
254	39837	英藏531	庫1884	
255	39838	英藏316	庫551	
256	39840	美藏596	七P28	
257	39842	英藏1881	庫182	
258	39843	英藏611	庫494	
259	39844	合集5859	中圖466，續存上1318	
260	39845	英藏535	庫588	
261	39846	英藏534	庫356	
262	39848	英藏1807	庫110	
263	39849	英藏1136	庫720	
264	39851	英藏542	庫536	
265正、反	39853正、反	英藏545正、反	庫1549正、反	合集39853反不全
266	39854	英藏543	金673	有綴合
267	39856	英藏555	金508，合補1853乙	合集39856有縮小
268正、臼	39857	英藏546正、臼	庫1601	合集39857缺臼。有綴合

本書編號	合集號	換拓片號	重見著拓號	備註
269正、反	39858	英藏547正、反	金507，合補1836正、反	合集39858缺反
270	39860	英藏548	庫1553	
271	39861	英藏558	庫1649	
272	39862	英藏550	庫1702	
273	39864	英藏559	金524	
274	39865	英藏556	金650	英藏表誤爲英藏1596
275	39866+9003	合集6313	南師2.86，鐵118.2	合集39866不全。有綴合
276	39867	英藏682	庫1986	
277正、臼	39868正、臼	英藏564正、臼	金522，合補1845部分	有綴合
278	39869	英藏560	金600	有綴合
279正、臼	39870正、臼	懷特955正、臼	骨25正、臼，合補1771正、臼	
280	39871	旅553	續存下289，旅博116	
281	39872	英藏561	庫1600，合補1763部分	有綴合
282正、反、臼	39873正、臼	英藏1179正、反、臼	金525	合集39873缺反
283	39874	英藏566	金364	
284	39877	英藏571	金531	
285	39878	英藏569	金665，合補1845部分	有綴合
286	39879	合集6387	寧3.70，歷拓7462，合補1874部分	有綴合
287	39880	英藏580	金606	有綴合
288	39881	英藏578	金538	
289	39882	英藏579	金539	
290	39883	英藏584	金604	
291	39886	英藏152	庫237	
292	39887	英藏581	庫1599	有僞刻
293	39889	英藏583	庫1558	
294	39891	英藏590	庫1922	
295正、反	39893正、反	英藏589正、反	庫537正、反	
296正、反	39895正、反	英藏588正、反	庫1614正、反	有綴合
297	39896+39897	英藏587	庫1592+庫1554	
298	39898	懷特364	骨4，合補1957	
299	39899	英藏605	庫604	

本書編號	合集號	換拓片號	重見著拓號	備註
300正、反	39900	英藏23正、反	金557	合集39900缺反
301	39901	英藏1808	庫1546	
302正、反	39902	英藏150正、反	庫310	合集39902缺反
303	39903	英藏596	庫706	
304	39904	英藏1191	庫1591	
305	39906	英藏623	庫1739正、反	英藏623反無字，未拓。有綴合
306正、反	39908正、反	英藏626正、反	金666	合集39908反不全
307	39909	合集8683	南師2.94，續2.7.6，歷拓4356	
308	39910	英藏625	庫547	
309正、反	39912	英藏1133正、反	金496	合集39912缺反。有綴合
310正、反、臼	39913	小林1正、反、臼	日彙221	合集39913缺反、臼
311	39914	旅563	續存下306，旅博120	
312	39915	英藏2427	庫501	
313	39916	美藏600	七P32，合集20445	
314	39917	英藏621	庫709	
315	39918	英藏620	庫595	
316	39919	合集28017	中圖41，續存上1943	
317	39920	旅568	續存下310，旅博1047	
318	39921	英藏1812	庫681	
319	39922	英藏617	庫432	
320	39923	史購132	寧3.73	有綴合
321	39925	英藏613	金526	
322	39926	英藏612	庫1806	
323	39927	英藏614	金412	
324	39929	英藏604	庫1810	
325	39930	英藏602	金685	
326	39931	英藏603	庫672	
327	39934	英藏616	金613	
328	39937	英藏606	庫1750	
329	39940	北圖3610	南坊4.179	

本書編號	合集號	換拓片號	重見著拓號	備註
330	39941	英藏618	金663	
331	39943正	合集7085	書博301正、反，珠603（正）	合集7085缺反
332正、反	39944	英藏637正、反	庫306	合集39944缺反
333	39945	英藏649	庫1775	
334	39946	北圖3663	南坊4.98	
335正、反	39947	英藏635正、反	金660	合集39947缺反，正比英藏拓本全
336	39948	英藏1848	庫690	
337正、反	39949正、反	英藏646正、反	庫528	合集39949反不全
338正、反	39950	英藏638正、反	庫722	合集39950缺反
339	39952	英藏657	金498	有綴合
340	39953	英藏151	金709	合集39953不全，有僞刻
341	39954	英藏659	金601	
342	39955	英藏658	庫11	
343	39958	英藏664	庫1573	
344正、反	39959正、反	英藏670正、反	庫704正、反	合集39959反不全
345	39960	上博2426·318	南上49	
346	39961	合集7522	南坊2.33，續存上680	
347正、反	39962	英藏668正、反	庫555	合集39962缺反
348	39963	英藏665	金586	
349	39964	英藏672	金647	
350	39966	英藏424	庫1527	
351正、臼	39967正、臼	英藏593正、臼	金535，合補6539部分	
352	39968	英藏593B	金477，合補6539部分	
353	39969	旅524	續存下313，旅博704	
354	39971	美藏640	七P71，合集20564	
355	39972	合集7643	中圖511，拾15.4	
356	39974	北珍813	寧3.82	
357	39975	英藏686	金410	有綴合
358上、下	39976	上：英藏673；下：英藏461	庫1741	合集39976遙綴有誤
359反	39978反	英藏690	庫1650正、反	合集39978正爲僞刻，反不全；英藏690缺正

本書編號	合集號	換拓片號	重見著拓號	備註
360	39979	英藏1816	庫538	
361	39980	上博2426·1478	南上50	
362	39981	英藏681	金503	
363	39982	合集6374	中圖302，拾4.14	
364	39985	英藏1815	庫1900	
365正、反	39987	史購58正、反	寧3.86	合集39987缺反。有綴合
366	39990	英藏716	庫17，合補2216乙	
367	39992	英藏721	庫273	英藏721不全
368	39993	英藏720	庫167	
369	39994	英藏719	庫646	
370	39995	北圖3703	南坊4.231	
371正、反	39996	英藏710正、反	庫522	合集39996缺反
372	39998	英藏344	庫149	
373	40000	英藏753	庫487	
374	40001正、反	北珍1630正	南師2.164（正）2.165（反）	北珍1630反缺拓
375	40003	英藏675	庫631	
376正、反	40006	英藏723正、反	庫1811	合集40006缺反
377	40007	英藏693	庫620	
378正、反	40012正、反	英藏709正、反	庫1735正、反	
379正、反	40013正、反	英藏722正、反	庫1805正、反	
380	40014	合集8053	中圖341，拾12.5	有綴合，合集40695爲合集40014反
381	40016	合集8014	南師2.133，北珍2405，歷拓5821	
382	40017	上博2426·1180	南上58	
383	40019	旅271	續存下517，旅博383	有綴合
384	40020	美藏659	七P92，合集4485，相92	
385	40021	英藏744	庫492	
386	40025	合集8063	中圖470，續存上777	
387	40026	英藏735	庫383	
388正、反	40027正、反	合集8453正、反	書博296正、反，珠602（正，下）	合集8453正拓本較全。有綴合
389	40028	英藏573	庫502	

本書編號	合集號	換拓片號	重見著拓號	備註
390	40029	英藏549	庫1888	
391	40032	英藏551	金592	
392	40034	上博2426·1217	南上48	
393	40035	合集24152	南坊2.30，善6315	
394	40036	合集15944	寧3.63，北珍802，歷拓5989	
395	40037	英藏641	金659	
396	40039	美藏582	七P15	
397	40042	英藏995	庫688	
398	40043	安陽博2	續存下480	有綴合
399	40044	合集10185	中圖284，續存上170	
400	40046	合集7891	續存下322，浙博31	
401	40047	合集7892	寧3.165，歷拓5910，北珍2214	
402	40049	英藏355	庫625	
403	40050	英藏358	金723	
404正、反	40052	英藏774正、反	庫591	合集40052缺反
405正、反	40053	英藏1264正、反	庫183	合集40053缺反
406	40054	英藏775	庫30	
407	40056	南博拓1771	虛1603	
408正、反	40057正、反	英藏783正、反	庫1923正、反	合集40057反不全
409正、反、臼	40059	英藏414正、反、臼	金473，合補2491部分	合集40059缺反、臼，有綴合
410	40060	英藏759	庫624	
411	40061	英藏758	庫527	
412	40063	上博2426·194	南上5	
413	40065	北圖3178	南坊4.15	
414	40067	北圖3420	南坊4.14	
415正、反	40070	上博2426·304正、反	南上6	合集40070缺正
416正、反	40071正、反	英藏771正、反	庫1817正、反	合集40071反不全
417	40074	英藏787	庫1674	
418	40075	英藏834	金569	
419	40076	英藏835	金715，合補1245部分	有綴合

本書編號	合集號	換拓片號	重見著拓號	備註
420	40077	英藏819	庫557	英藏表誤爲英藏818
421正、反	40078正、反	掇三706正、反	南坊3.17（正）3.18（反），續補5·73·5正：合集2734+合集9534+掇三706	有綴合
422正、反	40079正、反	英藏810正、反	金645正、反，南師2.47（正），合集40088（縮小，缺反）	
423	40081	英藏398	庫542	有綴合
424	40082	英藏補359·3	庫1844	
425	40083	北圖3611	南坊4.275	
426	40084	旅357	續存下348，旅博162	
427正、反	40086	英藏796正、反	庫1681	合集40086缺反
428	40087	英藏797	庫1525	
429	40089	合集9517	七T6，甲零113，歷拓10189	
430	40090	英藏808	庫308	
431	40091	北圖3530	南坊4.53	
432	40092	英藏807	庫697	
433	40093	英藏60	金480，合補2491部分	合集40093摹本比拓本有縮小。有綴合
434	40094	英藏803	金372	
435	40095	英藏798	庫1685，合補2489部分	有綴合
436	40096	合集9713	日彙440，寶2.2，通別二11.6	有綴合
437正、反	40097	英藏812正、反	庫560	合集40097缺反
438正、反	40098	英藏補2正、反	金589	合集40098缺反
439	40099	英藏806	庫1971	
440	40100	英藏816	庫1521	
441	40101	美藏587	七P19	
442正、臼	40102正、臼	英藏811正、臼	庫1597	
443	40103	英藏815	庫236	
444正、反	40104正、反	英藏823正、反	庫165正、反	合集40104不全，正有僞刻
445	40105	英藏822	庫1564	
446	40106	英藏824	金616	有綴合

本書編號	合集號	換拓片號	重見著拓號	備註
447	40107	英藏789	庫1566	
448	40108	英藏790	庫86	
449正、反	40109正、反	英藏791正、反	庫62正、反	
450	40110	英藏2287	庫133	有綴合
451	40111	英藏793	金631	有綴合
452正、反	40112正、反	英藏1160正、反	金717	合集40112反不全。有綴合
453	40113	合集15264	南師2.197，歷拓5601	
454	40114	英藏2286	庫1738	
455	40115	英藏788	庫1684	
456正、反	40116正、反	英藏780正、反	庫407正、反	
457	40117	英藏813	庫140	有綴合
458	40118	英藏818	金373	英藏表誤爲英藏819
459	40119	英藏820	庫333	
460正、反	40121	英藏1679正、反	庫1977	合集40121缺反
461	40122	英藏827	庫91	
462	40123	英藏1103	庫609	
463	40125	續補5.30.1	西瑞1，尊古齋97.1，蘇德美日附録一，合補2596部分	有綴合
464	40126	合集10401上	日彙397，通別二11.3，寶2.4	合集10401爲合集40126的上部
465	40127	英藏862	庫610	
466	40131	南博拓757	虛2141	
467正、反	40133正、反	英藏849正、反	庫1799正、反	
468	40134	英藏1825	庫612	
469	40135	合集10283	南坊2.35，善6921	
470	40137	英藏863+998	庫271	英藏863爲合集40137的上部，英藏998爲合集40137的下部。有綴合
471	40138	史購75	南師1.69	
472	40139	英藏853	庫254	英藏表誤爲英藏378
473	40141	掇三28	續存下357	
474	40142	英藏850	庫615	
475	40143	英藏補10	庫439	

本書編號	合集號	換拓片號	重見著拓號	備註
476	40144	史購74	南師1.68	
477	40145	合集10894	中圖367，續存上765	
478	40152正	合集10281	書博295正、反，珠597正	
479	40156	英藏836	庫652	
480	40157	英藏525	庫576	
481	40158	英藏832	庫290	
482	40159	英藏837	庫402	
483正、反	40161正、反	英藏840正、反	金404正、反	
484	40162	英藏842	金605，合集10614，海楼33	
485	40163	英藏841	庫242	
486	40164	英藏838	庫348	
487	40165	英藏1829	庫375	
488	40166	旅304	續存下345，旅博166	
489	40168	北圖3697	南坊4.178	
490	40170	上博2426·1331	南上51	
491	40171	甲1·0·0508	考釋8部分，写372，合集22370部分	有綴合
492	40173	英藏852	庫361	
493	40174	上博2426·657	南上53	
494	40175	上博2426·966	南上54	
495	40176	合集8760	書博259，珠615	合集8760不全
496	40178	合補2748	寧3.126，文捃408，續補5.94.1、6.427.2，羅四410，尊258	有綴合
497	40179	英藏1611	庫411	
498	40181	英藏459	庫719	
499正、反	40182正、反	美藏572正，573反	七P6正、反	
500	40183	合集24541	南坊2.101，誠280	
501	40185	合集11115	書博314，珠399	有綴合
502	40186	合集11199	續存下332，文捃640	
503	40187	合集20674	南師2.59，續2.26.2	
504	40189	北圖4103	南坊4.79	
505	40192	小林4	日彙245	
506	40199	英藏873	庫676	

本書編號	合集號	換拓片號	重見著拓號	備註
507	40202	英藏878	庫73	
508	40203	上博2426·175	南上42	
509正、反	40204正、反	英藏885正、反	金594正、反	
510正、反	40205	英藏729正、反	金407	合集40205缺反
511	40206	英藏887	庫598	
512	40207	合集11489	續存下147，蘇博新拓1	
513	40210	史購73	南師1.70	合集40210不全
514	40211	合集12533	寧3.15，歷拓5913，北珍1447	
515	40212	冬331	南無327	
516	40215	美藏627	七P58，合集24629	
517	40217	合集4144	北圖5355，合補6660，文捃1695，合集40217，寧3.93	有綴合
518	40220	旅1182	續存下536，旅博693	有綴合
519	40221	羅四411	南坊4.364，四編118，羅四411	
520	40222	英藏1837	庫1778	
521	40223	英藏1836	庫227	
522	40226	慶應11	日彙331	
523	40227	合集1863	西瑞3，柏俗14	
524	40228	英藏643	庫495	
525	40229	英藏970	庫1808	有綴合
526	40230	北珍1679	南師2.167	
527	40231	慶應3	日彙330	
528	40233	英藏1003	庫64	
529	40235	慶應8	日彙333	慶應8不全
530	40238	合補3854	南坊2.10	
531	40239	英藏1024	庫743	
532	40240	英藏1068	庫746	
533	40243	英藏1067	庫701	
534	40244	英藏1060	庫1765	
535	40246	上博2426·271	南上18	
536	40250	合補3683	續存下91，歷拓10995	
537	40251	南博拓382	虛934，合集41093	

本書編號	合集號	換拓片號	重見著拓號	備註
538	40253	英藏1038	庫597	
539	40256	英藏999	庫520	
540正、反	40257正、反	英藏1000正、反	庫202正、反	
541	40259	合集12391	續存下103，文捃561	
542	40260	英藏1008	庫423	
543	40263	美藏610	七P41	
544	40264	英藏1005	庫1615	有偽刻。有綴合
545	40266	英藏1052	庫1767	
546	40272	合集11998	南師2.193，歷拓5773	
547	40275	合集11977	南輔11，輔仁11	
548	40276	英藏1055	庫422	
549	40277	英藏1023	庫131	
550	40278	美藏634	七P65	
551	40279	英藏2073	庫1843	
552	40280	北珍1484	南師2.171，合集12035	
553	40281	北圖3029	南坊4.34	
554	40282	冬468	南無89	有綴合
555	40283	合集24795	南坊2.6，合集41096，善8438	
556	40284	北圖3957	南坊4.36	
557正、反	40285	英藏1030正、反	庫723	合集40285缺反
558	40286	英藏829	庫176	
559	40287	英藏1036	庫1737	
560	40288	合集24826	南坊2.52，善8430	
561	40291	美藏626	七P57	
562	40292	上博2426·777	南上20	
563	40293	合集12126	續存下114，遼博58	
564	40294	上博2426·773	南上21	
565	40295	輔仁12	南輔12	
566	40296	北珍1468	南師2.39	
567	40297	英藏997	金483	有偽刻
568	40298	英藏2064	庫378	
569	40299	北珍1464	南師2.173	

本書編號	合集號	換拓片號	重見著拓號	備註
570	40300	上博2426·996	南上23	
571正、反	40302	英藏1011正、反	金474	合集40302缺反
572正、反	40303	英藏725正、反	庫1559	合集40303缺反
573	40304	英藏1071	庫717	
574	40306	英藏418	庫261	英藏418不全
575	40307	英藏2445	庫107	
576	40308	英藏1846	金711	
577	40311	英藏2086	庫590	
578	40316	歷54	宁3.17	
579	40317	英藏1091	庫1667	
580	40319	英藏619	庫350	
581	40321	英藏924	庫1594	
582	40322	合補3921	南坊2.179，歷藏8415	
583	40323	合補5679	南坊2.2，歷藏14637	
584	40324	北珍1585	南師2.31，合集13134，珠1153	
585	40325	北圖3673	南坊4.22	
586正、反	40326正、反	英藏1079正、反	庫1874正、反	有綴合
587	40327	英藏1081	庫1560	
588	40328	英藏1080	金654	
589	40329	英藏1078	金593	
590	40331	合集22954	南坊2.3，善1046	
591正、反	40332正、反	英藏1082正、反	庫1882正、反	合集40332反不全
592正、反	40334	歷526正、反	合補3940，歷拓830，藏號970	
593	40335	北圖3718	南坊4.24	
594	40337	英藏923	庫511	
595	40338	英藏1554	庫1868	
596	40339	合集13479	中圖333，拾3.12	
597正、反	40340	合補3312正、反	南坊2.46，歷藏21665正、反	合集40340缺正
598	40341	英藏1101	庫209	有綴合
599	40342	英藏1102	庫664	

本書編號	合集號	換拓片號	重見著拓號	備註
600	40343	合集13456	續存下89，河南博8	
601	40344	英藏1100	庫1800	
602	40345	英藏680	金677	
603	40346	英藏1852	庫199	
604	40347	英藏1099	庫382	
605	40348	英藏1096	庫687	
606	40349	合集13386	中圖289，續存上107	
607	40350	美藏606	七P37	
608	40351	合集13404部分	續存下82，合集13404（續存下82+續存下95），旅博1038	
609	40352	英藏1106	金696	有僞刻。有綴合
610正、反	40353正、反	英藏1105正、反	金611正、反	合集40353反不全
611	40354	英藏1609	金387	
612	40355	北圖4078	南坊4.67	
613	40356	英藏1111	庫372	有綴合
614	40357	英藏1112	庫708	有綴合
615	40358	上博2426·632	南上73	
616	40359	英藏1116	金636	
617	40360	英藏724	金478	有綴合
618	40361	英藏1107	庫1562，合補2794部分	合集40361不全。有僞刻
619	40363	英藏2119	金466	合集40363不全
620	40364	合集13534	南坊4.70，北圖3188	
621	40366	上博2426·1410	南上35	
622	40368	英藏1123	庫564	
623正、反	40369	英藏1122正、反	庫1957	合集40369缺反
624正、反	40372	英藏97正、反	庫283	合集40372缺反
625	40373	英藏1124	庫92	
626	40374	英藏2085	金55	有綴合
627	40376	北圖3522	南坊4.148	
628	40378	英藏1126	庫65	
629	40380	英藏131	庫630	
630	40382	合集13922	寧3.119，歷拓784	

本書編號	合集號	換拓片號	重見著拓號	備註
631	40383	英藏164	金674	
632正、反	40384	英藏125正、反	金548	合集40384缺反
633	40386正	合集13926	日彙387正、388反，鐵127.1正，通別二11.1正，寶2.1正	合集13926缺反
634	40389	美藏641	七P75，合集21062	
635	40391	英藏1139	庫607	
636正、臼	40392正、臼	旅361正、臼	續存下68（正）、69（臼），合集14172正，旅361，旅博1116正、臼	
637	40393	英藏1138	庫552	
638	40394	英藏1142	庫521	
639	40395	英藏1141	庫134	
640	40396	懷特83	骨14	
641	40397	英藏1108	庫186	
642	40398	英藏1135	庫1686	有偽刻
643	40399	美藏689	納35.115.1，合集34160	
644正、反	40402	英藏553正、反	金389	合集40402缺反
645	40403	英藏1162	庫543	
646	40404	合集14612	南坊4.55，北圖3748	
647	40407	北圖3770	南坊4.54	
648	40408	合集14626	南坊1.13，歷拓3640	
649	40409	英藏1158	庫570	
650	40410	英藏1157	庫1683	
651反	40411反	英藏1156反	庫1622正、反	合集40411正全爲偽刻，未選
652	40415	英藏1165	庫1572	
653	40416	英藏1152	金595，合補4103部分	
654	40417	英藏1151	金406	
655	40418上	英藏460	庫1579上	英藏拓本上、下不能綴合，英藏460爲合集40418上部，英藏1144爲合集40418下部
656	40418下	英藏1144	庫1579下	
657正、反	40419	英藏1146正、反	庫264	合集40419缺反
658	40420	英藏1147	庫714	

本書編號	合集號	換拓片號	重見著拓號	備註
659	40421	英藏1145	庫1852	
660正、反	40422	英藏1153正、反	庫1803	合集40422缺反
661	40425	英藏1148	庫539	
662正、反	40427	英藏1251正、反	庫1609	合集40427缺反，正有僞刻
663	40428	英藏1150	庫83	
664	40429	英藏996	金638	有綴合
665	40430	英藏1175	金623	有綴合
666正、反	40432正、反	英藏1174正、反	庫1822正、反	
667正、反	40433	東大1314正、反	日彙483，合補4131正、反	合集40435缺反，東大1314反無字
668正、反	40435正、反	英藏1173正、反	金624正、反	
669	40436	合集660	南坊3.36，鐵206.2，歷博拓178	
670正、反	40437正、反	英藏1177正、反	金449正、反	合集40437反不全
671	40438	英藏1180	金664	
672	40440	合集14390	寧3.40，歷拓5961	
673	40441	英藏1172	金405	
674	40442	英藏2087	庫1965	
675正、反	40444	英藏1185正、反	庫1902	合集40444缺反
676	40447	英藏1239	金515	
677	40448	英藏25	庫325	
678	40449	合集14899	南坊1.22，歷拓3993	
679	40450	英藏1241	金456，合補2221部分	有綴合
680	40451	英藏1197	金632	
681	40452	英藏1209	金734	
682	40453	合集15093	日彙418，寶2.5	
683	40459	英藏1857	金356	
684	40460	英藏1183	庫683	
685	40461	旅373	續存下276，旅博53	
686	40464	合集1943	南師2.62，鐵118.3	
687	40467	合集15022	南坊2.17，善4667	
688正、反	40469正，40480反	冬157正、反	南無35正，南無36反	

本書編號	合集號	換拓片號	重見著拓號	備註
689	40470	英藏218	庫685	
690正、反	40471正、反	英藏769正、反	庫556正、反	合集40471反不全
691	40475	合集15118	寧3.55，天45	
692	40476	歷拓8227	虛1623	
693	40479	北圖3689	南坊4.95	
694	40481正	史購139	南師1.1（正）1.2（反）	史購139反缺拓
695	40482	英藏1708	庫1687	
696	40483	英藏1707	金591	
697	40484	英藏2175	庫406	
698	40486	英藏1224	庫575	
699	40487	英藏1226	庫574	
700	40488	英藏1227	庫213	
701正、反	40489	英藏12正、反	庫1585	合集40489缺反
702	40491	上博2426·973	南上59	
703	40493	上博2426·391	南上43	
704	40495	美藏643	七P74	
705	40496	英藏1943	庫1961	
706	40498	英藏1860	庫303	
707	40499	合集15428	寧3.64，歷拓5912	
708正、反	40503正、反	英藏782正、反	庫232正、反	合集40503反不全
709	40504	合集17258	寧3.44，合集15529，天41，歷拓774	
710	40505	英藏1258	庫207	
711	40507	英藏1256	金670	
712	40509正	合集15572	寫96正、反，甲49	合集15572缺反
713	40510	英藏1291	庫177	
714	40512	英藏1252	庫281	英藏表誤爲英藏179
715	40513	英藏1182	庫268	
716正、反	40514正、反	英藏1250正、反	庫1987正、反	
717正、反	40515正、反	英藏180正、反	庫692正、反	合集40515反不全
718	40516	北圖4323	南坊4.94	
719	40517	英藏1263	庫392	
720	40518	愛什4	劉愛126，蘇德美日·蘇2	

本書編號	合集號	換拓片號	重見著拓號	備註
721	40520	英藏1273	庫655	
722正、反	40521	英藏1276正、反	金490	合集40521缺反。有綴合
723正、反	40522	英藏1275正、反	庫1766	合集40522缺反
724	40524	英藏129	金408	
725	40525	英藏1282	金502	
726正、反	40527正、反	英藏784正、反	庫592正、反	
727	40528正	英藏1286	庫353正、反	英藏表誤爲英藏1285。英藏1286缺反，有僞刻
728	40530	英藏1231	庫1598	
729	40532	旅283	續存下43，旅博1055，合集15273	
730	40534	英藏1189	庫601	有綴合
731	40538	小林16	日彙230	有綴合
732	40539	英藏1294	庫499	
733	40541	英藏1293	金731	
734	40542	上博2426·452	南上40	
735	40545	合補6089	寧3.155，文捃1694	有綴合
736	40546	北珍332	南師2.58，合集16179，歷拓5732	
737	40547	英藏2180	庫1849	
738	40550	英藏1288	金472	
739	40551	合集19794	中圖303，續存上1436	
740	40554	英藏1871	庫571	
741正、反	40556反	合集13865正，合集40556反	日彙258反，鐵72.1正	合集40556反未找到拓本，合集13865是40556之正
742	40557	英藏754	庫491	
743	40558	小林33	日彙250	
744	40559	英藏2033	庫1603	
745	40562	上博2426·922	南上33	
746	40563	英藏1617	庫187	
747正、反	40564	續補5.95.1正、反，6.427.3正、反	寧3.1，合補4585，文捃418（正）3.2（反）	合集40564缺反。有綴合
748	40565	英藏1549	庫544	

本書編號	合集號	換拓片號	重見著拓號	備註
749	40566	合集16407	中圖346，拾7.11，續存上844	
750	40567	英藏70	庫346	
751	40568	美藏604	七P35	
752	40571	英藏339	金618	
753正、反	40573	冬470正、反	南無216	合集40573缺反
754正、反	40574正、反	英藏1610正、反	庫211正、反	
755	40575	史購92	南師1.73	
756	40576	合集16521	南師2.127，鐵131.2，歷拓415，凡30.1	
757	40577	冬323	南無217	
758	40583	英藏2238	庫1974	
759	40587	合集16602	寧3.101，歷拓795	
760	40588	合集16603	寧3.102，歷拓813	
761	40590	合集26436	寧3.100，歷拓779	
762	40595	英藏1074	庫569	
763	40597	英藏1588	庫1544	
764	40598	史購56	寧3.107	
765	40599	英藏1595	金570	
766	40600	合集26717	續存上1678，南坊2.39	
767	40603	上博2426・1469	南上62	
768	40604	英藏1586	庫6	
769	40605	英藏634	庫1596	
770正、反	40606正、反	合集16810正、反	續存下421（正）、422（反），遼博21正、反	
771	40607	合集16853	南師2.217，北大3號13	
772正、反	40608	旅733正、反	續存下423	合集40608缺反。有綴合
773	40609	英藏1582	庫1694	
774正、反	40610正、反	英藏886正、反	庫1595正、反	
775	40611	美藏568	七P3	
776	40612	冬479	南無228	
777	40613	英藏1561	庫239	
778	40614	小林9	日彙233	
779	40616	美藏569	七P4	

本書編號	合集號	換拓片號	重見著拓號	備註
780正、反	40617	英藏1229正、反	庫1814	合集40617缺反
781	40618	上博2426·580	南上61	
782	40620	美藏617	七P48	
783	40621	瑞4	西瑞4	
784	40622	英藏417	庫573	
785	40623	英藏1576	庫240	
786	40624	英藏1569	庫705	
787	40626	合集7978	南坊1.33，歷拓3985	
788正、反	40629	英藏491正、反	庫1975	合集40629缺反
789正、反	40630	懷特484正、反	骨13，合補5108	合集40630缺反
790	40631	英藏1570	庫635	
791正、反	40632正、反	上：英藏501正、反；下：英藏484正、反	庫1802正、反	此版綴合不成立。英藏501爲合集40632的上部；英藏484爲合集40632的下部
792	40633	英藏718	庫1708	
793正、反	40638	英藏1616正、反	金741	合集40638缺反
794	40639	英藏1620	庫351	
795	40641	英藏1657	庫311	
796	40643	英藏600	庫1517	有僞刻
797正、反	40644正、反+41066正、反	英藏補2000+2032正、反	庫1635正、反+庫1634正、反，合補7237正、反	合集40644正不全，且全爲僞刻，英藏2032正不全；合集41066正、英藏2032正有二辭爲真，其餘爲僞刻。合集40644缺反
798	40646	英藏1439	庫1934	
799	40648正	合集17357	書博265正、反，珠461（正）	合集17357缺反
800	40654	合補5178	書博227，珠554	
801	40655	小林8	日彙229	
802正、反	40656	合集3778正、反	續存下241，歷拓10691正、反	合集40656缺反
803正、反	40662	英藏640正、反	金383	合集40662缺反

本書編號	合集號	換拓片號	重見著拓號	備註
804	40664	合集17734	書博297，珠606	
805正、反	40666正、反	英藏481正、反	庫634正、反	
806	40667	合集17742	書博310，珠607	
807	40668	合集17738	書博311，珠608	
808正、反	40669	合集6383正、反	南無174，冬248正、反	合集40669缺正
809正、反	40672正、反	北圖2661正、反	南坊4.19（正）4.20（反）	
810正、反	40675正、反	旅289正、反	續存下15（正）16（反），旅博29正、反	
811臼	40678	合集9415	虛726	
812臼	40680臼	英藏425臼	庫1705	合集40680正全僞
813臼	40682臼	英藏431臼	庫1703	合集40682正全僞
814正、臼	40684臼	合集17517正、臼	南坊2.1，善50臼	合集40684缺正。有綴合
815臼	40687臼	英藏426臼	庫1604	合集40687正全僞，英藏426正缺拓
816臼	40688臼	英藏427臼	庫1610	合集40688正全僞，英藏427正缺拓
817	40689	英藏432	庫287	
818	40690	合集9444	虛180	
819臼	40692	合集17580	南坊1.6，歷拓3934	
820正、反	40693反	上博2426·303正、反	南上11反，合集13852正，京1651，南上10正，摭續300正	合集40693缺正。合集13852是合集40693之正
821臼	40694	輔仁9	南輔9	
822	40697	英藏1643	庫156	
823	40698	英藏1642	庫443	
824反	40699	北圖3644反	南坊4.3反，南坊4.2正	北圖3644正面有字，缺拓
825	40700	美藏620	七P51	
826	40703	北圖3890	南坊4.551	
827	40708	美藏629	七P60	
828	40711	英藏1714	庫431	
829	40712	北圖3691	南坊4.205	
830正、反	40717	英藏359正、反	庫596	合集40717缺反
831	40724	北珍2544	南師2.40，合集18952	

本書編號	合集號	換拓片號	重見著拓號	備註
832	40728	北圖3198	南坊4.155	
833	40730	合補10258	續存下558，歷拓3138	
834	40732	北圖3771	南坊4.230	
835	40733	英藏755	庫641	
836	40734	英藏335	庫38	
837	40736	掇三779	南坊3.107	有綴合
838正、反	40737正、反	英藏361正、反	庫1826正、反	合集40737反不全，正有僞刻
839	40738	英藏504	庫561	
840	40741	北圖3430	南坊4.112	
841	40744	美藏599	七P31	
842	40748	英藏1399	庫662	
843	40749	美藏636	七P67，合集21458	
844	40750	上博2426·625	南上27	
845正、反	40751	合集18514正、反	南坊1.71，歷拓3959正、反	合集40751缺反
846	40752	英藏1792	庫459	
847	40755	史購155	南師1.191	
848	40757	英藏393	庫653	
849	40758	英藏1805	庫605	
850	40759	英藏1364	庫269	
851	40760	英藏1612	庫1906	
852	40762	英藏136	庫670	
853	40763	英藏416	庫316	
854	40764	英藏751	庫203	
855	40765	英藏406	庫550	
856	40766	北圖3754	南坊4.282	
857	40767	史購176	南師1.190	
858	40768	合集11455	續存下379，吉博250	
859	40769	美藏589	七P21	
860	40770	北珍2367	南師2.43，合集19116	
861	40773	英藏1694	庫1917	
862	40775	美藏619	七PS0	
863	40776	英藏1783	庫673	

本書編號	合集號	換拓片號	重見著拓號	備註
864	40779	合集13470	寧3.24，北圖5372	
865	40780	英藏1076	庫410	
866	40783	英藏1014	金341	
867	40784	英藏320	庫637	
868	40786	合集31928	續存下355，京4548	
869正、反	40790	合集4955正、反	南坊1.47，歷拓3962正、反	合集40790缺反
870	40791	英藏1128	庫724	
871	40793	合集7224	寧3.99，京1727，北圖2721	
872正、反	40794	英藏712正、反	庫185	合集40794缺反
873	40795	英藏713	庫330	
874	40797	上博2426·267	南上76	有綴合
875	40799	合集21181	虛1001	
876	40803	南博拓1150	虛1510	
877	40809	北圖3334	南坊4.159	
878	40810	英藏1681	庫656	
879	40813	上博2426·1335	南上74	
880正、反	40814反	南博拓1744正、1745反	虛1432	合集40814缺正
881	40815	英藏1781	庫220	
882	40816	英藏1782	庫691	
883	40817	英藏1867	金409	
884	40818	英藏1784	庫1807	
885	40820	英藏1779	金727	
886	40821	英藏1780	庫257	
887	40823	英藏1794	庫1833	
888	40824	英藏1236	庫1829	
889	40825	英藏1813	金739	
890	40827	英藏1764	庫689	
891	40828	合集20005	續存下590，歷拓10707	
892	40829	英藏1766	庫234	
893	40830	英藏1767	金415	有綴合
894	40831	英藏1758	庫249	
895	40832	合集20075	日彙23	合集40832不全

本書編號	合集號	換拓片號	重見著拓號	備註
896	40835	美藏638	七P72，合集20673	
897	40836	合集21084	書博320，珠612	
898	40838	合集19999	書博220，珠530	
899	40839	合集20478	南坊5.23，河南隊165—2，中圖26	
900	40840	上博2426·274	南上28	
901	40841	美藏663	七P96，合集20117	
902	40842	美藏644	七P69，合集20145	
903	40844	冬591	南無156	
904	40846	英藏1821	庫1931	
905	40847	英藏1776	庫658	
906	40849	合補8733	日彙278，明治7	
907	40850	史購6	南師1.95	
908	40852	英藏1763	庫1606	
909	40853	英藏1765	金357	
910正、反	40854正、反	英藏174正、反	庫469正、反	
911	40856	英藏1770	金738	有綴合
912	40857	冬6	南無240	
913	40858	英藏1762	庫189	
914	40859	英藏1787	庫616	
915	40860	史購140	南師1.97	
916	40861	英藏1841	金33	
917	40864	天理308	日彙325，合補6755	
918	40865	懷特1496	骨11，合補6858	
919	40866	美藏1	庫972，北美10，合補13267	合集40866不全，有習刻。有綴合
920	40867	英藏1771	庫1781	有綴合
921	40873	英藏1900	庫1557	有僞刻
922	40874	上博2426·327	南上47	
923	40876	英藏1907	庫1949	
924	40877	英藏1906	庫1657	
925	40879	英藏1903	金486	有綴合
926	40881	英藏1899	庫698	

本書編號	合集號	換拓片號	重見著拓號	備註
927	40882	上博2426・1168	南上46	有綴合
928	40883	英藏1897	庫703	
929	40885	英藏1909	庫648	
930	40886	英藏1893	庫645	
931	40887	上博2426・961	南上45	
932	40888	英藏1822	金622	
933	40890	英藏1914	金403	有綴合
934	40891	英藏1913	金679	有綴合
935	40892	英藏1850	庫1668	
936	40893	英藏1892	庫337	
937	40894	英藏1789	庫548	
938	40896	英藏1777	金620	
939	40897	英藏1921	庫559	
940	40902	上博2426・427	南上56	
941	40903	英藏1911	庫103	有綴合
942	40905	英藏1827	庫755	
943	40906	英藏1795	庫191	
944	40908	懷特1350	骨7，合補9096	
945	40909	英藏1866	庫421	
946	40912	英藏1972	金694	合集40912不全
947	40913	合集26971	書博225，珠87	
948	40914	英藏1977	庫1551	
949	40916	英藏1946	庫1526	
950	40917	旅1507	續存下662，旅博175	
951	40918	英藏1973	庫109	
952	40919	南博拓799	虛1899	
953	40920	英藏2417	金385	
954	40921	英藏2502	金550	
955	40924	英藏1998	金729	
956	40926	英藏1924	金122	
957	40927	英藏1925	金84	
958	40928	愛什25	劉愛167，蘇德美日・蘇13	

本書編號	合集號	換拓片號	重見著拓號	備註
959	40929	美藏656	七P89，合集22638；合集24873，相89	有綴合
960	40930	史購203	寧3.189	
961	40931+40932	英藏1928	金26	
962	40933	英藏1929	庫1933	
963	40935	旅1339	續存下605，旅博1075	
964	40936	合集25864	南坊2.054，善3202	
965	40937	美藏645	七P78，合集22715，合集26486，拓78	
966	40939	英藏1933	金7	
967	40940	南博拓62	虛1962，合集35506	
968	40941	英藏1934	庫315	
969	40942	旅1464	續存下608，旅博78	
970	40943	英藏1938	庫1939	
971	40946	美藏673	七P106，合集26849	
972	40948	英藏1965	金79	
973	40949	旅1770	續存下613，旅博174	
974	40950	美藏671	七P104，合集25339	
975	40951	小林11	日彙232	
976	40952	合補6981	日彙276，明治6	
977	40953	美藏679	七P113，合集22905	
978	40954	合集25980	虛0730	
979	40955	史購196	寧3.190	
980	40957	英藏2041	金123	
981	40959	英藏1940	金75	
982	40960	上博2426·619	南上83	
983	40961	英藏1942	庫1860	
984	40963	北圖2789	南坊4.361	
985	40964	合集23023	南坊2.061，後上03.18（不全），善1057，粹254	
986	40969	上博2426·479	南上84	
987	40970	美藏647	七P80，合集22729，合集23116	
988	40971	合補8627	日彙277，明治1	

本書編號	合集號	換拓片號	重見著拓號	備註
989	40973	英藏1957	金530	
990	40975	英藏1953	金76	
991	40977	英藏1958	金414	
992	40978	北珍370	寧3.193	
993	40979	英藏1955	庫1894	
994	40981	英藏1960	庫1958	
995	40982	英藏2267	金202	
996	40983	合補7012	日彙385，明治5	
997	40984	美藏664	七P97，合集23346	
998	40986	英藏1961	金121	
999	40988	英藏1963	庫1940	
1000	40990	英藏1964	金82	
1001	40993	合集36308	虛1934，南博拓221	
1002	40994	合集23319	虛846，南博拓212	
1003	40995	英藏1937	金6	
1004正、反	40997	英藏110正、反	庫640	合集40997缺反
1005	40998	英藏1969	金462	
1006	40999	英藏1971	金59	
1007	41000	英藏1974	金60	有綴合
1008	41001	南博拓173	虛1728	
1009	41004	旅1356	續存下626，旅博349	
1010	41005	英藏1976	金500	
1011	41007	旅1357	續存下629，旅博240	
1012	41008	英藏142	庫328	英藏142不全
1013	41009	英藏2107	庫1925	
1014	41010	合集23550	寧3.194，北圖4288	有綴合
1015	41011	英藏1978	金413	
1016	41017	美藏650	七P83，合集23653	
1017	41018	英藏1995	庫116	
1018	41019	史購209	寧3.124	
1019	41020	英藏1994	金78	
1020	41021	英藏1996	庫1563	
1021	41023	英藏1948	庫1542	

本書編號	合集號	換拓片號	重見著拓號	備註
1022	41024	英藏1989	庫599	
1023	41025	北圖4030	南坊4.161	
1024	41026	上博2426·701	南上89	
1025	41027	英藏1923	金124	
1026	41028	史購222	寧3.094	有綴合
1027	41029	美藏583	七P16	
1028	41031	英藏2026	庫1877	
1029	41032	英藏2025	金83	
1030	41034	小林12	日彙234	
1031	41035	英藏2239	庫1732	
1032正、反	41036正、反	英藏2043正、反	金61正、反	合集41036反不全
1033	41037	北圖3490	南坊4.123	
1034	41041	英藏2001	金397	
1035	41043	史購192+193	南師1.113	
1036	41045	合補8482	南坊2.143，歷藏14535	
1037	41048	英藏2011	金8	
1038	41053	英藏2014	金11	
1039正、反	41059正、反	英藏1861正、反	庫1759正、反	合集41059反不全
1040	41060	英藏2200	庫1588	
1041	41061	愛什96	劉愛116，蘇德美日·蘇39	
1042	41068	英藏2035	庫1671	
1043	41070	英藏2038	金85	
1044	41071	合集24253	南師2.189，北珍2822	
1045	41072	愛什67	愛博15，蘇德美日·蘇40，劉愛105	
1046	41074	英藏2111	庫464	
1047	41075	英藏2042	金25	有綴合
1048	41077	美藏649	七P82，合集31235	
1049	41078	合集24468	續存下669，遼博093	
1050	41079	合補7258	日彙383，明治11	
1051	41080	合集24485	七P95，美662	
1052	41083	英藏1966	金66	
1053	41086	英藏2047	金17	

本書編號	合集號	換拓片號	重見著拓號	備註
1054	41087	合集11359	日彙402，寶2.7	
1055	41088	英藏2090	金504	有綴合
1056	41089	小林20	日彙249	
1057	41091	英藏2083	庫505	
1058	41092	合集24694	書博258，珠430	
1059	41095	英藏2071	庫223	
1060	41097	合集12112	日彙067，日見13	
1061	41099	上博2426・718	南上24	
1062	41101	上博2426・805	南上25	
1063	41102	合集12072	書博134，珠428	
1064	41103	英藏2075	庫1538	
1065	41104	小林17	日彙248	
1066	41106	美藏681	七P115，合集29817	
1067	41107	英藏1077	庫1895	
1068	41109	美藏669	七P102，合集26814	
1069	41110	冬55	南無480	
1070	41112	英藏2177	庫221	英藏2177不全
1071	41113	英藏2050	庫314	
1072	41116	史購201	寧3.196	
1073	41118	合集22828	金31，海椟15	有綴合
1074	41119	英藏1997	金730	
1075	41120	英藏2100	庫1783	
1076	41124	慶應10	日彙339	
1077	41125	美藏674	合集25944，合集25123，七P107，相107	有綴合
1078	41126	合集25149	寧3.201，歷拓6064	
1079	41127	美藏670	七P103	
1080	41128	美藏660	七P93	
1081	41130	旅1490	續存下600	
1082	41131	合集25150	南坊2.084，善2567	
1083	41133	合集23424	南坊2.085，善1370	
1084	41134	合補7497	日彙380	
1085	41135	英藏2110	金90	

本書編號	合集號	換拓片號	重見著拓號	備註
1086	41136	英藏2109	金91	
1087	41137	英藏2169	庫1885	
1088	41140	旅1491	續存下648	
1089	41142	慶應9	日彙329	
1090	41145	英藏1954	金21	有綴合
1091	41146	旅1431	續存下639	
1092	41147	合集25271	南坊2.072，善1455	
1093	41150	美藏654	七P87，合集30550	
1094	41151	北珍573	南師2.243	
1095	41153	合集25326	南坊2.073，善0973	有綴合
1096	41155	南博拓604	虛1360	
1097	41157	合集25372	書博75，珠383	
1098	41158	英藏2091	庫96	
1099	41159	上博2426·1050	南上124	
1100	41161	英藏2179	庫1620	
1101	41162	美藏655	七P88，合集23401	
1102	41163	愛什47	愛博8，蘇德美日·蘇31，劉愛124	有綴合
1103	41164	南博拓447	虛392，合集25432	
1104	41165	合補8155	日彙384	
1105	41166	愛什46	蘇德美日·蘇30，劉愛150	愛什46不全
1106	41167	北珍265	寧3.197	
1107	41169	英藏2127	庫326	
1108	41170	愛什118	愛博7，蘇德美日·蘇36，劉愛149	合集41170不全
1109	41172	美藏666	七P99，合集25524	
1110	41173	英藏2124	金19	
1111	41175	殷拾9.2	南誠71，合補7620，歷拓9795，上博17647.588	
1112	41176	小林13	日彙252	
1113	41182	美藏612	七P43，合集23784	
1114	41183	旅443	續存下257，旅博1063	
1115	41184	英藏2082	金46，寶2.13	有綴合

本書編號	合集號	換拓片號	重見著拓號	備註
1116	41187	旅1458	續存下635，旅博148	
1117	41188	美藏661	七P94，合集25650	
1118	41189	合集25649	寧3.191，龜餘10，歷拓5963	
1119	41191	小林15	日彙239	
1120	41192	英藏1959	庫1871	
1121	41193	愛什43	愛博16，蘇德美日·蘇20，劉愛164	有綴合
1122	41194	上博2426·678	南上86	
1123	41195	合集26026	寧3.207，歷拓5985	
1124	41196	英藏2184	金75 1/2	
1125	41197	愛什55	愛博11，蘇德美日·蘇32，劉愛123	合集41197不全
1126	41198	英藏2141	金10	
1127	41199	北珍388	寧3.195	
1128	41203	美藏657	七P90，合集25674	
1129	41204	英藏2144	庫1825	
1130	41205	美藏667	七P100，合集25708	
1131	41207	愛什58	愛博27，蘇德美日·蘇35，劉愛155	
1132	41208	南博拓663	虛913	
1133	41209	英藏2161	庫1589	有綴合
1134	41210	南博拓563	虛993	
1135	41211	美藏665	七P98，合集25770	
1136	41213	慶應6	日彙338	
1137	41214	英藏2347	庫1772	
1138	41215	英藏2174	庫476	
1139	41217	英藏2166	庫33	
1140	41220	北珍1202	寧3.215	
1141	41221	英藏2222	金5	
1142	41224	英藏2223	庫1656	
1143	41225	英藏2228	庫1607	英藏表誤爲合集41223
1144	41227	英藏2185	庫1870	英藏表誤爲合集41226

本書編號	合集號	換拓片號	重見著拓號	備註
1145	41228	上博17647·403	南誠78，合集23620不全，殷拾15.5	
1146	41231	合集26606	南師2.187，歷拓10761	合集41231不全。有綴合
1147	41233	英藏2235	金337	有綴合
1148	41238	合集26674	七P79，美646，相79	
1149	41239	愛什104	愛博2，蘇德美日·蘇41，劉愛7	愛什104不全
1150	41240	愛什103	愛博9，蘇德美日·蘇43，劉愛4	
1151	41243	愛什105	愛博1，蘇德美日·蘇42，劉愛6	合集41243不全
1152	41246	愛什102	愛博14，蘇德美日·蘇44，劉愛5	
1153	41247	美藏672	合集26722，七P105	
1154	41249	合補7334	日彙382，明治2	
1155	41250	明後2098	南明399	
1156	41251	愛什106	愛博05，蘇德美日·蘇45，劉愛14	
1157	41252	上博2426·672	南上90	
1158	41253	合集26227甲	南坊2.118	
1159	41254	合集26399	金15，海桉17	
1160	41255	愛什108	愛博3，蘇德美日·蘇46，劉愛11	
1161	41256	合補8248	南師2.182，歷拓4165	合補8248不全
1162	41257	北珍1179	寧3.210	
1163	41258	旅1637	續存下677，旅博176	
1164	41259	英藏2207	金13	合集41259不全
1165	41260	北珍1177	寧3.209	
1166	41261	北珍1176	寧3.212	
1167	41264	史購194	寧3.211	
1168	41265	旅1644	續存下685，旅博121	
1169	41268	慶應2	日彙337	
1170	41269	南博拓1126	虛850	
1171	41270	合補7958	南坊2.128，歷藏18854	
1172	41271	史購191	寧3.213	史購191不全

本書編號	合集號	換拓片號	重見著拓號	備註
1173	41272	美藏651	七P84，合集26101	
1174	41275	小林18	日彙253	
1175	41277	合集26152	日彙461，小川3	
1176	41278	歷1385	寧3.202，歷拓803，合補7986	
1177	41280	合補7976	寧2.101	
1178	41281	合集24985	南坊2.170，善5886	
1179	41282	英藏2197	庫1970	
1180	41284	合集25004	南坊1.46，歷拓4006	
1181	41286	史購190	寧3.217	
1182	41287	合集23017	南坊2.098，善4693	有綴合
1183	41288	英藏2171	庫726	
1184	41289	英藏2172	金50	
1185	41290	合集24647	南坊2.139，京3630，善15490	
1186	41293	英藏2257	庫657	英藏表爲英藏1114
1187	41294	合集26785	書博274，珠588	
1188	41295	美藏613	七P44	
1189	41303	英藏2466	金393	
1190	41304	英藏2351	金398	
1191	41306	史購268	南師1.151	
1192	41308	英藏2336	金381	
1193	41312	英藏2259	庫1768	有綴合
1194	41313	合集27141	寧1.168，歷拓2709	
1195	41315	合集19842	虛1359，南博拓114	
1196	41316	愛什181	愛博20，蘇德美日·蘇60，劉愛188	
1197	41317	英藏2264	金14	有綴合
1198	41319	合集27170	金74，海桜29	
1199	41320	英藏2261	庫1768	有綴合
1200	41322	英藏2367	金3	
1201	41323	英藏2270	庫1714	
1202	41324	英藏2268	庫1633	英藏2268有僞刻
1203	41325	慶應7	日彙340	

本書編號	合集號	換拓片號	重見著拓號	備註
1204	41326	上博2426·685	南上32	
1205	41329	英藏1912	金657	
1206	41330	合集19899	中圖354，拾2.7	
1207	41331	英藏2274	金361	合集41331不全，有偽刻
1208	41334	詮釋456	虛960	合集41334摹自詮釋456反印在泥上的陽文
1209	41336	北珍1618	寧3.229	
1210	41339	史購224	寧3.228	
1211	41340	英藏527	金609	
1212	41341	合集27972	中圖76，京人2142	合集27972不全
1213	41342	英藏2526	金603	
1214	41343	英藏2284	庫1771	合集41343不全
1215	41344	慶應5	日彙347	
1216	41345	英藏2325	庫69	
1217	41346	英藏2324	庫70	
1218	41347	英藏2299	庫171	
1219	41348	英藏2294	金401	
1220	41349	英藏2290	金370	
1221	41350	英藏2295	庫1660	
1222	41351	英藏2289	金182	
1223	41352	明後2328	南明740	
1224	41353	合補9146	南坊2.196，歷藏6677	
1225	41361	慶應1	日彙344	慶應1不全
1226	41363	輔仁79	南輔79	有綴合
1227	41364	英藏2316	金353	
1228	41366	英藏2312	金192	
1229	41367	英藏2315	庫23	
1230	41368	英藏2318	金366	
1231	41369	旅1831	續存下822	
1232	41370	合補8992	南坊2.193	
1233	41373	英藏2314	庫135	有綴合
1234	41376	史購241	南師1.169	
1235	41381	合集28746	南坊2.194，善6739	

本書編號	合集號	換拓片號	重見著拓號	備註
1236	41382	慶應16	日彙343	
1237	41385	輔仁75	南輔75	
1238	41389	合集35258	寧1.250	
1239	41394	合集27706	書博334，珠579	
1240	41395	上博2426·555	南上93	
1241	41397	合集11811	南輔10，輔仁10	
1242	41398	輔仁50	南輔50	
1243	41399	史購257	南師1.119	
1244	41403	上博2426·1113	南上15	
1245	41404	合集30360	寧3.233，北圖5354	
1246	41406	上博2426·601	南上98	
1247	41408	慶應17	日彙341	
1248	41409	英藏2364	庫1689	
1249	41411	英藏2366	金189	
1250	41416	小林21	日彙254	
1251	41420	合集15795	寧3.232，北圖5360	
1252	41421	慶應18	日彙342	
1253	41422	英藏2327	金378	
1254	41423	史購258	南師1.179	
1255	41424	合補10166	南坊2.190，歷藏20364	
1256	41425	合補10305	南坊2.204，歷藏12455	
1257	41427	上博2426·94	南上102	
1258	41428	合集29588	南坊2.188，善3506	
1259	41429	英藏2373	金351	
1260	41431	合補9979	寧3.236，文捃444	合集41431漏摹"丑"字
1261	41432	小林14	日彙256	
1262	41433	上博2426·1040	南上105	
1263	41434	旅1750	續存下843，旅博173	合集41434不全。有綴合
1264	41437	合集31531	續存下831（不全），續存下143，歷拓3119	合集41437不全
1265	41439	史購225	寧3.234	
1266	41440	北珍1240	南師2.216	
1267	41441	合集30200	南坊2.198，善7822	

本書編號	合集號	換拓片號	重見著拓號	備註
1268	41443	小林22	日彙251	有綴合
1269	41446	合集31860	書博87[書博256]，珠534	
1270	41448	合集39437	中圖176，掇二434	
1271	41451	北圖4058	南坊4.429	
1272	41455	上博2426·269	南上101	有綴合
1273	41456	英藏2406	金191	
1274	41458	英藏2404	金120	英藏2404不全。有綴合
1275	41459	英藏2478	庫1646	
1276	41460	合集32018	中圖90，續存上1885	
1277	41461	英藏2411	金118	
1278	41462	英藏2455	庫81	
1279	41463	英藏2454	庫1648	
1280	41464	英藏2453	庫31	英藏2453不全
1281	41465	懷特1644	續存下783，合補10420	
1282	41467	英藏2458	庫1722	有綴合
1283	41468	英藏2398	金354	
1284	41469	英藏6	庫111	
1285	41470	合集32352	南坊2.182，粹102，善619	
1286	41471	史購22	南師1.133	
1287	41472	史購15	南師1.134	有綴合
1288	41473	英藏2260	金28	
1289	41474	英藏2400	金365	
1290正、反	41475	合集22421正、反	寫195，甲387	合集41475缺反。有綴合
1291	41476	英藏2401	庫1645	
1292	41478	英藏2405+2409	庫1742	英藏2409爲合集41478的上部；英藏2405爲合集41478的下部
1293	41479	美藏658	七P91，合集32455	
1294	41480	合集32450	南坊1.79，考賽8	
1295	41481	英藏2403	庫1697	英藏2403有僞刻
1296	41482	英藏2463	庫1777	
1297	41483	史購250	南師1.138	
1298	41484	上博2426·679	南上96	

本書編號	合集號	換拓片號	重見著拓號	備註
1299	41485	英藏2263	庫20	
1300	41486	美藏687	納35.115.2，合集32600	
1301	41487	上博2426·326	南上97	有綴合
1302	41488	英藏2408	金29	
1303	41490	英藏2269	庫1717	
1304	41491	英藏2271	庫1716	
1305	41492	史購267	南師1.140	
1306	41493	上博27610	南坊1.80，合集27516	合集41493、上博27610各有缺失
1307	41497	愛什186	蘇德美日·蘇72，劉愛111	有綴合
1308	41498	合集32774	中圖42，誠350（不全），京2175（不全）	合集41498不全
1309	41500	懷特1650	續存下846	
1310	41502	史購31	南師1.152	
1311	41503	英藏2413	金349	
1312	41504	英藏2301	庫37	英藏2301不全
1313	41506	英藏2496	庫1718	
1314	41507	英藏312	金690	合集41507不全
1315	41509	小林3	日彙225	
1316	41511	英藏2435	金369	
1317	41513	史購240	南師1.159	有綴合
1318	41514	小林23	日彙235	
1319	41516	英藏2310	庫1744	
1320	41518	小林7	日彙255	
1321	41520	上博2426·173	南上94	
1322	41521	合集27764	續存下829，京4611，華東師大23	
1323	41523	史購255	南師1.128	
1324	41524	史購265	南師1.181	
1325	41526	英藏2423	金392	
1326	41527	英藏2422	金200	
1327	41528	英藏2421	庫3	
1328	41529	英藏2326	金374	

本書編號	合集號	換拓片號	重見著拓號	備註
1329	41530	愛什165	愛博10，蘇德美日・蘇68，劉愛101	
1330	41533	合集8660	書博185，珠560	
1331	41534	合集32904	南坊4.411，京4393	
1332	41535	英藏2288	庫1715	有綴合
1333	41537	合集33297	南師2.196，歷拓4427	合集33297是歷拓4427，此版係已綴合後的拓本，合集41537爲此版右，續6.12.7（不全）爲此版左
1334	41540	英藏2428	庫1644	
1335	41541	英藏2430	庫47	
1336	41542	英藏2431	金205	
1337	41543	史購263	南師1.130	
1338	41544	英藏2300	庫40	
1339	41545	英藏2309	庫713	英藏表將英藏2309誤爲合集41546
1340	41546	史購243	南師1.155	英藏表將合集41546誤爲英藏2309
1341	41547	史購26	南師1.154	史購26不全
1342	41548	合補9277	日彙386，明治10	
1343	41552	旅1828	續存下814，旅博118	
1344	41553	英藏2308	庫1699	
1345	41554	合集28695	續存下815，京4544	
1346	41555	英藏2296	金177	
1347	41557	英藏2319	庫165	
1348	41558	英藏2305	庫66	
1349	41559	英藏2304	金80	
1350	41560	英藏2432	金184	
1351	41561	史購259	南師1.167	
1352	41562	英藏2292	庫1543	
1353	41563	英藏2321	金371	有綴合
1354	41564	史購242	南師1.163	
1355	41565	旅1830	續存下812	
1356	41566	史購244	南師1.164	

本書編號	合集號	換拓片號	重見著拓號	備註
1357	41567	英藏2313	庫67	
1358	41568	合集28574	續存下816，京4545，華東師大14	
1359	41569	英藏2311	庫48	
1360	41570	英藏2291	庫77	
1361	41571	合集37509	南坊1.100，歷拓4029	
1362	41572	愛什162	愛博12，蘇德美日·蘇70，劉愛120	合集41572不全
1363	41573	英藏2361	庫87	有綴合
1364	41574	英藏2328	庫78	
1365	41575	英藏2329	庫22	
1366	41576	旅1868	續存下799，旅博93	
1367	41577	英藏2332	庫74	
1368	41579	旅1836	續存下795，旅博1100，合集29489	
1369	41581	美藏693	納35.115.6，合集29471	
1370	41583	慶應13	日彙336	
1371	41584	美藏682	七P116	
1372	41586	英藏2407	庫82	
1373	41588	北圖2761	南坊4.409	
1374	41589	英藏2426	庫24	
1375	41590	合補10610	南坊2.180	
1376	41591	英藏2434	庫1673	
1377	41592	合補10590	南坊2.181，歷藏19806	
1378	41593	史購30	南師1.121	
1379	41594	旅1870	續存下734，旅博74	
1380	41595	史購李23	南師1.125	
1381	41596	美藏609	七P40	
1382	41598	英藏2437	庫1743	
1383	41599	史購29	南師1.122	
1384	41600	上博2426·733	南上22，合集12156，摭續206	
1385	41601	上博2426·102	南上16	
1386	41603	上博2426·254	南上17	

本書編號	合集號	換拓片號	重見著拓號	備註
1387	41604	英藏2438	庫1643	
1388	41605	英藏1013	金208	有僞刻
1389	41607	英藏2337	庫1723	
1390	41608	英藏2338	庫1786	有綴合
1391	41609	合集13005	寧1.108，歷拓3832	
1392	41610	天理511	日彙324	天理511拓本不清，收天理照片
1393	41612	合集30214	寧1.2+寧1.3+寧1.52+寧1.77	合集30214是已綴合的拓片，合集41612是其中的一小片
1394	41613	英藏2345	庫142	
1395	41614	史購269	南師1.182	
1396	41616	英藏2470	庫1721	
1397正、反	41617正、反	合集34298正、反	寧1.50（正）1.51（反），寧1.328（正）	合集41617不全
1398	41618	合補10671	寧1.325，歷拓2852，歷拓3540	
1399	41620	英藏2424	庫1713	
1400	41621	美藏590	七P22，合集21512	
1401	41622	史購262	南師1.143	
1402	41624	英藏2358	庫1770	
1403	41626	美藏597	七P29	
1404	41627	英藏2461	庫108	
1405	41628	英藏2462	金183	
1406	41631	合集15622	書博31，珠339	
1407	41632	旅1788	續存下741	
1408	41634	旅1883	續存下780，旅博31	有綴合
1409	41635	英藏2464	庫1720	
1410	41637	英藏1868	庫57	
1411	41638	英藏2465	金379	
1412	41639	史購88	南師1.145	
1413	41640	合集34143	中圖130，續存上1829	
1414	41641	英藏2469	庫1690	
1415	41642	英藏2477	庫1769	

本書編號	合集號	換拓片號	重見著拓號	備註
1416	41644	英藏2476	庫58	
1417	41645	合集31879	寧1.311，歷拓3825	
1418	41647	英藏2471	庫99	
1419	41649	旅1863	續存下787，合集35325，旅博1104	
1420	41650	英藏2433	庫1675	有僞刻
1421	41651	英藏2298	庫28	
1422	41652	英藏2297	庫139	
1423	41653	英藏2474	庫1776	
1424	41654	輔仁69	南輔69	
1425	41655	英藏2444	金201	
1426	41656	英藏2089	金533	
1427	41658	愛什182	愛博26，蘇德美日·蘇73，劉愛175	合集41658不全
1428	41659	英藏2475	庫76	
1429	41660	英藏2443	金399	
1430	41661	英藏2446	庫1513	
1431	41663	英藏2484	庫1678	有僞刻
1432	41664	愛什191	愛博4，蘇德美日·蘇78，劉愛8	合集41664不全。有綴合
1433	41666	愛什190	愛博6，蘇德美日·蘇77，劉愛3	合集41666不全
1434	41667	旅1897	續存下837，合集34904，旅博1097	
1435	41668	史購32	南師1.176	
1436	41669	史購34	南師1.177	
1437	41673	輔仁87	南輔87	
1438	41677	英藏2497	庫1647	
1439	41678	小林24	日彙236	
1440	41685	合集35134	南坊2.189，善1037	
1441	41691	英藏2414	金188	
1442	41692	史購252	南師1.180	
1443	41693	合集30802	續存下775，京4903	
1444	41695	英藏2513	金334	

本書編號	合集號	換拓片號	重見著拓號	備註
1445	41696	英藏2504	金579	
1446	41697	英藏2628	金454	
1447	41698	北圖3840	南坊4.436	
1448	41703	小林25	日彙237	
1449	41704下+41723上	英藏2503	庫1661	有綴合
1450	41705	上博2426·1145	南上110	
1451	41706	上博2426·1054	南上111	
1452	41707	北圖3781	南坊4.437	
1453	41708	上博2426·804	南上109	
1454	41709	英藏2508	金743	
1455	41710	上博2426·722	南上112	
1456	41711	北珍484	寧3.244	有綴合
1457	41714	上博2426·1364	南上114	
1458	41715	史購291	南師1.193	
1459	41716	上博2426·688	南上113	
1460	41717	英藏2510	金518	有綴合
1461	41719	北圖3642	南坊4.439	
1462	41720	合集35867	寧3.245，歷拓5896	
1463	41722	北珍680	南師2.232，合集35934	合集41722不全
1464正、反	41724正、反	英藏2512正、反	庫1619正、反	合集41724反不全，正有僞刻
1465	41726	上博2426·1038	南上115	
1466	41727	上博2426·1143	南上117	
1467	41728	上博2426·492	南上116	
1468	41729	旅1927	續存下874，旅博321	有綴合
1469	41736	北圖3176	南坊4.442	
1470	41738	上博2426·988	南上121	
1471	41739	英藏2514	金735	有綴合
1472	41740	旅1938	續存下877，旅博471	
1473	41741	英藏2518	金740	
1474	41742	合集35798	書博340，書博340	
1475	41745	英藏2522	庫1730	
1476	41746	合補11910	寧3.286，文捃1720	

本書編號	合集號	換拓片號	重見著拓號	備註
1477	41747	英藏2527	金519	有綴合
1478	41748	英藏2528	庫1764	有綴合
1479	41750	合補11245	寧3.267，文捃502，尊095	
1480	41751	北珍1297	南師2.250	有綴合
1481	41752	合補2208	寧3.268，歷1920，歷拓845，合集41752	有綴合
1482	41753	英藏2524	金584	有綴合
1483	41754	英藏2525	金728	有綴合
1484	41756	英藏2523	金493	
1485	41757	英藏2563	庫1672（庫1655）	合集41780不全，是合集41757一部分
1486	41758	英藏2529	金621，文捃503部分，合補11248部分	有綴合
1487	41759	英藏2561	金721	英藏2561不全
1488	41760+41765	英藏2557	金599	
1489	41761	英藏2538	金448	合集41761不全
1490	41762	英藏2564	金574	有綴合
1491	41763	英藏2556	金532	有綴合
1492	41764	英藏2559	金615	有綴合
1493	41766	旅1950	續存下934，旅博137	
1494	41767	英藏2558	庫1548	
1495正、反	41768	英藏2562正、反	金544	合集41768缺反
1496	41769	合集36648	日彙463，小川5	有綴合
1497	41770	英藏2532	金458（a）	有綴合
1498	41771	英藏2530	金578，合補11257	
1499	41772	英藏2531	金627	
1500	41773	英藏2533	金458（b）	
1501	41774	旅1964	續存下939，旅博43	
1502	41775	上博2426·1373	南上152	
1503	41776	英藏2536	庫1569	有綴合
1504正、反	41777	英藏2565正、反	金583	合集41777缺反
1505	41778	合集36896	通別二11.5，日彙420，寶2.11	
1506	41779	北圖4136	南坊4.519	

本書編號	合集號	換拓片號	重見著拓號	備註
1507	41781	合集36400	寧3.272，歷拓6041	
1508	41782	北圖3671	南坊4.495	
1509	41785	旅2058	續存下912，旅博1074	
1510	41786	英藏2606	庫1898	
1511	41790	北珍746	寧3.263	
1512	41791	上博2426·583	南上134	
1513	41792	小林31	日彙246	
1514	41794	上博2426·934	南上133	
1515	41797	小林30	日彙243	
1516	41799	北圖3208	南坊4.500	
1517	41801	英藏2539	庫1536	有綴合
1518	41802	英藏2542	金742	有綴合
1519	41803	英藏2540	金464	
1520	41804	英藏2541	金463	
1521	41805	北圖3874	南坊4.507	
1522	41806	北圖2931	南坊4.508	
1523	41807	上博2426·1440	南上141	
1524	41809	上博2426·812	南上140	有綴合
1525	41810	英藏2543	金588	
1526	41811	英藏2544	金580	
1527	41813	北圖3870	南坊4.510	
1528	41814	合集37488	南坊1.99，歷拓4095	
1529	41815	上博2426·787	南上142	
1530	41816	旅1960	續存下928，旅博1084，合集37812	有綴合
1531	41817	上博2426·978	南上138	
1532	41818	英藏2555	金452	有綴合
1533	41819	英藏2546	金453	
1534	41820	北圖4258	南坊4.502	
1535	41822	合集37695	寫52，甲327	
1536	41823	史購280	寧3.269	
1537	41824	英藏2547	金549	

本書編號	合集號	換拓片號	重見著拓號	備註
1538	41826	合集37781	南師2.252，歷拓5756，北珍126	合集41826不全
1539	41827	英藏2553	庫25	
1540	41828	英藏2548	庫1608	
1541	41829	英藏2545	金577	
1542	41830	英藏2551	金492	
1543	41831	英藏2552	金512	英藏2552不全
1544	41832	上博2426・541	南上139	
1545	41833	英藏2560	金689	英藏表誤爲英藏1178。合集41833不全，有僞刻
1546	41834	合集37723	南坊4.505，北圖4617	
1547	41835	英藏2673	金88	
1548	41838	羅四194	寧3.279，尊19	
1549	41839	英藏2624	金608	有綴合
1550	41840	英藏2605	金455	有綴合
1551	41842	合補12871	寧3.278，文捃480	
1552	41843	合集37945	書博192，珠490	有僞刻
1553	41844	上博2426・1466	南上155	有綴合
1554	41845	英藏2627	金470	
1555	41846	北珍1346	南師2.267，合集37967，合集37968	
1556	41847	上博2426・942	南上154	
1557	41849	英藏2571	金510	
1558	41850	英藏2574	金376	
1559	41852	英藏2569	庫1530	
1560	41853	英藏2570	庫1529	
1561	41855	英藏2573	金348	
1562正、反	41857	東大1315正、反	日彙484，合補11618正、反	合集41857缺反
1563	41860	慶應14	日彙345	慶應14不全
1564	41861	英藏2662	庫1575	
1565	41863	北珍1622	南師2.227，合集38180	有綴合
1566	41864	英藏2591	庫1665	
1567	41865	英藏2592	金667	

本書編號	合集號	換拓片號	重見著拓號	備註
1568	41866	英藏2567	金511	
1569	41867	英藏2593	金377	有綴合
1570	41868	英藏2590	金559	
1571	41869	懷特1885	骨20	
1572	41870	英藏2589	金602	英藏2589不全
1573	41871	英藏2588	庫1711	有綴合
1574	41872	北珍1626	南師2.226，合集38139	
1575	41873	合集36141	寧3.247，歷拓5895	
1576	41874	合集36041	虛371	
1577	41876	上博2426・1057	南上132，合集35369	
1578	41877	北珍527	寧3.254	
1579	41878	上博2426・184	南上122	
1580	41879	北珍548	寧3.248	
1581	41881	北珍611	南師2.239	
1582	41885	北珍566	南師2.240，合集38596	
1583	41886	旅1997	續存下894，旅博25	
1584	41888	上博2426・312	南上125	
1585	41889	北珍571	南師2.244	
1586	41890	北珍587	南師2.245	
1587	41891	北珍578	南師2.241	
1588	41896	上博2426・1495	南上126	
1589	41897	北珍2226	南師2.254，合集36385，歷拓5560	
1590	41898	旅1948	續存下913，旅博274	有綴合
1591	41901	英藏2615	金726	
1592	41903	北珍1270	南師2.257	
1593	41906	北珍1294	南師2.259	
1594	41907	北珍1276	南師2.258	
1595	41908	北珍1261	南師2.261	
1596	41909	上博2426・535	南上150	
1597	41910	合集38899	書博179，珠506	
1598	41921	慶應4	日彙346	慶應4不全
1599	41923	英藏2647	金465	

本書編號	合集號	換拓片號	重見著拓號	備註
1600	41924	小林27	日彙240	
1601	41925	英藏2651	金485	
1602	41927	英藏2648	金587	
1603	41928	英藏2646	金482	
1604	41929	英藏2649	金573	
1605	41933	上博2426·768	南上156	
1606	41934	北珍1376	南師2.264，合集39193，考塡454	有綴合
1607	41936	英藏2656	金450	
1608	41937	英藏2655	金516	
1609	41938	英藏2659	金576	
1610	41939	英藏2663	金655	
1611	41940	小林26	日彙238	
1612	41941	英藏2665	庫1659	英藏表誤爲合集41942
1613	41943	合集39401	日彙464	
1614	41944	英藏2629	金585	
1615	41946	英藏2633	金575	有綴合
1616	41947	英藏2637	金520	
1617	41949	英藏2636	金581	合集41949不全
1618	41950	英藏2640	金582	
1619	41951	英藏2638	金572	
1620	41952	英藏2639	金484	
1621	41953	英藏2641	金517	
1622	41954	英藏2642	金607	

拓本搜聚綴合信息表

本書編號	合集號	原綴合號	綴者	綴合出處	校核意見
18	39500	合集8996正[綜述21.1+山東926（文捃1049、續存下57、歷拓7157正）]+英藏38（金491、合集39500）	王子揚	王子揚《賓組胛骨拼合一例》，先秦[1]，2011年1月5日	
(27+138)正、反	(39513+39671)正、反	合集39513正反（英藏610正反、金509正反）+合集39671（英藏173正反、庫1583）	李愛輝	李愛輝《甲骨拼合第293~295則》"第294則"，先秦，2015年6月10日	
28正、臼+29	39514正、臼+39515	合集1571（歷拓1512）+合集39514（金521、英藏608）+北珍2094（合補798、文捃426、羅四401]+英藏609（合集39515）	林宏明、張宇衛	契合集1。林宏明《甲骨新綴二例》，先秦，2009年9月13日；張宇衛《胛骨綴合十五則》，先秦，2013年5月12日	英藏609與合集39514綴合，可商
41	39532	合補10414（南大1506）+英藏2473（庫方117、合集39532）	莫伯峰	莫伯峰《历组新綴一則》，先秦，2009年7月10日	
56	39557	合集39557（英藏15）+旅1140	林宏明	林宏明《甲骨新綴第522~530例》"第530例"，先秦，2014年10月19日	
83	39588	合集13225（柏俗8、蘇德美日·蘇56）+合集39588（金555、英藏39）	林宏明	林宏明《甲骨新綴第191例》，先秦，2011年1月19日	看不清，辭似接不上
84	39589	合集6088（珠172）+合集39589（英藏660）	林宏明	林宏明《甲骨新綴五組》，先秦，2013年3月24日	

本書編號	合集號	原綴合號	綴者	綴合出處	校核意見
107	39618	英藏82（金625、合集39618）+合集17354（前6.67.7）	王紅	王紅《甲骨綴合第17則》，先秦，2012年8月16日	
112	39626	英藏1945（合集39626、金20）+合集22928（京3259、善965）	劉影	劉影《甲骨新綴第145組》，先秦，2013年3月3日	
132	39663	合集2770（續存下547）+合集8991正[簠拓407（正）、續3.26.2（正）]+合集39663（英藏163）	蔡哲茂	蔡綴007，《大陸雜誌》74卷5期	加合集8991正，可商
134	39665	天理81（合補2685）+英藏160（合集39665）	張宇衛	張宇衛《甲骨綴合第二四～二五則》，先秦，2010年1月5日	不能確定銜接處是"翌"
136	39668	合集19996（甲516）+合集22266（歷拓7846）+合集39668（北圖4282、南坊4.140）+合集21560（京3019、善5633）+2.2.0051	裘錫圭、黃天樹、陳逸文	陳逸文《〈甲編〉綴合26例》第3例，先秦，2014年3月6日	
149+171	39683+39712	春敬之眼2（合集39712、日彙353）+《東京大學東洋文化研究所新收殷虛出土甲骨三十九片》38（合集39683、日彙308）	蔡哲茂	蔡哲茂《甲骨遙綴1則》，先秦，2012年9月20日	遙綴。二者僅"乎白"內容，不能確定爲一版
159	39698	合補496[合集3290（珠6）+合集39698（英藏184、金642）]	蔡哲茂	蔡綴329	遙綴。可商
160	39699	合集3287（續存上535、合集39699）+合集6552正（戩13.5、續3.12.5、上博武進17647·698）	方稚松	方稚松博論4，《北方論叢》2006年第3期	
162	39701	英藏188（合集39701、金597）+合集7278（文拼647、北圖5063）	王紅	王紅《甲骨綴合第18則》，先秦，2012年11月13日	
166	39706	合集6553（前4.44.5、歷拓07125、通518）+英藏669（庫1541、合集39706）+合集7543（善6493、粹1112）	王子楊、林宏明	契301。林宏明《甲骨新綴第301～302例》，先秦，2011年12月21日	三版均不能綴合

本書編號	合集號	原綴合號	綴者	綴合出處	校核意見
174+180	39716+39723	合集37916（英藏1187、金501）+合集39723（日彙288）	蔡哲茂	蔡哲茂《英國所藏甲骨集》新綴第二則，先秦，2007年7月6日；蔡哲茂《甲骨研究二題》，《中國文字研究》2008年第一輯，大象出版社，2008年6月	
175+730	39717+40534	英藏1188（合集39717、庫方549）+英藏1189（合集40534、庫方601）	李延彥	李延彥《賓組龜腹甲試綴一則》，先秦2009年7月9日	憑內容，可商
183	39727	合集7862（小川1）+合補769（合集39727、日汇379、明治4）	劉影	劉影《賓組新綴五則》，先秦，2009年10月10日	
211正、反	39773正、反	合集16428（善5556、京859）+合集39773正反（英藏362正反）	蔡哲茂	蔡綴541	
216	39779	合集3647（北珍2089）+合集39779（愛什14）	林宏明	林宏明《甲骨新綴第501~504例》，先秦，2014年8月17日	
236	39812	合集19106（續編5.22.4不全、南誠41）+合集5044（簠人47、簠拓519、合補1322乙）+合集5045（考文124）+合集39812（英藏436、庫方1547）+合集11584（誠451）	李愛輝	李延彥《賓組胛骨試綴一則》，先秦，2009年11月5日	遙綴
238+435	39815+40095	合補2489[合集39815（英藏435，庫1787）+合集40095（英藏798，庫1685）]	白玉峥	白玉峥《甲骨綴合錄》，《中國文字》新三期，1981年3月1日	
240	39817	合集7775（前2.1.1不全、歷拓7274）+合集7782（合集39817、寧3.90、歷拓6040）	趙鵬	趙鵬《甲骨試綴三例》，先秦，2009年3月27日	遙綴
253	39836	英藏293（庫方250、RSM250）+英藏530（庫方226、合集39836、RSM226）	李延彥	李延彥《甲骨新綴第122~124則》，先秦，2013年6月27日	
266	39854	合集39854（英藏543）+京人777+合補933（歷藏14800）+合集7316（續存上709、歷拓10346）	林宏明、劉影	林宏明《甲骨新綴第296例》，先秦，2011年12月10日	

本書編號	合集號	原綴合號	綴者	綴合出處	校核意見
268正、臼	39857	合集1472（著拓掇二174）+合集39857（英藏546正、著拓庫1601，拓藏英不圖）	蔡哲茂	蔡綴008。《大陸雜誌》74卷5期	
277正、臼+285	39868+39878	合補1845[英藏564正（合集39868）+英藏569（合集39878）]+合集5785（歷拓12220）	蔡哲茂、張宇衛	張宇衛《甲骨綴合第十三～十七則》第十五則，先秦，2011年12月21日	
278	39869	合集39869（金600、英藏560）+山本竟山舊藏6	蔡哲茂	蔡綴058。《大陸雜誌》84卷1期	
281	39872	合補1763[合集39872（英藏561，庫1600）+英藏1002]	蔡哲茂	蔡綴101	
286	39879	合補1874[合集6384（天60，歷拓9947（下））+合集6387（合集39879，宁3.70，歷拓7462）]	白玉崢	白玉崢《簡論甲骨文合集》，《中國文字》新十四期，1990年5月	
287	39880	合集39880（英藏580、金606）+東洋164	蔡哲茂	蔡綴540。蔡哲茂《殷墟甲骨文字新綴五十一則》，《古籍整理研究學刊》2003年第4期	
296正、反+544	39895正、反+40264	合集16297（珠475）+合集39895（英藏588正反，庫1614正反）+合集40264（英藏1005，庫1615）	董作賓、李愛輝	李愛輝《賓組胛骨綴合一則》先秦，2009年7月23日	
305	39906	合集6703（京1204、善5597）+英藏623（合集39906正=庫1739正）	蔣玉斌	蔣玉斌綴第256。蔣玉斌《〈甲骨文合集〉綴合拾遺（第八十五、八十六組）》，先秦，2010年11月15日	
309正、反	39912	英藏304正反（金545）+英藏1133正反（合集39912，金496）	張宇衛	張宇衛《甲骨綴合第九十六則》，先秦，2013年3月31日	
320	39923	合集6841（南博拓1556、虛146）+合集39923（寧3.73、P.2.0039、史購132）	蔡哲茂	蔡哲茂《殷墟甲骨文字新綴五十一則》，《古籍整理研究學刊》2003年4期	遙綴
339	39952	合集6644（前6.28.8、通520）+合集39952（英藏657、金498）	林宏明	林宏明《甲骨新綴第十一～十九例》"第十三例"，先秦，2009年10月9日	

本書編號	合集號	原綴合號	綴者	綴合出處	校核意見
357	39975	合集7593（續存下264、歷拓3202）+英藏686（金410、合集39975）	齊航福	齊航福《英國所藏甲骨綴合一例》，先秦，2008年1月8日	遙綴
365正、反	39987	［合集4919（歷拓6776、山東0788正反）+合集15528正臼（粹1482甲乙、善73正臼）］+合集39987（史購58正反）	林宏明	林宏明《甲骨新綴第八五～八六例》，先秦，2010年6月3日	
380	40014摹本	正：合集8067正（六束69、復旦8正）+合集8053（合集40014摹本、拾12.5，中圖341）；反：合集8067反（六束70、復旦8反）+合集40695（中圖345）	蔣玉斌	蔣玉斌綴第213	
383	40019	40019（旅271、續存下517）+旅383	李愛輝	李愛輝《甲骨拼合第302則》，先秦，2015年7月22日	
388正、反	40027正、反	合集8453正；合集8453反（珠602反）+合集40027反（書博296反）	蔡哲茂	蔡綴290，《大陸雜誌》97卷2期	
398	40043	合集4010（京2148、善6468）+合集40043（續存下480、安陽博2）遙綴合集9637（簠人35、簠拓747、續5.15.9）+歷1241	蔣玉斌、林宏明	林宏明《甲骨新綴第507—511例》，先秦，2014年9月7日	左綴成立，右綴可商。左右兩片遙綴不成立
409正、反、臼+433	40059+40093	合補2491［英藏414（合集40059）+英藏60（合集40093）］	蔡哲茂	蔡哲茂《甲骨文合集補遺續》（七），《大陸雜誌》1990年	
419	40076	合補1245［英藏835（合集40076）+合集4037］	宋鎮豪	合補	
421正、反	40078正、反	合集2734（續存下210（正）、歷拓11391）+合集9534（京563（正）、善21557）+掇三706正（南坊3.17、南坊3.31、續補5.73.5、合集40078）	林宏明李延彥	林宏明《甲骨新綴第八七～八八例》，先秦；李延彥《龜腹甲新綴第22～23則》，先秦，2010年7月29日	
423	40081	合集12897（掇一241、上博17645·487）+合集9059正（浙博39正）+合集13037（善7988）+掇一19+英藏398（庫542、合集40081）	李延彥、李愛輝、吳麗婉	吳麗婉《甲骨拼合第32～33則》，先秦，2016年3月9日	

本書編號	合集號	原綴合號	綴者	綴合出處	校核意見
436	40096	合集10089（歷拓68）+合集40096（合集9713，日彙440、通別二11.6）	蔡哲茂	蔡哲茂《〈甲骨文合集〉新綴第九則》，先秦，2009年10月9日	可商。僅憑龜甲邊緣，不可信
446	40106	蔡綴77[合集10042（歷拓10470）+英藏824（合集40106）]+合集9941（柏俗14、蘇德＊44正反）	蔡哲茂、趙鵬	趙鵬《蔡哲茂先生〈甲骨綴合集〉第77組補綴》，先秦，2008年10月26日；拼合65	與合集9941綴合。可商
450	40110	英藏2287（合集40110、庫133）+英藏2377	李愛輝	李愛輝《甲骨拼合第191、192則》，先秦，2012年9月3日。拼三735	
451+452正、反	40111+40112正反	合集40112（英藏1160正反、金717）+合集40111（英藏793、金631）	蔡哲茂	蔡哲茂《甲骨新綴二十五則》，《中國文字學會第四屆學術年會論文集》	遙綴
457	40117	合集9529（歷史所資料室12、甲骨文拓61）+合集40117（英藏813、庫140）	林宏明	張宇衛《甲骨綴合第十三～十七則》，先秦，2011年12月21日。林宏明《甲骨新綴第347例》，先秦，2012年7月23日。孫亞冰《甲骨綴合二則，附：糾正誤綴一版》，先秦，2016年9月20日	
463	40125	合補2596[續補5.30.1、西瑞1、尊古齋97.1、蘇德美日附録一+合集10965（簠游123、簠拓728、续5.33.4不全）]	蔡哲茂	蔡哲茂《甲骨新綴合三十三片及其考釋》，淑明女子大學第一次甲骨學國際討論會論文，1995年	兩片綴合不可信，文字不合
470	40137				
491	40171	合集19966（京人3027）+合補6558甲乙[合集22370（甲釋8=甲211+甲275+1.0.0508。含合集40171=寫本372、合補411）+合集2815（京人3166），綴彙196貝塚	蔣玉斌	綴彙196。蔣玉斌《甲骨新綴35組（更新第30組）》，先秦，2012年2月22日	
496	40178	合補2748（合集40178、文捃408、尊258）+合補2749（歷藏21904）	李愛輝	李愛輝《師賓類龜腹甲綴合一則》，先秦，2009年11月10日	

本書編號	合集號	原綴合號	綴者	綴合出處	校核意見
501	40185	合集1924（北圖2161、羅86、文捃878）+史購45+史購297+合集11115（合集40185重、書博314、珠399）	蔣玉斌、林宏明	林宏明《甲骨新綴第九十一例》，先秦，2010年6月21日	左半可信，右半不可信
517	40217	合集10514（甲3112+甲3113）+合集4144（北圖5355、合補6660、文捃1695、合集40217、寧3.93）+李光前文物館9	蔣玉斌、李愛輝	李愛輝《甲骨拼合第412～416則——附新第405則》"第414則"，先秦，2018年3月22日	
518	40220	合集4607（旅160、續存下311、旅博705）+合集40220（旅1182、續存下536）	劉影	劉影《甲骨新綴第186組》，先秦，2014年10月22日	
525	40229	合補3412（歷藏11459）+英藏970（合集40229=庫1808）	蔣玉斌	蔣玉斌綴第257。蔣玉斌《〈甲骨文合集〉綴合拾遺（第八十五、八十六組）》，先秦，2010年11月15日	
554	40282	合集11944（續存上1476）+合集40282（南無89、冬468）	林宏明	林宏明《甲骨新綴五組》，先秦，2013年3月24日	
586正、反	40326正、反	合集13216（續存下86-87、歷拓2406）-合集40326正、反（庫1874正、反、英藏1079正、反）	林宏明	林宏明《甲骨新綴第卅七～四十例》"第卅八例"，先秦，2009年10月26日	
598	40341	合集993正（戩22.5、朱22.5正、歷拓9344、續2.8.5、上博422·184不全）+合集40341（庫209、英藏1101）	趙鵬	趙鵬《甲骨新綴五例附校重一例》，先秦，2008年6月25日	綴合不可信，疑是同文卜辭
609	40352	合集7854正（簠地47、續4-28-4）+英藏1106（金696、合集40352）	蔡哲茂	蔡哲茂《〈甲骨文合集〉綴合第四則》，先秦，2009年9月29日	不可信
613+614	40356+40357	合集40356（英藏1111）+合集40357（英藏1112）	蔡哲茂	蔡綴339。《大陸雜誌》80卷5期	同文卜辭
617	40360	合集3707（續存下543、歷拓3283）+合集40360（英藏724、金478）	林宏明	林宏明《甲骨新綴第七例》，先秦，2009年9月20日	
626	40374	合集23651（善14649）+英藏2085（合集40374、金55）	劉影	劉影《甲骨新綴第212～213組》"第212組"，先秦，2015年11月3日	不可信

本書編號	合集號	原綴合號	綴者	綴合出處	校核意見
664	40429	英藏996（合集40429，金351）+合集2880（前1.39.6）	張宇衛	張宇衛《胛骨綴合十五則》，先秦，2013年5月12日	
665	40430	合集360（北圖4873、文捃580）+合集40430（金623、英藏1175）	蔡哲茂	蔡綴72。《大陸雜誌》74卷5期	
679	40450	合補2221、綴新636[合集40450（英藏1241）+前4.40.1+前4.49.6+前2.1.3）]	嚴一萍	嚴一萍《甲骨綴合新編》，（台）藝文印書館1975年	不可信
722正、反	40521反	合集5468正反+英藏1276正反（合集40521正）	蔡哲茂	蔡綴74。《大陸雜誌》74卷5期	
731	40538	合集40538（日彙230）+日彙527（蘇富比拍賣松丸道雄甲骨16號）	林宏明	林宏明《甲骨新綴第475～477例》"第476例"，先秦，2014年3月13日	
735	40545	合補184正、綴集338[合集1961正（歷拓7106正、山東0912）—合集14835（契6、北珍302）]+合補6089（文捃1694、合集40545、寧3.155）	蔡哲茂、蔣玉斌	蔣玉斌綴第214	遙綴
747	40564	16375正（簠雜105、簠拓1010、續4.35.6）+續補5.95.1（合集40564、寧3.1）-16375反（簠拓1011）+續補5.95.2	吳麗婉	吳麗婉《甲骨拼合第27～28則、替換原第25則》，先秦，2015年11月21日	遙綴
772正、反	40608	合集40608（旅733、續存下423）+旅735+合補1480（懷特1000）	李延彥、林宏明	林宏明《甲骨新綴第538～541例》"第538例"，先秦，2014年10月22日	
814正、臼	40684臼	合集17517正（善50正）+彙編493{合集26617[戩29.3（續2.14.1、掇三806、歷1437）+戩29.4（續2.14.2、上博17647·201]+合集26712（戩31.7、上博17647·259）}，臼又見合集40684、南坊2.1	嚴一萍、林宏明	林宏明《甲骨新綴第582～584例》"第582例"，先秦，2015年7月6日	
837	40736	掇三779（合集40736、南坊3.107）+合集15842（虛1391、南博94、合集25629、南博拓1669）	蔣玉斌	蔣玉斌《甲骨新綴35組（更新第30組）》，先秦，2012年2月22日	勉強

本書編號	合集號	原綴合號	綴者	綴合出處	校核意見
874	40797	合集22367（善28197）+上博2426·267（合集40797、南上76）	蔣玉斌	蔣玉斌綴第271，蔣玉斌《〈上博〉新綴六組》，先秦，2010年12月4日	
893+911	40830+40856	合集40830（英藏1767）+合集40856（英藏1770）	林宏明	林宏明《甲骨新綴第557～558例》"第558例"，先秦，2015年2月9日	不可信
919	40866	美藏1、綴260、合補13267（綴新625、甲佚2.0002）、綴彙383[合集40866（庫972）+庫976]	曾毅公	許進雄《卜骨上的鑿鑽形態》，（台）藝文印書館，1973年8月。是合補已收摹本，換收拓本	字不清，勉强
920	40867	合補10481[合集32188（契37、北珍2855）+合集32189（庫1053+庫1119+庫1121+庫1134、歐美亞92、北美5、美81、卡32）+合集40867（英藏1771）]+合集34113（甲433）	白玉崢、許進雄、李學勤、彭裕商、李棪	白玉崢、許進雄《卜骨上的鑿鑽形態》，（台）藝文印書館，1973年8月。（32188+庫1781+32189），李學勤、彭裕商《殷墟甲骨分期研究》，上海古籍出版社，1996年	勉强
925	40879	合集21708（前8.1.1+前8.12.1+續6.14.5）+合集40879（英藏1903），即《拼合》25、《綴彙》177	常耀華	常耀華《子組卜辭綴合兩例》，《殷都學刊》1995年2期；黃天樹《甲骨新綴11例》，《考古與文物》1996年第4期	可商
927	40882	上博·孔德2426·1168（合集40882、南上46）+上博·原藏傅高順21569·203	李愛輝	李愛輝《甲骨拼合第235則》，先秦，2013年8月1日	可商
933	40890	合補6933（拼合28、綴集226）[合集22403（京4693不全、善9956）+英藏1914（合集40890、金403）]+合集34926（善15115）	蔡哲茂、黃天樹、蔣玉斌	蔣玉斌《甲骨新綴第1～12組》"第七組"，先秦，2011年3月20日	加善15115可商

本書編號	合集號	原綴合號	綴者	綴合出處	校核意見
934	40891	{合集21782（前5.38.3）＞ [合集21781（善24336、合補6710下）+合補6678（歷藏19231）]}+ 英藏1913（合集40891、金679、歐美亞23劍橋）+合集21811（前8.1.7、合補6710上）	林宏明、蔣玉斌	蔣玉斌《甲骨舊綴之新加綴》，先秦，2014年12月25日	加英藏1913可商
941	40903	合集40903（英藏1911、庫103）+合集21896（北圖5020）+合集21898（珠460）	蔣玉斌、蔡哲茂	蔡哲茂《殷契遺珠》"新綴第二則"，先秦，2006年12月26日；蔡哲茂《甲骨綴合二十五則》，《中國文字學會第四屆學術年會論文集》，2007年8月	
959	40929	合集22638（合集24873、合集40929、美656、相89、七P87）+合補8025（天理393）	莫伯峰	莫伯峰《甲骨拼合第六四、六五則》"第一則"，先秦，2010年12月15日	
1007	41000	合集23277（虛32，南博拓158）+英藏1974（金60，合集41000）	王紅	王紅《甲骨拼合第15則》，先秦，2012年7月16日	
1014	41010	合集25310（京3371）+合集23550（合集41010、北圖4288）	劉影	劉影《甲骨新綴第100～101組》"第100組"，先秦，2011年1月14日	
1026	41028	史購223（P2.0010）+史購222（合集41028、寧3.94、P2.0014）+史購221（P2.0022），《史購》綴4	鍾柏生	鐘柏生《中央研究院歷史語言研究所所購甲骨選釋》，《第三屆國際中國古文字學研討會論文集》，香港中文大學，1997年10月	
1047	41075	合補7173（庫1150、美160）+英藏2042（合集41075、金25）	蔣玉斌	蔣玉斌《甲骨綴合總表（300組）》，蔣玉斌綴第259	
1055	41088	英藏2090（合集41088）+合補7045（懷907）	劉影	劉影《甲骨新綴第193組》，先秦，2015年1月6日	
1073	41118	合集22828（合集41118、海棪15、金31）+合集22846（粹214、善482）	莫伯峰	莫伯峰《甲骨拼合第六六～六八則》"第二則"，先秦，2010年12月19日	

本書編號	合集號	原綴合號	綴者	綴合出處	校核意見
1077	41125	合集23605（虛181、南博拓946）+合集22583（續1.30.3）+合集25944（美674、合集25123、相107、合集41125、七P107）+合集23282（上博17647·696、戩18.9、歷拓9303、合集23246不全、續1.31.7不全、續2.9.3不全）	林宏明、劉影、張宇衛	張宇衛《甲骨綴合第四三～四四則（更新）》"第四四則"，先秦，2012年3月1日	
1090	41145	合集25696（歷拓09776、上博17647·535、殷拾9.3）+英藏1954（合集41145、金21）	莫伯峰	莫伯峰《甲骨拼合第八六、八七則》"第一則"，先秦，2010年12月28日	勉强
1095	41153	合集22900（南明344、歷拓5235）+合集25326（合集41153、善973、南坊2.73）	莫伯峰	莫伯峰《甲骨拼合第六九～七一則》"第二則"，先秦，2010年12月20日	
1102	41163	愛什47（合集41163，蘇德美日·蘇31，劉愛124）+合集25510（戩19.4，歷拓9311，續2.11.4，上博17647·155）	張宇衛	張宇衛《甲骨綴合第一百二十～一百二三則（俄藏四則）》"第一百二十一則"，先秦，2014年8月2日	
1115	41184	合集26186（戩45.4、朱45.4、歷拓9588、續5.28.12不全、續6.20.4不全、上博336）+合集41184（英藏2082、金46、合集15840、寶2.13）	林宏明	林宏明《甲骨新綴第559例》，先秦，2015年3月26日	
1121	41193	愛什43（合集41193、蘇德美日·蘇20，劉愛164）+合集23074（善601）	張宇衛	張宇衛《甲骨綴合第一百二十～一百二三則（俄藏四則）》"第一百二十則"，先秦，2014年8月2日	
1133	41209	合集22552（歷1327、南師2.050）+合集41209（英藏2161、庫1589）	林宏明	林宏明《甲骨新綴第339、340例》"第339例"，先秦，2012年5月2日	
1146	41231	合集26606（歷拓10761、合集41231、南師2.187）+凡將16-2（文揖327摹本）	林宏明	林宏明《醉古集》219	
1147	41233	英藏2234+合集26580+英藏2235（合集41233）	蔡哲茂、林宏明	林宏明《甲骨新綴第185例》，先秦，2011年1月8日	

本書編號	合集號	原綴合號	綴者	綴合出處	校核意見
1182	41287	愛什31+合集23017（善4693、合集41287）	李延彥	李延彥《甲骨新綴第129則（替換）》，先秦，2014年2月25日	
1193+1199	41312+41320	[英藏2259（合集41312）+英藏2261（合集41320）]+合集26950（前8.8.2〈不全〉、吉博145）	蔡哲茂、莫伯峰	莫伯峰《甲骨拼合第五八～六十則》"第一則"，先秦，2010年9月28日	
1197	41317	合集27437（合集25369、粹259、善18772、京3296）+英藏2264（合集41317、金14）	莫伯峰	莫伯峰《甲骨拼合第一〇七～一〇九則》"第一則"，先秦，2011年1月27日	
1226	41363	合集29040（寧1.420、歷拓3555）+合集41363（輔仁79、南輔79）	莫伯峰	莫伯峰《甲骨拼合第五五～五七則》"第一則"，先秦，2010年4月30日	
1233	41373	[合集28963（合集29021、哲6、京4423）+英藏2314（合集41373、庫135）]+合集29048（寧1.419、歷拓2210）	莫伯峰、李愛輝	李愛輝《甲骨拼合第193、194則》"第二則"，先秦，2012年9月9日	
1263	41434	旅1750[9.0173（合集41434、續存下843）+9.2172]+旅1752（9.2494）	宋鎮豪	宋鎮豪、郭富純《旅順博物館所藏甲骨》，上海古籍出版社，2014年	
1268	41443	合集41443（小林22、日彙251）+合補8773（甲1449）	莫伯峰	莫伯峰《甲骨拼合第一〇七～一〇九則》"第二則"，先秦，2011年1月27日	勉强
1272	41455	合集62（續存下337、歷拓11468）+上博2426·269（合集41455、南上101）	蔣玉斌	蔣玉斌綴第272。蔣玉斌《〈上博〉新綴六組》"第二組"，先秦，2010年12月4日	
1274	41458	合集34052（京人2274）+英藏2404（合集41458、庫1648）+上博2426·647+謝文41+合集34326（京4350、謝文57）+掇三132	周忠兵、蔡哲茂、李愛輝	蔡哲茂《上海博物館藏甲骨文字》新綴第十則，2010年9月16日。李愛輝《甲骨拼合第408～411則》"第408則"，先秦，2018年1月19日	
1282	41467	拼合213[合集33615（後下39.8、善6711、京4203）+英藏2398（合集41468、金354）]+英藏2458（合集41467）	莫伯峰、蔡哲茂	蔡哲茂《〈英國所藏甲骨集〉新綴一則》，先秦，2010年9月14日	

本書編號	合集號	原綴合號	綴者	綴合出處	校核意見
1287	41472	史購15（合集41472、南師1.134）+史購16	柯維盈	《史購》綴5	
1291	41476	輔仁78（南輔78）+英藏2401（合集41476、庫1645）	周忠兵	周忠兵《歷組卜辭新綴》，先秦，2007年3月26日	
1301	41487	合集32621（善9011、佚168、粹290）+上博2426·326（合集41487、南上97）	林宏明	林宏明《甲骨新綴第129～130則》"附第七則"，先秦，2010年11月5日	
1307	41497	愛什186（合集41497、蘇德美日·蘇72，劉愛111）+合集33061（戩38.1、朱戩38.1、歷拓444、續5.28.8不全、歷1564、掇三858）	孫亞冰	宋鎮豪、瑪麗姬《俄羅斯國立愛米塔什博物館藏殷墟甲骨》，上海古籍出版社，2013年	
1317	41513	史購240（合集41513、南師1.159）+合補8893（懷特1459）	林宏明	契合120。林宏明《甲骨新綴第119～120例》"第120例"，先秦，2010年9月11日	
1332	41535	合集30685（南明454、歷拓5272）+英藏2288（合集41535、庫方1715）	莫伯峰	莫伯峰《無名組甲骨拼合四則》，先秦，2009年12月9日	
1353	41563	合集28894（安明1999）+英藏2321（合集41563、金371）	莫伯峰	莫伯峰《甲骨拼合第一二二則》，先秦，2012年3月23日	
1363	41573	合集30706（拾3.14、上博21691·238）+英藏2361（合集41573、庫87）	林宏明	林宏明《甲骨新綴第409例》，先秦，2013年2月24日	
1390	41608	合集30017（燕139、北珍1616）+合集30020（安明1869）+英藏2338（合集41608、庫1786）	蔡哲茂	蔡綴505。蔡哲茂《殷墟甲骨文字新綴五十一則》，《古籍整理研究學刊》2003年4期	
1408	41634	合補10658[合集41634（續存下780、旅1883）+安明2364+安明2365]	許進雄	嚴一萍《甲骨綴合新編》，（台）藝文印書館，1975年	
1432	41664	合集32825（後下11.5（不全）、善10328、京4710（不全））+合集41664（愛什191、蘇德美日·蘇78，劉愛8）	林宏明	林宏明《甲骨新綴第501～504例》，先秦，2014年8月17日	

本書編號	合集號	原綴合號	綴者	綴合出處	校核意見
1449	41704	合補10958{英藏2503[（合集41704、庫1661）+（合集41723、金382）]+甲297}	董作賓	董作賓《殷曆譜》，中研院史語所專刊之二十三，1944年4月。許進雄《第五期五種祭祀祀譜的復原——兼談晚商的曆法》，《大陸雜誌》73卷3期	
1456	41711	合補11692（歷藏3480）+北珍484（合集41711、寧3.244）	林宏明	林宏明《甲骨新綴第407例》，先秦，2013年2月7日	
1460	41717	英藏2510（合集41717）+東洋524（合集35583、通別二8.3）	殷德昭	殷德昭《黃組甲骨新綴第20～23則》，先秦，2014年6月11日	遙綴。下片不清
1468	41729	合集35826（簠帝97、簠拓200、續1.24.4）+旅1927（合集41729、續存下874）	門藝	門藝《黃組新綴第115組》，先秦，2014年10月21日	
1471	41739	合集41739（英藏2514、金735）+合集35984（續1.21.3）	林宏明	契合284。《甲骨新綴第283～284例》"第284例"，先秦，2011年11月12日	
1477	41747	合集36464（龜卜85）+英藏2527（合集41747）+合集36463（粹1202）+合集36462（京5350，北圖4536）	蔡哲茂、李發	李發《黃組卜辭補綴一則》，先秦，2009年6月1日	
1478+1480	41748+41751	合集41748（英藏2528）+北珍1297（合集41751、南師2.250、北大國4.29.3）	林宏明	契合187。林宏明《甲骨新綴第187例》，先秦，2011年1月15日	
1481	41752	合集36436（北圖4989、文捃705）+合集36447（鄴三下49.3）+合補2208（歷1920、歷拓845，合集41752、寧3.268）	蔣玉斌	蔣玉斌綴第278則。蔣玉斌《〈甲骨文合集〉綴合拾遺（第八十八組）》，先秦，2010年12月10日	
1482	41753	合集36485+合集36504+合集36932+英藏2524（合集41753）	殷德昭	殷德昭《征人方卜辭新綴四則》"第一則"，先秦，2013年1月16日	

本書編號	合集號	原綴合號	綴者	綴合出處	校核意見
1483	41754	合集36490（前2.9.7+4.11.4）+合集36494[前2.16.6、通574，京5495（不全）、續存上2604（不全）]+合補12877（歷藏10850）+英藏2525（合集41754），即綴彙686。合補11236、綴新635（英藏2525+合集36494），綴合位置有誤	蔡哲茂、門藝	門藝博論24	
1486	41758	合集36541（歷拓12325、歷1893、尊188、文捃0503）+合補11248[合集36544（龜1.27.8、通754）+合集41758（英藏2529）、文捃503）]+合集36547（虛376、南博拓866）	曾毅公、常玉芝	綴彙399。曾毅公	
1490	41762	合集36968（前2.16.3+2.16.4、通586）+合集41762（英藏2564）+合集36946（北圖4988、文捃724）	董作賓、殷德昭	董作賓《殷歷譜》，中研院史語所專刊之二十三，1944年4月。殷德昭《黃組甲骨綴合三則》"第二則"，先秦，2015年12月13日	
1491	41763	合補11275（懷1904）+英藏2556（合集41763、金532）	劉影	拼續350。劉影《甲骨新綴第99組》，先秦，2010年12月19日	
1492	41764	合集36394（契48、北珍904）+英藏2559（合集41764、金615）	松丸道雄	綴彙334	
1496	41769	合集36648（合集41769、小川5、日匯463）+合集37463（關西22）	門藝	門藝博論59	
1497	41770	合補13446（柏俗10、蘇德美日402）+英藏2532（合集41770）	殷德昭	殷德昭《黃組甲骨綴合一則[殷德昭]》，先秦，2014年12月8日	
1498	41771	合補11257[合集36871（尊108）+合集41771（英藏2530·金578）]	蔡哲茂	蔡哲茂《甲骨綴合集》（30）	
1503	41776	合補11283[甲釋17、合集36959（甲346）+合集41776（英藏2536）]+合集36896（寶2.11、通別二11.5）+合集36808（前2.17.7）	張宇衛、島邦男	張宇衛《甲骨綴合第五七～六十則》"第五十九則"，先秦，2012年3月26日	

本書編號	合集號	原綴合號	綴者	綴合出處	校核意見
1517	41801	英藏2539（庫1536、合集41801）＋合集37502（歷拓8971，續補1.91.2）	張宇衛	張宇衛《甲骨綴合第八八則》，先秦，2012年8月13日	
1518	41802	合集37373（歷拓616）＋合集37399（前2.30.4不全、龜2.16.10、通18）＋英藏2542（合集41802、金742）	李愛輝、黃天樹	黃天樹《黃類卜辭拼合一則》，先秦，2011年9月23日	
1524	41809	旅1970＋上博2426·812（合集41809、南上140）	林宏明	林宏明《甲骨新綴第542～545例》"第545組"，先秦，2014年10月30日	
1530	41816	合集37800（善6945、誠306不全）＋合集37812（合集41816、旅1960、旅博1084）＋合集33520（京5302、北圖2622）	門藝、林宏明	林宏明《甲骨新綴第542～545例》"第544組"，先秦，2014年10月30日	
1532	41818	合集41818（英藏2555）＋安陽散見殷墟甲骨	林宏明	林宏明《甲骨新綴第396例》，先秦，2012年12月17日	
1549	41839	合集41839（英藏2624）＋合補12733（文捃1458）＋北圖1606	門藝、林宏明	林宏明《甲骨新綴第268～271例》"第269則"，先秦，2011年10月12日	
1550	41840	英藏2605（合集41840）＋合補13423（蘇德美日394）	許進雄	綴彙64。許進雄	
1553	41844	合補12356（歷藏9375）＋合集37958（摭續221、上博2426·232）＋上博2426·1466（合集41844、南上155）	門藝、殷德昭	綴彙748。殷德昭《黃組甲骨綴合三則》"第三則"，先秦，2015年12月13日	
1565	41863	合集38180（歷拓5813、北珍1622、合集41863、南師2.227、北大國1.18.3）＋合補11645[合集38163（簠天46、簠拓60、續4.24.11（不全））＋合集38161（續4.17.2、北珍1625、歷拓5803））]綴集279	蔡哲茂、門藝	門藝博論81。王蘊智、門藝《黃組卜天象辭綴合四例》"第一例"，《中國文字研究》2009第一輯	
1569+1573	41867+41871	英藏2588（合集41871）＋英藏2593（合集41867）	門藝	門藝博論83。王蘊智、門藝《黃組卜天象辭綴合四例》"第三例"，《中國文字研究》2009第一輯	

本書編號	合集號	原綴合號	綴者	綴合出處	校核意見
1590	41898	合集41898（旅1948、旅博274、續存下913）+契合集331〔英藏2594+合集35429（歷拓12309、歷1737、尊10、四1）〕	林宏明、殷德昭	林宏明《甲骨新綴第331～332例》，先秦，2012年3月31日。小屯村《黃組甲骨綴合二則》"第一則"，先秦，2015年10月19日	
1606	41934	合補12714（歷藏4161）+北珍1376（合集41934、南師2.264、北大國1.23.4、合集39193，考塤454）	張宇衛	張宇衛《甲骨綴合第一百四十七～一百四十八則》"第一百四十八則"，先秦，2015年1月26日	
1615	41946	合集41946（英藏2633）+英藏2630+英藏2632	蔡哲茂	蔡綴254。《大陸雜誌》74卷5期，蔡哲茂《甲骨綴合續補》，《考古與文物》1999年第2期	

1：中國社會科學院歷史研究所先秦室研究室網站：http://www.xianqin.org ，简稱"先秦"。

甲骨著録書、甲骨拓本簡稱表

附録一：甲骨著録圖書、論文簡稱表

本書簡稱	常見簡稱	著録書
鐵	鐵	《鐵雲藏龜》，劉鐵雲編著，抱殘守缺齋石印本，1903年
前	前	《殷虛書契》（《殷虛書契前編》），羅振玉輯，《國學叢刊》1911年三期三卷，石印本。又1913年影印本
戩	戩	《戩壽堂所藏殷虛文字》，姬佛陀編，《藝術叢編》第3集，石印本，1917年
虛	虛	《殷虛卜辭》，明義士編著，石印本，1917年
龜	龜、林	《龜甲獸骨文字》，林泰輔編著，日本商周遺文會影印本，1921年
簠	簠	《簠室殷契徵文》，王襄著，天津博物院石印本，1925年
拾	拾	《鐵雲藏龜拾遺》，葉玉森著，石印本，1925年
通	通	《卜辭通纂》，郭沫若著，日本東京文求堂石印本，1933年
續	續、續編	《殷虛書契續編》，羅振玉編，影印本，1933年
契	契、燕	《殷契卜辭》，容庚、瞿潤緡編著，哈佛燕京學社，石印本，1933年
庫	庫、庫方	《庫方二氏藏甲骨卜辭》，方法斂摹、白瑞華校，商務印書館，石印本一冊，1935年
相	相	《殷虛甲骨相片》，白瑞華，美國紐約影印本，1935年
粹	粹	《殷契粹編》，郭沫若著，日本東京文求堂石印本，1937年
七	七	《甲骨卜辭七集》，方法斂摹、白瑞華校，美國紐約，1938年
金	金	《金璋所藏甲骨卜辭》，方法斂摹、白瑞華校，美國紐約影印本，1939年
珠	珠	《殷契遺珠》，金祖同著，上海中法文化出版委員會，1939年
寶	寶	《河南安陽遺寶》，梅原末治編，京都小林寫真製版印刷所，1940年
慶應	慶應	《慶應義塾圖書館藏甲骨文字》，《史學》第二十卷，昭和十六年，第一號
鄴三下	鄴三下	《鄴中片羽三集》（下），黃濬撰集，北京通古齋影印本，1942年
骨	骨	《骨的文化》，懷履光編著，1945年石印本

本書簡稱	常見簡稱	著錄書
六束	六束	《甲骨六録·束天民氏所藏甲骨文字》，胡厚宣編撰，成都齊魯大學國學研究所，1945年
龜卜	龜卜	《龜卜》，金祖同編，上海温知書店，1948年
甲	甲	《殷虛文字甲編》，董作賓編，商務印書館1948年
乙	乙	《殷虛文字乙編》，董作賓編，商務印書館，1948年上輯，1949年中輯。臺北中研院史語所，1953年下輯。科學出版社，1956年重印下輯
摭續	摭續	《殷契摭佚續編》，李亞農著，商務印書館，1950年
甲綴	綴	《甲骨綴合編》二册，曾毅公編著，北京修文堂書店，石印本，1950年
南坊	南坊	《戰後南北所見甲骨録·南北坊間所見甲骨録》，胡厚宣編著，來熏閣書店，1951年
南上	南上	《戰後南北所見甲骨録·上海市文物保管委員會藏甲骨文字》，胡厚宣編著，來熏閣書店，1951年
南師	南師	《戰後南北所見甲骨録·南北師友所見甲骨録》，胡厚宣編著，來熏閣書店，1951年
寧	寧	《戰後寧滬新獲甲骨集》，胡厚宣編著，來熏閣書店，1951年
京	京	《戰後京津新獲甲骨集》，胡厚宣編著，群聯出版社，1954年
續存	續存	《甲骨續存》，胡厚宣編集，群聯出版社，1955年
綜述	綜述	《殷虛卜辭綜述》，陳夢家著，科學出版社，1956年
書博	書博	《書道博物館所藏甲骨文字》（一至五），青木木菟哉編著，載日本《甲骨學》第六至十號（1958、1959、1960、1961、1964年）
京人	京人	《京都大學人文科學研究所藏甲骨文字》，貝塚茂樹、伊藤道治著，京都大學人文科學研究所，1959年
日彙	日彙	《日本散見甲骨文字蒐彙》，松丸道雄編著，載日本《甲骨學》1959年第七號、1969年第八號、1961年第九號、1964年第十號、1976年第十一號、1980年第十二號
甲釋	甲釋	《殷虛文字甲編考釋》，屈萬里著，臺北中研院史語所，1961年
冬	冬	《冬飲廬藏甲骨文字》，張秉權，臺北《中研院史語所集刊》37本下册，1967年
北美	北美	《北美所見甲骨選粹》，李棪編著，載香港中文大學《中國文化研究所學報》第3卷2期，1970年
歐美亞	歐美亞	《歐美亞所見甲骨録存》，饒宗頤，《南洋大學學報（社會科學與人文科學）》1970年第4期
安明	安明、明續	《明義士收藏甲骨文集》，許進雄著，加拿大皇家安大略博物館，1972年
明後	明後	《殷虛卜辭後編》，許進雄編撰，臺北藝文印書館，1972年
輔仁	輔仁	《輔仁大學所藏甲骨文字——明義士先生藏拓本》，金祥恒編著，載臺北《中國文字》1973年第五十册
綴新	綴新	《甲骨綴合新編》，嚴一萍著，臺北藝文印書館，1975年
美藏	美藏、美、美國	《美國所藏甲骨録》，周鴻翔編著，美國加利福尼亞大學，1976年

本書簡稱	常見簡稱	著錄書
合集	合集、合	《甲骨文合集》，郭沫若主編，胡厚宣總編輯，中華書局1978～1982年
懷特	懷特、懷	《懷特氏等收藏甲骨文集》，許進雄編著，加拿大皇家安大略博物館，1979年
西瑞	西瑞	《西德、瑞士藏我國殷墟出土的甲骨文》，徐錫台，載《人文雜誌》1980年第5期
安陽博	安陽博	《安陽博物館館藏卜辭選》，載《中原文物》1981年第1期
東大	東大、東洋	《東京大學東洋文化研究所藏甲骨文字》，松丸道雄編著，東京大學出版會，1983年
英藏	英藏、英	《英國所藏甲骨集》，李學勤、齊文心、艾蘭編著，中華書局，1985年
英藏補	英藏補、英補	《英國所藏甲骨集》之"補1、補2、補3"，李學勤、齊文心、艾蘭編著，中華書局，1985年
天理	天理	《天理大學附屬天理參考館藏甲骨文字》，伊藤道治編集，天理教道友社，1987年
尊六室	尊六室	《尊六室甲骨文字》，徐宗元著，天津古籍出版社，1987年
東洋新	東洋新	《東京大學東洋文化研究所新收殷虛出土甲骨三十九片》，先秦，http://www.xianqin.org/blog/archives/2804.html
蘇德美日	蘇德美日、蘇德美、蘇、胡書德	《蘇德美日所見甲骨集》，胡厚宣編集，四川辭書出版社，1988年
北大國	北大國	《北大國學門藏殷墟文字考釋》，嚴一萍撰，臺北藝文印書館，1991年
劉愛	劉愛、劉	《愛米塔什博物館所藏甲骨綜合研究》，劉克甫著，研究報告，1994～2002年
續補	續存補、存補、續補	《甲骨續存補編》，胡厚宣編輯，王宏、胡振宇整理，天津古籍出版社，1996年
山東	山東、山博	《山東省博物館藏甲骨墨拓集》，劉敬亭編著，齊魯書社，1998年
合補	補編、合補	《甲骨文合集補編》，彭邦炯、謝濟、馬季凡編輯，語文出版社，1999年
瑞	瑞、瑞斯	《瑞典斯德哥爾摩遠東古物博物館藏甲骨文字》，李學勤、齊文心、艾蘭編著，中華書局，1999年
掇三	掇三	《殷契拾掇（三編）》，郭若愚編集，上海古籍出版社，2005年
綴集	綴集	《甲骨綴合集》，蔡哲茂，文淵閣文化事業有限公司，1999年
北珍	北珍、北大	《北京大學珍藏甲骨文字》，李鍾淑、葛英會編著，上海古籍出版社，2008年
春敬之眼	春敬之眼	《春敬の眼：珠玉の飯島春敬コレクション》，先秦，http://www.xianqin.org/blog/archives/2804.html
上博	上博	《上海博物館藏甲骨文字》，濮茅左編著，上海辭書出版社，2009年
史購	史購	《史語所購藏甲骨集》，臺北中研院史語所編，2009年

本書簡稱	常見簡稱	著録書
史購李	史購李	《史語所購藏甲骨集》之"李啟生"部分，臺北中研院史語所編，2009年
朱	朱	《雲間朱孔陽藏戩壽堂殷虚文字舊拓》，宋鎮豪、朱德天編纂，綫裝書局，2009年
綴彙	彙編、綴彙、綴集	《甲骨綴合彙編》，蔡哲茂主編，臺北花木蘭文化出版社，2011年
拼續	拼續	《甲骨拼合續集》，黃天樹主編，學苑出版社，2011年
歷	中歷藏、歷	《中國社會科學院歷史研究所藏甲骨集》，宋鎮豪、趙鵬、馬季凡編著，上海古籍出版社，2011年
愛什	愛什、愛、俄藏	《俄羅斯國立愛米塔什博物館藏殷墟甲骨》，宋鎮豪、瑪麗婭主編，上海古籍出版社，2013年
拼三	拼三	《甲骨拼合三集》，黃天樹主編，學苑出版社，2013年
契合	契	《契合集》，林宏明著，臺北萬卷樓圖書有限公司，2013年
旅	旅、旅藏	《旅順博物館所藏甲骨》，宋鎮豪、郭富純編著，上海古籍出版社，2014年
羅四	羅四、羅	《殷虚書契五種》下册，羅振玉、羅福頤、羅琨編著，中華書局，2015年
殷拾	殷拾	《殷墟甲骨拾遺》，宋鎮豪、焦智勤、孫亞冰著，中國社會科學出版社，2015年
港中大	港中大	《典雅勁健·香港中文大學藏甲骨集》，香港中文大學出版社，2017年
小林	小林	《紐約蘇富比2015春季拍賣會所見部分中國古文字資料簡編·小林》，楊蒙生，載《甲骨文與殷商史》新第七輯，上海古籍出版社，2017年
中圖	中圖	《"中央圖書館"所藏甲骨文字原稿》，金祥恒著，載《甲骨文與殷商史》新第七輯，上海古籍出版社，2017年
尊	尊	《徐宗元尊六室甲骨拓本集》，宋鎮豪主編，馬季凡編纂，上海古籍出版社，2018年
明治	明治、明大	明治大學文學部考古學研究室所藏（羅振玉舊藏）
詮釋	詮釋	《殷契詮釋》，施湧雲著，廈門大學出版社，2010年

附錄二：甲骨拓本和現藏簡稱表

簡稱	常見簡稱	拓本現藏
南博拓	南博拓	歷史所藏南京博物院藏甲骨文拓本
甲骨文拓	甲骨文拓	中國社會科學院歷史所藏甲骨文拓本
善	善、歷藏	善齋甲骨拓本（劉體智舊拓）
北圖	北圖	北京圖書館甲骨拓本
歷拓	歷拓	中國社會科學院歷史研究所藏拓本
文捃	文捃、文攈	甲骨文捃（曾毅公舊拓）
旅博	旅博	旅順博物館甲骨拓本
簠拓	簠拓	簠室甲骨拓本（王襄藏）
南大	南大	南京大學甲骨拓本
考文	考文	中國社會科學院考古研究所甲骨拓本（原文物局）
凡將	凡將、凡	凡將齋甲骨拓本（馬衡藏）
吉博	吉博	吉林博物館甲骨拓本
哲	哲、哲庵	北京大學哲庵甲骨拓本
四	四、四編	殷虛書契四編拓本（羅福頤藏）

注：先秦史研究室網站簡稱爲"先秦"